Josef Deutl

# Volksdichtungen in oberösterreichischer Mundart

Josef Deutl

**Volksdichtungen in oberösterreichischer Mundart**

ISBN/EAN: 9783743301818

Hergestellt in Europa, USA, Kanada, Australien, Japan

Cover: Foto ©Thomas Meinert / pixelio.de

Manufactured and distributed by brebook publishing software
(www.brebook.com)

Josef Deutl

**Volksdichtungen in oberösterreichischer Mundart**

# Volksdichtungen

## in oberösterreichischer Mundart

von

### Josef Deutl
Stadt-Thierarzt in Linz.

**Heft 1–11.**

**Zweite Auflage.**

Linz a/D., 1896.
Im Selbstverlage des Verfassers.

Zu beziehen durch
E. Mareis, Buch-, Kunst- und Musikalien-Handlung,
Landstraße 34.

# Volksdichtungen

## in oberösterreichischer Mundart

von

### Josef Deutl
Stadt=Thierarzt in Linz.

Heft 1—11.

Zweite Auflage.

Linz a/D., 1896.
Im Selbstverlage des Verfassers.

Zu beziehen durch E. Mareis, Buch-, Kunst- und Musikalien-Handlung,
Landstraße 34.

# Vorwort zur I. und II. Auflage.

An eine bestimmte Mundart unseres Landes gebunden, würden Dichtungen wegen vieler, für weite Kreise schwer verständlicher, durch die Schrift nicht ausdrückbarer Worte, auch im Stil und Satz einwandfrei nicht darstellbar, nur einen kleinen Leserkreis finden. Solche Ausdrücke wurden deshalb vermieden und eine leichtverständliche, gemischte Schreibart gewählt.

Das Lesen von „Aus da Hoamat" gab mir den Anlaß im September 1895 das Dichten zu versuchen. Dem ersten Product „Mei Hoamat" folgten weitere nach. Im vorliegenden Buche (11 Lieferungen) sind meine wenigen freien der Muse gewidmeten Stunden in frohe Arbeit umgesetzt.

Warme Liebe und Dankpflicht für die Eltern, Heimat und Vaterland, war die treibende Kraft, meine Erfahrung und Denkweise für meine Landsleute durch Dichtung auszudrücken. Diese Dichtungen, aus dem praktischen Leben gegriffen, sind auch für selbes und für die breiten Volksschichten bestimmt, ohne Künstelei, natürlich, einfach, auf eigene Beobachtungen gestützt, in ihrer Art eigenthümlich, offen und die dichterische Freiheit benützend, für das Gemüthsleben berechnet.

Da binnen kurzer Zeit (seit Jänner 1896) diese zweite, um ein Heft vermehrte Auflage, nothwendig wurde, so darf ich wohl annehmen, dass sich die Art meiner Darstellung bereits Freunde erworben hat, welche in dem darin ausgedrückten Streben, für die Eltern- und Heimatliebe und für den häuslichen Sinn anregend zu wirken, dieses als nützlich und nothwendig erkannt und mit empfunden haben.

Es sind dies Empfindungen, welche beglücken, weil sie das Menschenwohl zum Gegenstande haben, weil sie den häuslichen Herd als die Pflanzstätte und Grundlage einer guten Kindererziehung, eines trauten Familienlebens bezeichnen und weil diese Grundlage wahres, dauerndes Familienglück und Volksgedeihen schafft.

Möge der Sinn dieser Dichtungen bei dem werten Leser jene warmen Gefühle und Liebe zu den Seinen und zu unserem schönen Heimatslande erwecken, wie ich sie stets empfinde, besonders aber beim Dichten, empfunden habe.

> Biazt, roas' aussi unter d' Leut',
> Und mach' eahn'r viel Freud',
> Hilf den häuslich'n Sinn pfleg'n,
> Was Guat's thuast da geb'n!

Linz, im März 1896.

Der Verfasser.

# Inhaltsverzeichnis.*)

—

*) Die Hefte sind mit doppelter Seitenzahl versehen. Die obere Zahl ist die Seitenzahl des Heftes, die untere diejenige des Buches.

VIII

## Mei' Hoamat.

Wann ma in da Welt thuat hübsch weit umakemma,
Und ma hat a recht's Herz, a off'ns Aug', an guat'n
     Sinn,
So kann ma si' dabei oft gar viel auſſa nehma,
Kann vergleich'n d' Leut' und Gegend'n in da Weit'
     und in da Hoamat d'rin.

Die liabe Hoamat hab' i schon gar lang nöt g'seh'n,
Recht oft hab' i in da Weit' denkt an di',
Ob i di' do' oamal kann wieda seh'n,
Bevor i wir end'n mei' irdisch Ziel.

Wer nia kimmt von da Hoamat fort, der glaubt und
     kennt dös nöt,
Was für a tiafa Sinn in den kloan Wort kann sei'.
Erst wann ma 's in da Fremd hat kenna g'lernt die Red',
Woaß ma, was uns d' Hoamat is und was ma bei
     ihr hat d'rei'.

(1)

Die Zeit hat 's geb'n, wo i ihr bin näher kemma,
Aba die Umständ' und die Verhältniss' hab'n 's nöt 'than,
Daß i nach' n Herz'uszug zum Hingeh'n hätt' kunnt
    d' Zeit mia nehma.
Liaba Herrgott, gib, daß i dös recht bald macha kann!

Endling, nach guatig'n ötla zwanzig Jahr'n,
Hab' i mi' z'sammpackt mit Weib und Kind und bin
    ihr zuagroast,
Schon von da Weit'n, wia i siach den Kirchaturm gar,
Is mei' G'müath warm wor'n, und 's Herz war
    z'sprunga moanst.

Weib und Kinda, hab' i g'sagt, schaut's Enkan Ernähra an,
Dös Glück, das heut unsa liaba Schöpfa hat mir bereit,
Ös is nur faßbar für an, der 's empfind'n kann,
Hiazt auf die Knia und in da Kircha Dank'n ma eahm
    für dö Freud'.

Mei' Hoamat, mei' liabe, wia is so schön bei dir,
Die Kircha, die Häusa, d' Bam, nocha d' Weg und d'
    Straß'n,
Moanst, all's is wia eh, ös is no' so jung bei mir,
Kemmt's g'schwind, meine Liab'n, dort St. Veit bin i
    gebor'n, dort thoan ma uns ausrast'n.

Spät is schon heut, es will gar schon frei dunk'l wer'n,
Wer wird dann wohl z'erst uns begegna, auf uns zua-
    kemma,
Schau, an alta Jug'ndfreund is und sei' Hund, er hat
    a viel erfahr'n bei Herrn,
Schaut's Enk an die guate Seel', grüaß'n man treu,
    bei da Hand than ma 'n nehma.

Der dazählt uns viel von den guat'n und schlecht'n
vergang'na Zeit'n.

Wo wer'n ma bleib'n, in mein Votanhaus werkan längst
andere Leut',
Hiazt fan ma bei da Kircha, dank'n ma, thoan ma
bet'n von da Weit'n,
Nocha kehr'n ma ein, freut's Enk mit mir an da liab'n
Hoamat heut.

Auf mein' Votanhaus fan fremde Leut', anschau'n kann
ma 's wohl,
Jug'ndfreud' und Leid und d' Jug'nd hab'n wir Kinda
dort verbracht,
Heut is mei' G'müath woach, mei' Herz zum z'springa voll,
Es hat dort g'haust a guata Sinn, Fleiß, Liab' und
Treu bei Tag, süaße Ruah bei Nacht.

Nach so a langa Zeit wieda a Nacht in da liab'n
Hoamat schlaf'n,
Dös G'fühl, ma kann 's gar nöt fag'n, nöt erklär'n,
beschreib'n,
Der 's felba nöt erfahr'n hat und nöt fühlt, der foll
nöt lach'n,
Der versteht 's nöt, der begreift 's nöt, dös inwendi
Treib'n.

D' Sunn hat liab g'scheint, wia i hab' in da fruah die
Aug'n aufg'macht,
Die Wies'n gröa, voll Thau, die Bam voll Frucht, da
Himmel bloab,
Da fan mei' Weib und d' Kinda zu dera Pracht aufg'wacht,
Steht's auf, z'erst geh'n ma in d' Kircha, nocha zu
meina liab'n Muata ihr Grab.

O Kircha, o du liaba Hort, wia hoamelts mir in dir,
Auswendi und d'rin, a jed's Bisl weckt mein' kindlig'n
    Sinn,
Da Org'l ihr Klang, da Kinda ihr G'sang und 's Bet'n
    nocha mir,
Ruaft's zua, da bist gebor'n und tauft wor'n, den kind-
    lig'n Gruaß vernimm.

Da Vota, Muata, d' Schweftan, d' Brüada, hab'n 'bet
    in dir so oft,
Unsre Ältan hab'n uns fleißi zu dir hing'schickt und
    uns belehrt:
Kinda bet's gern, seid's treu, ehrli und brav, weil ma
    hofft,
Dass ma den, der Gott, Ältan, G'schwistat und d' Hoamat
    liabt, überall ehrt.

Aft'n hab'n ma in ganz'n Ort beganga wia a hiazt
    ausschaut,
Es is gar viel verändert, do' das Mehra is wia von eh,
Öfta is was abbrennt, a ötla neue Häusa san wor'n baut,
Gar viel Platzl, Bam, Wald, Feld und Wies'n weckan
    mei' Kindheit wia i geh'.

Viel alte Bam san abg'storb'n, junge wachs'n an eahnan
    Ort,
Bei die Leut' is g'rad a so, es muas da Lauf da Welt
    so sein.
Das Veränderliche geht sein Weg, wann ma 's a
    nöt will glei' fort,
Da liabe Schöpfa hat all's recht g'macht, wann 's a
    oft scheint a Pein.

Die schöne Tag' und Geg'nd is liab, von mein herzig'n
    Hoamatsort,
Da Gaisberg, da Hansberg, si' steh'n wia von eh,
Die schöne Aussicht, die schöne Rundschau, ma kann frei
    nöt fort von dort,
Und wann ma fort muaß, es g'schiaht oam hart, 's
    Herz thuat oam so weh.

Von dort sieht ma ins Boarn, ins Böhm und ins Gebirg
    so schön,
Dort geht oam 's Herz und 's G'müath auf, wann
    ma umschaut, es is a Pracht,
Wann ma was dicht'n will, soll ma frei dorthin geh'n,
Es gibt schon no' was Schönas, oba es ergreift oan
    dort mit ganza Macht.

Die Schul' steht no' so, wia i g'lernt hab', dort hat 's
    mir oft was g'jetzt,
Mei' liab's Geburtshaus, mei' schön's, bist auss'n g'ändert,
    in mir oba nöt,
In dir hab'n g'haust die liab'n Altan, ehrli', guat und
    ganz fest,
I grüaß di' von Herz'n, wann i auf di' denk, is in
    mir niamals öd.

O Kindheit, o Kindheit, du selige Zeit,
Di' kennt ma erst, wann ma schon weit weg is von dir,
Sei mir recht herzli' gegrüaßt, wia lob' i di' heut,
I dank dir, liaba Herrgott, was für a Freud' machst
    du mir.

Von da Kircha zu da Schul', aft zu mein' Votahaus,
Von da aft zum freithof, geh'n ma d'rauf,
Hiazt kimm i zu meina liab'n Muata, es is ja ganz
    aus,
Ihr Geist wird mi' frag'n, Kind, hast recht g'haust,
    warst a recht brav?

I suach' mit die Meinig'n umadum und schau auf,
Bis i endling dös Platzl find', wo i' im 52ga Jahr,
Is begrab'n wor'n, wo ma hab'n uns pfüat und
    d'rauf
frei schiar g'moant hab'n, bald wird 's a mit uns
    gar.

Als wann 's heut war, so woaß is, viel Leut' von da
    Nah und von da Weit
San kemma zu da Leich' und hab'n 's Coad trag'n mit
    uns.
Sie hab'n g'sagt: A guat's Weib, a guate Muata is
    g'west alle Zeit,
Ihre Kinda soll'n ihr nachgrath'n, bei den guat'n Bei-
    spiel is koa Kunst.

Sie hat mit ihr'n guat'n Beispiel, mit ihr'n fleiß, Ver-
    stand und Creu
An guat'n Grund g'legt in Kindaherz'n, hat herzli
    g'liabt ihr'n guat'n Mann.
Es müassat ja verkehrt zuageh'n, wann von ihr'n
    Kindan oans ausartet frei
Und dös nöt recht wurd', da Apf'l fallt ja nöt weit
    vom Stamm.

Hiazt denkt's Enk, wann schon Bekannte so liab thoan
 red'n,
Wia soll 's i denn erklär'n, wia guat die Muata war,
 wia ma 's hab'n g'liabt und g'acht,
J kann 's nöt beschreib'n, 's Herz fühlt 's, oba es laist
 si' nöt geb'n,
Wer dös kannt, dös wa koa Mensch mehr; koa Sprach'
 kann 's bringa in derer Macht.

So guat als is moan und so guat als is möcht und kann,
Mei' liabe Muata, dei' guata Geist siagt dös wohl,
J kann dir 's nöt sag'n, was i heut an dein' Grab da
 hab',
J dank dir für all's Guat's, mei' Kopf und 's Herz
 is gar so voll.

Du hast uns Kindern nur Guat's than, hast uns g'lehrt,
 g'wehrt und 'pflegt,
Hast in Votan recht g'liabt und guat g'wirthschaft mit
 eahm in Ehr'n,
Da Vota liegt nöt bei dir, z' Wels in 72ga Jahr dort
 in Freithof hab'n s' einig'legt,
Das Schicksal hat 's so woll'n, denn demselb'n kann
 ma frei niy verwehr'n.

Krank warst lang, hast viel Schmerz'n glitt'n und uns
 oft g'fragt:
Wird 's mit mir gar wer'n? Mei' liaba Mann und
 Kinder, wia wird 's Enk geh'n,
J kann Enk nimmer helf'n. Deine liab'n Aug'n hast
 nass g'habt und g'sagt:
Jn Himmel ob'n wia i für Enk alle bitt'n, a Schutzgeist
 soll stets bei Enk sein.

Die letzte Nacht wia deine liab'n Aug'n san broch'n und
   aufi bist zu Gott dem Herrn,
Dös große Herzleid von uns z'ruckblieb'n, dös laßt si'
   nur empfind'n aber nöt beschreib'n,
Mir hab'n dir g'lobt recht brave Mensch'n z'wern, dei'
   Muataliab' zu halt'n hoch in Ehr'n,
In Vater recht zu ehr'n, mit G'schwistat guat zu vakehr'n,
   folgsam, recht und ehrli' z' bleib'n.

Meinö Liab'n tröst's Enk, hat da Pfarra g'sagt, wia
   du bist g'leg'n auf da Bahr,
Enka Muata hat als Christin, Weib und Muata g'lebt
   so wia ma soll.
Si is in Himmel ob'n, den Herrn wird's dort lob'n, ihr
   Geist b'schützt Enk alle, dös is wahr,
In letzt'n Trost hab' i ihr geb'n, kann 's desweg'n
   erkenna, mir is a mei' Herz so voll.

Alle hab'n ma in da Fremd' g'haust, g'schafft, oft viel
   ausg'stand'n,
Wir, deine Kinda hab'n oft recht schlechte, do a guate
   Zeit'n ertrag'n,
Dei guat's Muataherz hast uns übatrag'n, in unsern
   G'müath war dei' guata Will'n vorhand'n.
Nimm unser'n Dank, mir hab'n g'schaut recht z' leb'n,
   kannst unsern Herrgott frag'n.

I dank' dir, guat's Muatal, dafür, daß d' hast uns
   Kindern 's Bet'n g'lehrt,
Du hast uns auftrag'n: seid's brav, ehrli', fromm und
   guat geg'n die Arma,

Ohne Bet'n, ohne Glaub'n, koa guat's Herz is do nöt
mögli', a so a Mensch is nix wert.
Ohne Bravsei', ohne Mitg'fühl für die Arma, wird 's
Herz hart, es kennt koa Dabarma.

A größers Glück, schon 's Himmelreich auf Erd'n, kann's
nöt geb'n,
Und nacha, wann ma stirbt, gibt 's g'wiß koan bessern
Trost
Für die Altan, dö eahne Kinda brav erziag'n, mit an
guat'n Beispiel leb'n,
Durch Liab, Müah', Fleiß und Treu', das gibt eahr a
lebat's G'wiss'n, es wird wia ma 's hofft.

Du bist, mei' liabe Muata, viel z'fruah für uns g'storb'n,
In liab'n Votan hat dös in Ruck'n beugt, er hat nix
Guat's mehr g'habt,
Mir Kinda san in die Fremd', ohne Führa, frei schiach
is uns do wor'n,
Dei' Geist is aba bei uns blieb'n, hat uns g'führt und
in Müahsal g'labt.

Dei' Seg'n, o liabe Muata, und dei' Geist hat uns oft
stark beschützt
In da Fremd', ma kimmt da gar zu untaschiadlige guate
und schlechte Leut',
Die Lehrzeit war bitta, mei' Mag'n hat oft kracht und
i oft g'schwitzt.
Ausg'halt'n hab' i, wann 's recht schlecht war, hat mi'
dei' liab's Bild in Tram erfreut.

D' Fremd' bringt oft was Üblig's, was für so a jung's
    Bluat
Leicht kunnt's sei', daß davon was häng'n blieb, ohne
    daß es ahnt',
Die ganz' Zukunft hängt auf'n G'spiel, wann a solch's
    G'schöpf Leichtsinn hat und z'weng Muath,
Ohne Leitung, ohne Führung, wann eahm da Altan-
    seg'n und Geist den Weg nöt bahnt.


In Kriag geg'n die Dänen im 64er Jahr, es war dort
    recht kalt,
Viel Eis, Schnee und Bluat hat's geb'n, viel'n hat 's
    kost die G'sundheit, 's Leb'n.
Wia wird oan da 's Herz schwar nach a Schlacht, weg'n
    dera Habsucht und Menschg'walt;
Mei' liabe Muata, du hast mi' dort guat g'führt, bei
    dein Schutz hat's für mi' koa G'fahr nöt geb'n.


Da Vakehr mit dein Geist, liabe Muata, thut so wohl,
    die Zeit vageht so g'schwind.
Vor unsan Fortgeh'n, bei den hart'n Abschied gelob' i
    von Herz'n dir,
In unsan Kindern sollst fortleb'n, in eahr Herz soll's
    kemma, wir in dei' Kind,
Daß brav bleib'n gern bet'n die Arbat, alle Mensch'n
    liab'n, oft hab'ns a guat's G'wissen, wia mir.


Erbitt' uns die Gnad', mei' liabe Muata, von Gott dem
    Herrn,
Es is zwar viel verlangt, aber es war die größte Gnad',
    unsere größte Freud';

Daſs ma alle g'ſund bleib'n, unſere Kinder dei' guat's
    Herz krieg'n und nützlige Menſch'n wer'n.
Und daſs eahr in eahrn Leb'nslauf nöt zuaſtoßt Unglück
    und Herz'nleid.

Pfüat di' Gott, mei' liabe Muata, bald muaſs i ſcheid'n
    von dir,
In mein Herz bleibſt das ganz' Leb'n, es kann ja nöt
    andaſt ſei'.
Pfüat di' Gott, mei' liabe Hoamat, wia weh' wird's
    Herz beim Fortgeh'n mir,
Ewig bleibſt bei mir, jung und ſchön, o du liabe Hoamat
    mei'.

Pfüat di' Gott, du guate Muata mei', du ſiagſt ja in
    mei' betrüabtes Herz.
Von dein Grab valaub ma dös Röſerl, dös Vergiſsmein-
    nicht, daſs i mir's mitnimm,
I leg ma's in 's Betbuach, wo i mi hab' oft tröſt in
    Schmerz,
I dank' dir no amal recht herzli für all's Guat's und
    Liab's, valaſs mi nöt, bis i zu dir kimm.

Von da Fern', wir ma fort ſan, von da Höh', da ſiagt
    ma's ſchön,
Die liabe Hoamat, wo i mei' Kindheit valöbt hab', es
    is a Pracht,
Z'ruck ſchau'n ma no amal alle, 's Herz is voll, jetzt
    müaſſ'n ma aba geh'n.
O du ſelige Jug'ndzeit, du ſchöne Kindheit, für di' da
    gibt's gar koa Nacht.

I dank' dir, liaba Herrgott, daß du mir so guate
    Ältan, so a liab's Muatal hast geb'n,
I dank' dir, liaba Schöpfa, für dös G'fühl, das du
    hast in's Mensch'nherz einig'lögt,
Deine Allmacht, dei' guat's Erkenna, d' Hoamat und
    Muataliab begreif'n und fühl'n kann ma eb'n
Nur mit an sölchan Herz, dös a Erbarma, 's Mit-
    g'fühl kennt, was uns oft so stark bewegt.

Wer nöt fortkimmt, braucht nöt hoam z'geh'n, dös is
    ja ganz kloar,
Der kann's aba nöt begreif'n, was die liab' Hoamat
    als faßt,
Er hat koa Schuld d'ran, daß er das nöt erfahr'n
    kann ganz und goar,
Sei' Herz, sei' G'müath lernt's nöt kenna, was ma in
    da Hoamat valaßt.

I bin g'rad koa Dichter, es is mei' erst's G'sangl, aus
    'n Herz thua i red'n,
An Poet'n macht die Muata- und Hoamatliab, es muaß
    frei a so sei',
Wer dös lest und begreifts, den hat a da liabe Schöpfa
    den Schatz geb'n,
Die selig'n Stund'n in da Hoamat, bei da liab'n Muata
    zu empfind'n, sie san mindest so schön.

Linz, am 12. September 1895.

———◦◦○◉●◉○◦◦———

# Für 's tägli Leb'n.

Die größt'n Wohlthat'n, dös thuat geb'n,
Von deine Ältan san die her,
Die hab'n dir geb'n dein Leb'n,
Halt dieselb'n stets hoch in Ehr'.
B'sondas dank' deina Muata warm,
Die moast Plag' hat 's g'habt mit dir,
An Leib und Geist warst du arm,
Hätt'st nöt g'habt von ihr die Müah.
Suach 's z' vergelt'n, thua sie nia trüab'n,
All's kannst eahr nia z'ruck geb'n,
Thua recht hand'ln und sie herzli liab'n,
Sie hoch halt'n dei' ganzes Leb'n.
Die Wärm', die hat a Muataherz,
Und die Liab' und Sorg' für ihr Kind,
Vergess'n thuat 's den ihr g'macht'n Schmerz,
Weil 's nur Guat's für selbe find't.
Im größt'n Guat, was Mensch'n hab'n,
D' Muataliab' steht ob'nan,
D'rum thoan si' alle Völka lob'n,
Ihr Best's hat da d' Schöpfung than.
Nach die Ältan vergiß a nia,
Die dir Wiss'n und Rechtsinn g'schafft,
Denn ohne die da hätt'st es schiar,
Zu den, was d' bist, nöt 'bracht,
Für alle die dein Wiss'n g'mehrt,
In dein Herz g'legt zum edla Saum,
Vergiß die nia und halt sie werth,
Laß in Herz für sie an Raum.
Koa Wohlthat kann ja bessa sein,
Als die uns Wiss'n, Ed'lsinn lehrt,

Die ganze Zukunft liegt da d'rin,
Mensch, vergiß ja nia den Werth.
Vergiß das nia, thua oft d'ran denk'n,
In 's Herz der Dein' leg' a den Grund,
Dein' enga Kroas wirst aft guat lenk'n,
D'raus schafft 's an Freundschaftsbund.
Dankbarkeit is a edle Tug'nd,
Nia vergiß ihr'n Werth,
Lern das schon in der früh'n Jug'nd,
Von all'n wirst da g'ehrt.
Zur richtig'n Zeit a Wohlthat'n mach'n,
Wirkt zwoafach und erhebt,
Dazua wähl'n die richtig'n Sach'n,
Der Muath wird mehr belebt.
Wohlthat'n von andan nehma,
Nach Möglichkeit thua 's a vermeid'n,
Für solche muaß da Dank a kemma,
Das schafft mitunter Leid'n.
Häng 's nöt an die große Glock'n,
Wann dir was Üb'ls thuat zuastoß'n,
Thoan f' di' a weg'n den nöt fopp'n,
Auf viel Theilnahm' thua nöt hoff'n.
Will und kann dein Load wer lindern,
Den vertrau di' off'n an,
Viel gibt 's, dös kunnt'n hindern,
Den wahr'n Freund erkennst da d'ran.
Is dei' Herzload no' so groß,
Verzag' nöt, auf an Ausweg sinn',
Vom Unglück bleibt ja Koana los,
Dei' Kraft suach' in den d'rin.
Nach Wunsch all's z'hab'n, war ja schlecht,
's Leb'n wurd' oan kaum lang g'freu',

Da Schöpfa hat 's g'macht wia 's is recht,
Für uns wird 's von Nutz'n sei'.
Wohlthat'n üb'n is schön und recht,
Vergiß do', daß du's hast geb'n,
Sunst wurd 's für dein' Ed'lsinn schlecht.
That'st an Undank oft erleb'n.
Weg'n den laß di' nöt abhalt'n,
Auf die Art d' Nächst'nliab' zu üb'n
Sunst wurd' dei' G'müath erkalt'n,
's Guatthuan laß dir weg'n den nöt trüab'n.
Die Mensch'n san ja so beschaff'n,
Daß Wohlthat'n leicht vergeff'n,
Das soll ma stets beacht'n,
Aft sieht ma a eahr beffers Wef'n.
A jeder Mensch hat halt Fehla,
Wer moant, davon war er frei,
Der macht's wia dö Marktschreia,
Daß eahne War' die beste sei.
Nimm den Mensch'n wia er is,
Nöt wia er sein soll,
Dei' Thoa kriagt sunst an Riß,
Du befind'st di' sunst nöt wohl.
Thua mit Mensch'n a guat leb'n
Und bleib' nöt alloa,
Thua stets a guat's Beispiel geb'n,
Manche wern dir's a nochthoa.
Wann s' dös a nöt thoan macha,
Geh' g'rad fort in den 'G'loas,
Siehst oft a z'widane Sach'n
Laß di' do' macha nöt hoaß.
Thuat di' a oft wer geina,
Oda goa fopp'n dei' Thoa,

Das Erſte thua verleugna,
Für's Zweit' bleib wia a Stoa.
Weng Wort und viel ſag'n,
Derſtändli' do' ſei',
Laſs di' von den trag'n,
Und leg' viel Sinn hinei'.
Kannſt des guat z'weg'n bringa,
Und da Sach geb'n an G'ſchmach,
Geht dei' Thoa nöt in Trümma,
G'fragt wird gern danach.
Willſt bei die Kinda Kuraſche,
Nimm die Schreckg'ſpenſter weg,
Sunſt wern 's rechte Latſche
Die ſie nöt wegtrau'n von Fleck.
Gib koa G'leg'nheit der Jug'nd,
Daſs wird zu an Diab,
Willſt mit'n Geldleg'n erprob'n Tug'nd,
Haſt zur Jug'nd koa Liab.
Den die G'leg'nheit macht Diab,
Wohl a altbekannter Spruch,
Derſtehſt dös nöt, biſt du trüab,
Und dei' Herz hat an Bruch.
Die Jug'nd hat no koa Kenna,
Wia weit's für die Zukunft kann fehl'n,
Thua eahr die G'leg'nheit nehma,
Und nöt zuführ'n zum Stehl'n.

# A schöne Jug'ndzeit.

So lang ma in den Wind'ln liegt, kann ma von da
    Welt nix kenna,
A so a kloan's G'schöpf, was a macht, ma kann 's nöt
    übel nehma,
Viel schlaf'n, Mili trink'n, die liab'n Augerl drah'n und
    lach'n, oft recht schrei',
Nocha, was so die natürlich'n Bedürfniss' betrifft, a nöt
    spoar'n, o mei',
Wann 's Wetta thuat, fleißi aussi geh'n und führ'n oda
    umtrag'n lass'n;
Von dera Jug'nd red' i nöt, es gilt für dö, was schon
    springa kann auf da Gass'n.

Wann zum Lauf'n anfangt 's Kind, so a liaba Eng'l,
Und ma beobacht 's öfta in eahn Thoan und in eahn
    Lass'n a wengl,
So siagt ma, die guate Schöpfung hat ins kloane G'müath
    schon a Neugier und Bewegung einig'legt.

(17)

Dös muaſs hab'n für 's ganze Leb'n, dös is der Trieb,
    der zur That bewegt,
Faihlt ſo an armen Wurm in Hirn der rechte Platz
    dazua,
So wird 's a hart's Loos hab'n im Leb'n und die Ältan
    a Plag glei' gnua.

Die ſchöne Zeit für 's Kind is, bis zum Schulgeh'n
    wird, dös is ſechs Jahr,
Bis dahin ſoll 's ſpiel'n und lauf'n, dös ſei die Arbat
    bei Tag ganz und gar,
Wer dös untadruckt, nimmt eahr viel, er verſteht den
    Naturtrieb nöt.
Liabe Ältan, untalaſst dös, durch 's z'fruahe zum Lerna
    nehma kunnt 's wer'n blöd,
In den Alta is das Hirn z'woach zum Gedank'nfaſſ'n,
    's Lerna halt 's nöt aus;
Wer dös nöt beacht't, ſtraft ſi' ſelba und 's Kind, es
    wird aus eahm oft nix d'raus.

Mit 'n Schulgeh'n fangt beim Kind da Kampf im Leb'n
    an,
Je mehr 's taugt zum Lerna, um ſo beſſa is ſelber und
    d' Ältan d'ran.
An ſchwach'n Geiſt, der ſchwer begreift, ſoll ma mit 'n
    Studier'n nöt plag'n und peinig'n,
Der kann beſſas leiſt'n mit die Händ' als wia mit 'n
    Kopf den ſeinig'n,
Bis geg'n 's End' da Volksſchulzeit, da zeigt ſi' dös
    wohl,
Die Schöpfung hat 's ſo g'macht, daſs ma ihr'n Wink
    kenna und danoch hand'ln ſoll.

Die Dolfschulzeit die is gar schön, das Erinnern soll
    bleib'n für 's ganze Leb'n.
Was da oft für Freud': Wichs, Übamuath, Kampf und
    so verschied'nes hat 's geb'n,
Bis ins hohe Alta denkt ma gern z'ruck auf die schöne
    Jug'ndzeit,'
Ma siagt wia im Spieg'l die vergang'na G'schicht'n,
    war 's a no' so weit,
Ma lebt auf dabei, es war so schön, menge Nas'n hab'n
    ma oft hoamli draht in Lehrer und a
    and're Leut'.
Ma versetzt si' z'ruck in die schöne Schulzeit, wann 's
    a schon is noch so weit.


Das Bluat is bei all'n G'schöpf'n da wichtige Leb'ns-
    born,
Bei da Geburt lauft 's g'schwind, langsama wird 's
    erst mit den Jahr'n.
Da g'schwindi Bluatlauf bedingt für d' Jug'nd mehr
    frische Bewegung und mehr Leb'n,
Ma muass si' denk'n, meine liab'n Leut', bei uns is a
    so g'wen;
Wann si' die Kinda stark freu'n, umaspringen und schrei'n,
Denk'n ma uns, dös is durch die Jug'ndjahr 'geb'n
    und thoan ma 's nöt ausgrein'.


Da liabe Schöpfa hat all's guat g'macht; in d' Natur
    der Jug'nd hat er 's g'legt,
Dass schrei'n, springa und renna müass'n, weil damit
    eahr Wachsthum wird g'weckt.
Schaut ma junge Katzl und Hund an, wia 's die treib'n
    und si' ihr's Leb'ns freu'n;

Sie hab'n koan Vaſtand, da Naturtrieb zwingt ſ', die
    müaſſ'n 's a ſo treib'n,
Den Naturtrieb ſoll'n deshalb d' Ältan, d' Lehrer und
    alle Leut' beacht'n und erwäg'n;
Die dös nöt thoan, ſan arm d'ran, eahn Herz is das
    wahre G'fühl nöt geb'n.

Betracht't ma die Jug'nd, wann 's in d' Schul' thuat
    zum Lerna geh'n,
Ernſte G'ſichta ſiagt ma, die ſi' denk'n, o mei', die Auf-
    gab', wia wird die ſei',
Was wird 's do' a d'rin heut ſetz'n; do' auf d' Läng'
    gibt 's da koan Kumma,
Selm wann 's thuat Prüg'l ſetz'n, dahoam dazua no'
    an Brumma;
Koa Traua gibt 's da nöt, 'n Jug'ndherz ſei' froher
    Sinn hat an Hang zu Spitzbuamſach'n,
Denkt und ſpeculiert, wia könnt' dös geh'n, wia wird
    ſi' dös am beſt'n mach'n.

Die Jahr' für d' Volksſchul' ſan ſo feſch, es is a Freud'
    für Buam und Diandl,
Wann d' Schul' aus is, dös Treib'n, dös Hetz'n, blaue
    Fleck ſetzt 's oft am Hirndl;
Der in da Schul' beſchäftigt' Geiſt wird plötzli frei, er
    will ſi' hiazt austob'n.
Arg wird 's oft 'trieb'n, ſpringa, ſchrei'n, aft raf'n, ma
    kann 's g'rad nöt lob'n;
Aba wann ma Urſach' und Wirkung g'nau mit Geiſt
    und Herz betracht't,
So kann ma ſag'n, es wird recht ſo ſei', da liebe Herr-
    gott hat 's Kindabluat ſo g'macht.

So a jung's Bluat, ob 's is a Bua oder a Madl, eahr
 wird nöt leicht bang,
Es denkt nöt nach, ob si' über eahr Thoan d' Altan
 kümman oder ärgan lang;
Greint's nöt drüber, liabe Altan, Lehra und and're
 Leut'.
Denkt's Enk, jung ward's a und lusti, vielleicht sogar
 oar von die Ärger'n weit;
B'sonders d' Lehrer soll'n das Herz nöt verschliaß'n
 geg'n dös Treib'n da Jug'nd.
Thoan s' dös, macht 's den Altan Kumma, sie hab'n 's
 selber vergess'n, dös is für sie koa Tug'nd.

Da Vastand zum Nachdenk'n und Übaleg'n is da Jug'nd
 no' nöt geb'n,
Planlos d'reinfahr'n thuat 's, wann 's Lust hat, ohne
 lang zu erwäg'n,
Sein' Nachbarn in da Schul' neck'n, kitz'ln, stech'n, das
 is fein,
Wann a Hand'l g'scheh'n kann, dass ma beitragt a
 das Sein',
Dös is a Gaudi, a Freud', so war 's lusti auf da Gass'n,
 in da Schul', und guat,
Wann nur der Herr Lehrer nix siagt, sunst setzt 's was
 untan Huat.

Das Jug'ndg'wiss'n is a wichtig's Ding, mit 'n G'müath
 hängt's eng z'samm', so is geb'n,
Dös recht guat z' pfleg'n, gibt an fest'n Halt und Anka
 für 's ganze Leb'n,
A festa Charakta wird g'schaff'n in da Jug'nd, wo da
 Rechtsinn bald erwacht.

Dös soll ma anstreb'n und tracht'n, dass a guata Grund
dazua wird g'macht,
Wer dös nöt beacht't, hat für eahm selber und für d'
Jug'nd koan Sinn,
In sein' Herz faihlt dös G'fühl, es is von a Mensch'n-
liab' nix d'rin.

Ob 's Kinda san von rechte Ältan, findling oder Wais'n,
den Jug'ndfrohsinn g'spürt kann 's minda,
A wann Stiefältan eahna Pflicht vergess'n, unrechtthoan
an die eahr anvertrauten Kinda,
Dös junge Bluat fasst schnell wieder leicht die heit're
Seit'n.
Es greift ein, wann: 's wo gibt a Gaudi, bleibt's dort
nöt von da Weit'n,
A niad's Herz muass g'freu'n, was die für a Abwechs-
lung hab'n d'ran,
Wia die Freud' und 's Leid dabei g'schwind erwacht
und wia si' die Jug'nd liab'n kann.

Da Sommer is ganz recht, a niad's g'freut 's in Frühjahr,
wann 's wird grean recht schön,
Es hat da Winta a seine licht'n Seit'n, all's is richti,
in da Natur muass so sei',
Die Jug'nd thuat dös guat beacht'n, zu all'n Zeit'n
gibt 's für dö a Gaudi,
Im Sommer bad'n, schwimma, lauf'n, springa und a
Stimm' a lauti,
Im Winter, wann 's recht schneibt und blast, da is die
Freud' beim Schlittschuahlauf'n und Schlitt'n-
fahr'n aft groß,
Schneemann macha, die Schneeball'n recht weit flieg'n
lass'n, da ganze Jug'ndfrohsinn is da los.

Ganz schön is G'schwistatleb'n, wann ma 's g'nau be-
  tracht'n thuat,
Wia 's zuageht, wann 's oft san allani mit'n Streit'n,
  Raf'n, was da gibt für Übamuath.
Die Kinda hab'n, könnan 's selbst betracht'n, wia da
  schnell wechselt Liab' und Streit,
Wir si' dö hiazt half'n, oft glei' hab'n beim G'nack,
  eahn Schrei'n hört ma weit;
Und fragt ma' s nach'n Grund, a niad's hat Recht
  g'habt, es is frei zum Lach'n.
Sie hab'n eb'n a eahnare Launen; wann nur 's Herz
  guat is, das andere wird si' mach'n.

I möcht 's Koan rath'n, si' unta G'schwistat z'misch'n, der
  kemmat nöt guat an;
Probiert 's oft oana, der kriagt g'wiss sei' Fett'n, ma
  siagt, wia G'schwistatliab' dös kann.
Es tritt eb'n das Naturg'setz ein, die G'schwistat san
  ja von den gleich'n Bluat.
Eahr Herz und Sinn is einig geg'n fremde G'fahr;
  weg'n Raf'n, Streit'n mitanand, moanan
  si 's do' guat.
Das eahna Streit'n den Ältan oft recht Kumma, Ärga
  macht und Sorg'n,
Dös vasteh'n 's nöt. I bin a so g'wes'n; durch die eig'na
  Kinda lernt ma Gedank'n borg'n.

Solche, dö woach im G'müath san, still sitzen, glei'
  flennan ohne recht'n Grund,
And're, dö mit Ruah' und Ernst das Leb'n erfass'n,
  z'fruah denk'n, dös is nöt für d' Jug'nd
  g'sund,

(23)

Dö mach'n a mit 'n Schipl nöt leicht a G'spusi mit, die
        Arma;
Bei dö is G'müath und 's Hirn nöt recht, dö san zum
        derbarma.
Solche hab'n in da Welt oft an bittan Stand;
Dö verbind't mit eahnan Altersgspans'n nöt das Jugend-
        frohsinnband.

Recht herzli bitt' i di', wo kemman Wais'n, Findling
        und Stiefkinda hin:
Ersetz den Arman nach Könnan d' Ältanliab', Muata-
        herz, valaubt 's den froh'n Sinn.
Das größte Unglück für Kinda is, wo faihlt die Muata-
        liab', Ältanschutz und Sorg'n.
Wer dös lindert, 's G'wiss'n, 's Herz sagt eahm, dös
        is a sicher's Vorg'n.
Kriagst das z'ruck mit Zins'n, da herzli Blick der Kinda
        sagt: Wia wohl thuat dös mein' Kinda-
        g'müath.
Die guate Handlung zeigt den Weg guat an, der zum
        liab'n Vota in Himmel führt.

An alle, dö mit solche arme Kinda hab'n z'schaff'n, zum
        erzieh'n,
Leg' i recht tiaf ins Herz, ins G'wiss'n, in eahn guat'n
        Will'n,
Ersetzt den armen Wais'ln der Ältan Sorg und Tracht'n,
Um d'raus guate Bürga, brave, rechte Mensch'n z'mach'n.
Die Kindaliab' laßt 's, Enka G'müath wird selig fühl'n
        und in Fried'n leb'n,
Da liabe Herrgott wird Enk Seg'n dafür und Zufried'n-
        heit geb'n.

(24)

Nach da Volksschulzeit wird die G'schicht oft z'wida,
Ausnahmen gibt 's oft koan.
D' Lehrzeit is gar läsn, da Mag'n nia z' voll, beim
Schopf gibt 's oft was z' thoan,
Dös Alta is danach beschaff'n, dös is leicht g'numma,
wann 's a oft geht gar schlecht,
Wann a Plag' und Arbat gnua is, wann do' nur da
Mag'n kriagt sei' Recht,
In die Feitag bringt ma 's Ganze eina für die va-
gang'ne Woch'n,
Die Lust und Freud', mit seine G'sponf'n wird g'foppt,
g'lacht und recht viel g'sproch'n.

Der in d' Studi kimmt, da fangt da Leb'nsernst schon
früah gnua an,
Der si' eign't dazua, leicht lernt, begreift, is bessa d'ran.
Der büaßt a von sein' Frohsinn, kindlig'n G'müath und
. Freud' nöt ein,
Bei den 's hoart geht, soll ma dös lass'n, für den is wohl
a rechte Pein,
Dös kost'n sein guat'n Muath; recht viel wird in den
Stand nöt aus eahm wer'n.
Sei' Jug'ndzeit kriagt da a Loch, d' Ältan soll'n dös
beacht'n und den Beruf'nen hör'n.

Für hiazt wir i über d' Jug'ndzeit nimmer weita dicht'n,
Wann i späta über d' Erziehung red', wir' i mi' danach
richt'n.
Da hab' i schon was am Herz'n, was b'sonders für 's
Lehrfach gilt, was dort'n treib'n.
An eahr Herz wir' i mi' wend'n, daß für d' Jug'nd
liab und warm thuat bleib'n.

Für daweil is für die kloane Jug'nd gnua, für die
    große kimmt was d'ran.
Die „erſte Liab" is, hab 's a ſelbſt empfunden, was ma
    da all's kann.

Das Verlanga hab'n alle Leut', was Guat's erweiſ'n,
Soll groß wer'n mit 'n Kindag'müath, weil 's Thuat recht
    viel Guat's vahoaß'n.
Je mehr guate Leut' als 's gibt, umſo beſſa wird 's für
    alle ſein;
Pfleg' deshalb in Kindaherz d' Liab für d' Hoamat, Ein-
    tracht, Großmuath, aft wird 's guat geh'n.
Wo dös g'ſchiacht, herrſcht da Seg'n, d' Liab, Einigkeit
    und Treu',
A glücklich's Land is, wo dös g'ſchiacht, es wird nia
    alt, bleibt all'weil neu.

O ſelige Jug'ndzeit, wia weit biſt von mir ſchon heut;
J grüaß di' ſtets mit herzlicha Liab' und warma Freud'.
Liaba Vota, dort im Himmel ob'n, i bitt' di', ſchenk'
    mir nur die Gnad',
Daſs mei' G'müath jung bleibt, da Geiſt ſi' nia trüabt,
    es war dös größte Glück, die größte Hab'.
A jung's Herz und Gmüath no' in den alt'n Tag'n, die
    ſchöne Kindheit kehrt aft wieda, ſie wird
    g'weckt.
Der von Gott ſo bevorzugt is, den hab'n d' Ältan in
    da Jug'ndzeit den Grund dazua g'legt.

O kehr in Geiſt zurück, du ſchöne Jug'ndzeit, kehr' alle
    Tag bei all'n Herz'n ein.

Dös hebt üba 's Sternzelt uns, zu dir guat's Schicksal
    ob'n, liaba Schöpfa bitt' di', laß uns
    glückli sei',
Is die Jug'ndzeit a schon recht weit, bewahrt aba 's
    Herz und G'müath an warma Sinn,
A solcha wird nöt alt, bis daß da Sengstmann kommt
    und fahrt mit eahm zum Himm'l hin,
Wann dort anklopft wird und da Petrus fragt, wer is
    d'raust und dimmelt an,
Wird da liab' Herrgott sag'n, mach' na auf recht g'schwind,
    der hat d' Altan, d' Hoamat, Jug'nd g'liabt,
    komm her, empfang den Lohn.

# Die erste Liab'.

Wann ma die Zuaständ' in menschlich'n Leb'n g'nau
    betracht't,
Ma siagt ganz deutli von da liab'n Schöpfung die
    Allmacht,
Ins Mensch'nherz hat's do einig'legt a G'fühl ohne
    Gleich',
An unendlig's Glück bringt 's an jeden der 's fühlt, a
    Arma wird do' reich,

Wann ma so an Mensch'n betracht, der g'rad d'ran
    leid't,
Ma kennt si' oft nöt aus, is er g'scheit, oda von an
    Noarr'n nöt weit,

Er geht umanand als wia in Schlaf, schaut aus als
wia in Traum,
Er rennt an Bam und d' Leut' an; was muaſs den
der nur hab'n?

Die Arbat macht er oft verkehrt, schaut 's Hintare für 's
Vord're an,
Das Eſſ'n schmeckt eahm a glei' nöt, oda vergiſst dös
und ſiagt 's kaum,
Hat nur oan Gedank'n bei Tag und Nacht, wo er geht
und wo er loahnt,
Is oft voll Freud' und Luſt bewegt, ſitzt oft in oan
Wink'l und woant.

Steht Nachts auf, fangt zum dicht'n an, ma glaubt dös
is a Poet,
Briafſtella ſuacht und leſt er viel, do' ganz ſchön gnua
find't er 's nöt,
Er geht wohl auf da Erd'n um, aba den liab'n Mond
den ſingt er an,
Üba d' Sternwelt ſteigt ſein Denk'n auf, dort is er richti
d'ran.

So a Mensch is gar a g'ſpoaſſig's Ding, der eahm
anhört, den ſchwärmt er vor;
Er hat koa Ruah, koan Fried'n dahoamt, rennt öfta,
ſchaut für 's Thor,
Da Mond und d' Stern in guata Weiſ', hör'n ſei' Leid
und Freud' geduldi zua,
Dö denk'n ſi'. biſt nöt da erſt', ſolche Dichta hab'n ma
gnua.

Es ziagt'n stets nach oana Richtung hin, an and're
    will er nia,
Und muaß er 's thoan, so spreizt er si', es wird eahm
    da ganz schiach,
Er schaut oft auf dös Platzl hin, o Gott, war i do'
    all'weil dort,
D' Luft und all's is bessa dort, es gibt koan schönan
    Ort.

Ma kummt üba sei' g'spoassig's Wes'n weita red'n, es
    war no' allahand,
Do' wann ma 's no' verfolg'n möcht, ma kummt selbst
    aus Rand und Band,
Die Ursach' dö das all's verschuld't, was muaß den nur
    dös sei',
Die erste wahre Liab' hat eahm, Amors Pfeil flog
    mitt'n in sein Herz hinein.

O schöne Zeit da erst'n Liab', wann s' echt, dö kennt
    a niad's Mensch'nherz,
Es gibt koa G'fühl, was dir gleich war, birgt a groß
    Glück, oft an Schmerz,
Was i da moan, muaß ma recht versteh'n, a G'spusi
    is dös nöt,
Das reine Herzglück is, das was uns in Himmel aufi
    hebt.

Ganz unverhofft kummt dös daher, wann a g'wiß Alta
    is erreicht,
Daß der kloan' Amorl mit Bog'n si' duckt schön fein
    und zubischleicht,

Er spannt sein Bog'n, legt ein fein' Pfeil, zielt und
treff'n thuat er guat,
Verschwind't dann g'schwind zu an andern hin; der is
allweil frisch'n Muath.

Bei dera G'schicht is dann gar verschied'n, wia 's holt
schon oft geht,
Wann er zum Beispiel 's Diandl triafft, da Bua z'weit
wega steht,
Da gibt 's oft a was, wia i moan, Liebesgram wird 's
g'nennt,
Der 's amal probiert hat, kennt dös schon, bitta wird
dabei oft g'flennt.

Nöt glei' is bei die G'schlechta, wo da Pfeil den Buam
oda 's Diandl triafft,
Und die Art von die Zwoa, wia das Netz ma d'rum
auswirft,
Am bessan is da Bua wohl d'ran, wann er si' traut,
so kann er red'n,
Z'wida is die G'schicht, wann 's Diandl triafft und da
Bua erkennt 's frei nöt.

Guat is, wann alle zwoa thoan wiss'n, wann si' da
Bua traut a nix z' sag'n,
Die Weibsleut' san erfinderisch, helf'n dass er 's kann
endli wag'n,
Wann ma so zwoa anschaut oft, stund'nlang mit Seufz'n
und mit Zag'n,
Oans kriagt dann endli do' die Schneid', dass 's packt
das Herz beim Krag'n.

Wann 's so weit is, da is ganz aus, all's möcht ma
    umarma gern,
Gott gibt 's, daß dös a Dauer hat, daß bei den Altan
    einig wer'n,
Sowas triafft wohl oft nöt zua, wo 's is, san s' glückli
    d'ran,
's Familienleb'n is glückli da, d' Kinda wer'n brav wia
    Weib und Mann.

In so an Haus herrscht Glück, Fried'n und Einigkeit,
Alle Leut' wer'n sag'n, dös san liabe Altan, guate Leut',
Is da Beruaf a oft hoart, er wird willi trag'n, eahr
    Anspruch is nöt groß,
Eahna Pflicht thoan s' gern, si' herzli liab'n, für d'
    Kinda schaff'n a guat's Loos.

Kummt 's, daß die Liab' oanschichti bleibt, o mei', dös is
    recht hoart,
Beim Buam is dös leichta, kann ja suach'n den liab'n
    Ort,
Er kann hingeh'n, anschau'n sei' Liab', a dös zum dakenna
    geb'n,
Traut er si' a nix dort z'sag'n, glückli is er do' dort
    g'wes'n.

Der nöt blind is, siagt dös glei', was a solcha dort will,
Sei' Thoan und Moan is so ung'schickt, ma denkt, hat
    der den z'viel?
Er halt 's nöt aus, daß er 's unterdruck'n, sei' Liab'
    gibt dös nöt zua.
Wann 's Herz a stad war, 's Bluat is d'rin, dös gibt
    eahm frei koa Ruah.

's Stummsei' bei da erst'n Liab', dös bringt wohl koana
z'samm',
Sein' Freund muass er d' Freud' und 's Load do' sag'n,
weil er 's sunst nöt aushalt'n kann,
Bessa is das z' thoan, als wia dös edle G'fühl in
Herz'n zu vergrab'n,
Sein' g'sund'n Sinn kunnt kost'n dös, arm war er bis zu
seine alt'n Tag'n.

Triafft 's beim Diandl, dass oanschichti liabt, o mei, dös
leid't viel,
Dö soll nöt red'n, hat 's a Gurasch bei ihr, soll 's sei'
ganz still,
Ihr'n Buam möcht s' sag'n: I hab' di' recht vom Herz'n
liab, sei' du a mir recht guat,
Für di' kunnt i mei' Leb'n und all's lass'n, bei dir war
mei' besta Hort.

Fragt ma, weg'n was is denn dös, das so wen'g bei da
erst'n Liab' thoan bleib'n.
Ma moant frei, weil s' die d' schönste is, dass ma's soll
zu koana zweit'n treib'n.
Do' g'schieht dös nöt oft, a Vabindung bei da erst'n
Liab' is selt'n sehr,
Da Widastreit beim Herz und 's Schicksal mach'n d'raus
oft Jungfau und Hagestolz mehr.

Die richti erste Jug'ndliab' vagisst ma nimma das ganze
Leb'n,
Sie bleibt im Herz'n d'rin, sunst wurd 's nöt so oft zum
Denk'n geb'n,

Dös triafft ſi' nöt oft, daſs bei dera erſt'n Liab' thuat
    bleib'n,
's Schickſal will dös nöt, da Menſch muaſs ſi' füg'n
    und ſei' Herzliabſt dann meid'n.

Die Liab', dö i da b'ſchreib, is a große Schöpfung
    der Natur,
Da Menſch'nleib is wohl auf da Erd', ſei Geiſt bei
    die Stern', ſei' Liabſt ſieht er dort nur,
All's kunnt er für ſei' Liabſtes mach'n, koan G'fahr ſiagt
    er, ſei' Geiſt hat nur oan Sinn,
Z'wen'g ſchön is all's für ſei' Liabſt's, zehn Leb'n gab
    er gern dafür hin.

Liab' und Treu im Herz'n is von ob'n dem Menſch'n
    geb'n, wann er ſunſt nöt narriſch is,
Daſs ihr Recht kriag'n hat er 's G'müath und G'wiſſ'n,
    was andas hilft da nix,
Folgt er richti den lötzt'n zwoa, ſei' Leb'n is im richtig'n
    Gang,
Er haſpelt nia, rennt ſi' nöt an, um ſo oan braucht
    an ſei' nia bang.

D' Welt ſchaut oft aus als wia vakehrt, d' Menſch'n
    ſag'n dös oft gnua laut.
Dös is nöt wahr, betracht 's Natur, daſs dö hat ihr'n
    richtig'n Lauf,
Im groß'n Werk da Schöpfung, a niad's Ding hat ſein'
    richtig'n Platz,
Die Abwechslung bei all'n hat 's einig'ſetzt als oan
    ihr'n größt'n Schatz.

Gang all's so leicht und g'müathli zua bei da Natur
und ihr'n Lauf,
Die Liab' war nöt am recht'n Plaß, weil gab z'wen'g
dann ma d'rauf,
Da liabe Herrgott hat da g'sorgt dafür, da Mensch hat
ja sein frei'n Will'n,
Den vernünfti zum gebrauch'n, thuat er dös nöt, so
muaß er 's selba fühl'n.

## Für das Brautpaar.

Der Liab' ihr Macht, Vatrau'n, Eintracht, mög'n stets
bei dem jung'n Brautpaar weil'n,
Vareint, dös übatragt sich auf die kommend frohe
Kinderschaar,
Einig im häuslich'n Sinn, lärmend Freud'n stets enteil'n,
Gibt dauernd Familienfried'n als höchstes häuslich Glück
immerdar.

# Allerhand Fehler.

## I.

Wann ma si' umschaut und erwägt,
Und überall sei' Nas'n einisteckt,
Da siagt ma goar verschied'ne Sach'n,
Was die Leut' da thoan all's mach'n,
Was s' hab'n für Liacht- und Schatt'nseit'n,
Oft siagt ma 's schon von aller Weit'n,
A jeda hat seine Faibla b'stimmt,
Groß und kloan, wia 's hald kimmt.

Bei an solchan Umagaff'n,
Thua i die Bemerkung mach'n,
Daß mir a nöt bessa geht,
All's hat sei' Sach' da auf der Welt.
Mei' Altö sagt, willst üba dös was dicht'n,
Muaßt z'erst üba di' selba richt'n,
Du hast ja bestimmt a deine Muck'n,
Wia oft muaß i dö abischluck'n.

Saugranti bist du oft und z'wida,
Geg'n alle deine Familiglieda,
Thuast z'wen'g red'n und deut'st nöt viel,
Rumpelst um oda halt'st di' still.
Früha hast g'macht viel Bastlarei,
Hiazt kimmst goar üba d' Dichterei,
Z'viel Luft hab' i dir vom Anfang g'lass'n,
J hätt' di' glei' soll'n bessa fass'n.

(35)

Geg'n die Levit'n kann i frei nix sag'n,
Wann i das aba do' that wag'n,
Und moanat, du derfst di' a nöt mux'n,
Beständi thuast viel staub'n und putz'n,
Aft die Sach'n, die a Waschtag bringt,
Was oan da all's untakimmt,
Goar nöt z' red'n no' von den Cratsch'n,
Weil die Frau'n ja liab'n das Ratsch'n.

Z'erst thua i das üba mi' selba sag'n,
Aft kann i mi' a üba and're wag'n,
Mit die Jungg'sell'n will i beginna,
Nocha thua i 's von and're bringa.
Üba verschied'ne Ständ', wia ma 's nimmt,
Wia 's g'rad in die Federn kimmt,
Nach und nach kimmt a all's d'ran,
Wia i 's g'rad damacha kann.

Viel hört ma reife Jungfan brumma,
Weg'n was hat der Jungg'sell' koa Weib si' g'numma,
Muass wohl bei eahm an Hak'n hab'n,
G'wiss hat er si' daran verdor'm sein Mag'n.
Viel Rantig's is wohl nöt dahinta,
Da ganze Mensch schaut aus sehr mitta,
G'schwend't hat er früha sicha z'viel,
Verfaihlt hat er d'rum sei' Ziel.

Das schönste Sein is ja do' auf Erd'n,
Dass durch Mann und Weib Familie werd'n,
Wer das nöt macht, der taugt nöt guat,
Z'wen'g Diand'ln kemman untan Huat.

Siagt ma so an Jungg'sell'n umarenna,
Was dem muaß da all's untakemma,
Ausg'nützt wird der von alle Leut',
Im Alter hat er koa Hoam, wen'g Freud.

Solche Fachred'n hab'n g'wiß eahn Grund,
Wiss'n werd'n d' Jungfan wia 's oft zuageht bunt,
Als Vermittler möcht i da dös wag'n,
Für alle Jungg'sell'n was Wichtig's sag'n,
Roat's Enk aus, was hab'ts im Alter wohl,
Mensch'nfeind' werd'ts und von Ärger voll,
Legt's ab den groß'n Faihla des Ledigsei',
Gründ'ts a Hoam, und werk'ts guat drei'.

A zweit's Kapit'l kimmt hiazt d'ran,
Das gilt für 'n Pensionist'nmann,
Der brauchat si' z' mach'n koane Sorg'n,
Daleid't 's aba nöt, solche thuat er si' borg'n,
Raffinirt is er in sein Spekulir'n,
Sei' Leib und Geist soll koa Ruah nöt kriag'n,
Da is vor All'n das Krankheitsheer,
Durchstudir'n muaß er die ganze Lehr.

Was lehrt die Medizin und Chirurgie,
Er wird in seina Art d'rin a groß Schenie,
All's was er lest thuat er in sein Leib find'n,
Liegt's nöt off'n, will er 's do' ergründ'n,
A jede Krankheit muaß er bei eahm durchprobir'n,
Sei' Einbildung thuat 'n schon richti führ'n,
Er roat d'rüba nach und spekulirt,
Was denn aus sein G'sund no' wird.

Bei Tag und Nacht gibt 's eahm wen'g Ruah,
Und wann ma fragt, wia kimmt er dazua:
Sein Beruf'sleb'n hat er ändan müaff'n,
Das Müaßisein thuat eahm verdrüaß'n,
Da kimmt fei' Denk'n auf Allahand,
Sein Leib nimmt er dann zur Hand,
Der muaß herhalt'n für seine Muck'n,
Weil 's fei' Will'n nöt kann untadruck'n.


Wia schlecht is das für an solchan Mann,
Wann er nix G'scheitas mach'n kann,
Reiß di' do' los von an solchan Wef'n,
Unterlaß das Medizinbüacha-Lef'n,
Haft koa Famili, die dir gibt z' schaff'n,
So thua halt denn was andas mach'n,
Betracht die schön' Natur in ihr'n Wef'n,
Winta und Somma kannst d'rin 's Schönste lef'n.


Schaut ma an das Privatisir'n,
Wohin das thuat für an Junga führ'n,
A für Alte gibt 's da Muck'n,
Wiff'n 's nöt wia 's d' Zeit dadruck'n,
Da grüb'ln f' nach und thoan oft z'viel,
Oda halt'n fi' ganz still,
Da kemman f' auf verschied'ne Sach'n,
Dö für fie koan Nutz'n mach'n.


Wer jung will schon privatisir'n,
Wird fein' g'fund'n Leib und Geist verlier'n,
Er wird ja da Dinga mach'n,
Daß fei' Moral geht ganz krach'n.

(38)

Deshalb, liaba junga Mann,
Fang nöt z' fruah zum Nixthuan an,
Wurd'st di' ja nur selba straf'n,
Dei' Leb'n thatst dir kürza mach'n.

Jeda Mensch muass si' nutzbar mach'n,
Wenn er hat a recht viel Sach'n,
So is 's b'stimmt für 'n Mensch'nlauf,
Jeda hat da z' acht'n d'rauf,
Hat 's Schicksal g'sorgt für sein Mag'n,
Dass er si' nöt brauchat z' plag'n,
Befreit 's eahm nöt von dera Pflicht,
Wer 's nöt beacht't, für den kummt 's G'richt,

Für g'setzti Männa, die privatisir'n,
Braucht ma nöt so z' resanir'n.
Dö ziag'n gern an von Pensionist'n,
Eahn g'sund'n Hausverstand thoans übalist'n,
Thoan si' die üba d' Medizinbüacha mach'n,
Treib'n s' a dieselb'n dumma Sach'n,
A wann anfangt, sie die Liab zu plag'n,
Was da g'schiaht, mag i nöt sag'n.

Das Privatisir'n is ja nöt schlecht,
Nur triaff'n muass ma 's recht,
Für manche bringt 's aba solche Schwäch'n,
Die si' oft thoan bitta räch'n,
Weil all's, was bringt Müßigang,
Schafft zu Extravaganz'n Hang,
Thuat 's dir 's Privatisir'n a trag'n,
Sollst di' do' üba an Arbat wag'n.

Z' rafan brauchſt die nöt und z' ſchind'n,
Kunnſt ja a was Leichtas find'n,
Wo a Famili is, gibt 's ſo a G'ſchäft,
Haſt die nöt, ſo übaleg' das recht,
Verwend' zur edle Sach'n dei' Thoa,
Viel ſan hilflos, ſteh'n alloa,
Alte Leut' leid'n Kälte und Hunga,
Hilf da lindan den eahn Kumma.

Hat dir 's Geſchick viel Glück beſchert,
Betrag di' ſo, dafs dös biſt wert,
Würd'ſt du di' mit den prahl'n,
Was thuaſt für die Arman zahl'n,
Innera Wert war nöt viel vorhand'n,
Dei' Guat'sthoa machaſt z' ſchand'n,
Dei' inner's Weſ'n wird nur g'hob'n,
Thuat's dei' G'wiſſ'n ſelba lob'n.

# 's Backfischalter.

Mit den, was i jetzt sag'n thua, will i neamd valetz'n,
I möcht' ma üba Allahand gern mein' Schnab'l wetz'n,
Da kumm i unvahofft jetzt auf dös Backfischalter,
Das so ung'schickt is, wia in da Wies'n die vaschied'na
        Falter,
Dö die G'fahr'n nöt seh'n, acht'n, oder woll'n nöt er-
        kenna,
Ganz wia blind und damisch oft mit G'walt einirenna.

Es is ganz verschied'n, bei Oana fangt 's früha, bei
        da Andern später an,
Ma woaß nöt recht z'sag'n, welche is am best'n d'ran.
Dös is a nöt glei', wo 's is, in Dorf, Markt oda
        Stadt,
Überall zeigt si' das a wen'g anders, es hängt viel von
        die G'sponf'n ab.

Auf da Ganschicht und in Dorf, da kennt ma nöt viel
davon.

In Markt is schon ärga, da hängt oft gar viel d'ran.

's Kind und d' Jungfrau san in Streit in den Alta, a
jed's will hab'n Recht,

Das Erste muaß bald untalieg'n, die Zweite kriagt ihr
Recht,

In so an g'mischt'n G'müath, was gibt 's da für Zu-
kunftsträum'!

Da Übamuath sprudelt und d' Luft, sie denkt, i geh'
g'wiß koan auf 'n Leim,

Die Weiberarglist zeigt si' bald, bekanntli is s' nöt er-
gründli,

Troß da Jug'nd is schon wach, troßdem das Herz is
empfindli.

So kindliche Jungfrau'nträum' lassn si' nöt guat be-
schreib'n,

Weil 's soviel gibt, was thoan oft in solche Jug'nd
treib'n.

J will 's vasuach'n in so a G'müath a bisl einiz'guck'n,

Das wird nur a Bißl trag'n, das hat ja seine Muck'n.

Was der Zufall mir zuawirft wir' i geb'n,

Weil i 's Ganze aufgreif' aus 'n täglich'n Leb'n.

Halb g'freut sie 's Spiel'n mit da Pupp'n, halb d' Buam
vastohl'n anguck'n,

Für die Erst'n Kloadl mach'n, für die Zweit'n mit Liabs-
briaf anruck'n,

Das is so g'mischt wia Kraut und Ruab'n, halb Kind,
halb Fräul'n.

Wo 's mehr vüraschlagt, thuat's am längst'n weil'n,
A jede hat an andern G'schmack und Gusta bei den
 Sach'n,
Die Schöpfung hat 's G'müath so g'schaff'n, dass nöt
 das Gleiche mach'n.

Wer nach der Schulzeit muass si' 's Brod selbst ver-
 dean',
A solche hat z'weng Zeit zum übermüathi wer'n,
Die verschied'na Gusta, Verlanga und 's G'fühl möcht's
 wohl oft wag'n,
Aber d' Arbeit und die Sorg' für 'n Mag'n thuat das
 nöt vertrag'n.
Deshalb is bei solch' arme Wei'n die G'leg'nheit nöt
 so oft,
Und a, weil 's weg'n eahrn Stand nöt z'viel von da
 Zukunft hofft.

In da Stadt zoagt si' die G'schicht in a ganz andern
 Musi',
Da wird schon bald ang'fangt im Verborgna mit a
 Gspusi.
O, das Hoamlithoan und Speanz'ln is a Hochgenuss,
Wann ma goar siagt, dass oam nachsteigt recht a fescha
 Gschwuf.
Was der hint'n treibt und thuat, siagt ma so ganz guat,
Obwohl nöt mit die Augen, aber d' Einbildung das
 Ihre thuat.

So schön war's, wann ma si' kunnt den Hof mach'n lass'n,
Wo 's a is, im Haus oder auf belebter Straß'n.
Z' viel und z' oft wurd's g'wiss nöt die G'schicht,

Den Neid von meine G'ſponſ'n und das G'ſicht,
B'ſunders, wann's wer war von der Kriegesmacht,
So feſche Officier' in eahna Paradetracht.

Dös war ſchon fein und luſti und a Freud',
Wann i nur ſchon bald a war ſo weit,
Um bei Unterhaltung, Ball und Concert zu ſchwitz'n,
Dort nöt als Mauerbleamal zum Umaſitz'n,
Tanz'n, ſpringa, hupf'n, ſinga, Tollheit treib'n bis zum
      Excefs,
So möcht' i 's Leb'n g'nieß'n, dös war'n mir die liabſt'n
      Späſſ'.

A Andere valangt ſi' das nöt z' hab'n und is beſcheiden,
Thuat um ſo an Trubl g'wiſs neamd beneid'n,
Aber Oans möcht ſ' halt do' gern für ſi' ſelba hab'n,
Ang'ſchaut möcht' ſ' do' recht viel wer'n weg'n ihre
      Gab'n,
Wann dazua kam mitunter ſo a kloane Gſpuſi,·
Nodha, weil ſ' a gern hört a ſchöne Muſi'.

A And're is ganz ſchüchtern, thuat oft die „Glocken"
      löſ'n,
Es hängt viel Dicht'n und Dacht'n in ihr'n ganz'n
      Weſ'n,
Da Mond und d' Stern, dann die Geiſtawelt und d'
      Her'n,
Wer'n beſtürmt und gment, ſie bitt ſ', daſs bleibt nöt
      ſetz'n,
Im Schlaf und Wach'n hat ſ' im Kopf nur die Sach'n,
Es wird a da recht wer'n, ganz guat wird ſi' dös
      mach'n.

Es gibt vaschied'ne Mittel, bemerkbar sich bei die Schön'
    zu mach'n,
Und für die Z'widern gibt 's guat bewährte Sach'n.
Die Erst'n hab'n wohl oft ihre b'sund're Muck'n,
Auf die Z'widern kann ma vom Fensta abispuck'n.
Oft wird si' das Letzte wohl nöt guat thoan lass'n,
Geht 's nöt, so kann ma s' ja a im Still'n hass'n.

Alloani mit die Altan geh'n, hat nöt den recht'n G'schmack,
Wann neamd da is in da Näh', der oam schaut nach,
Da hätt' wohl die Sach' ganz an andern liab'n Reiz,
Aba d' Altan und d' Aufsicht hat in der Art an Geiz.
Wia z'wida und lästi' san do' nur solche Sach'n,
G'scheit's kann ma auf die Art ja frei nix mach'n.

Allweil die Aufsicht, dös is vor die Leut' blamorum,
Es is zum Z'springa, wann ma so steht vor dem Forum,
's Liabäug'ln, Necka, Zapp'lnlass'n g'hört zu den Fach,
Dös is bestimmt nöthi und kriagt den richtig'n G'schmack.
Die Idee is groß in dem Alter, an d' Zukunft denkt
    ma schon,
Lang derf 's nöt dauern mehr, so muaß i hab'n den
    richtig'n Mann.

's G'sicht, G'stalt und sei' Benehma muaß mir g'fall'n,
Die rechti Resch'n, Fesch'n, schön fest, daß er mi' kann
    halt'n
Beim Tanz'n, und nöt müad, frisch, froh und heita,
Gnua Kuraschi, nöt blad und fad, das richti Alta.
Schaut er z' blöd, verdraht, so war 's in sein Hirn
    hübsch mitta,
Mit an sölchan z' leb'n war ja do' goar z' bitta.

In dem Alta is wohl der schönste Schmuck die Jug'nd,
's G'wand einfach, 's Benehma natürli die schönste
Tug'nd.
So moan' dö, dö schon üba d' Jug'ndzeit san hinaus,
Do' dö vasteh'n das nöt, aus so was wird nix d'raus.
Wo kam ma hin, wann nöt derft ma hab'n Puß und
die Freud',
Dös war z' langweili, zu was war denn a da der
Neid.

J muaß do' stad sein, der Einwand hat a große Numma,
Sunst kriag i von ganz'n Backfischalta an stark'n
Brumma.
Off'n g'sagt, g'freut's mi a, wann die Drutscherln nett
pußt si' zeig'n,
Wann s' nöt g'spannt, si' thoan zum G'müathlig'n neig'n,
Frische G'sichtl ham, fesch und munta si' benehma,
Weil i z'ruckdenk auf mei schöne Jug'ndzeit, frei is zum
Dakemma.

's Frische und 's Munt're g'hört in das Jug'ndalta drei'
's guate Herz, guat geg'n die Arma, helf'n im Unglück
soll dabei sein,
D'Ältan, G'schwistat, d' Hoamat herzli liab'n und treu,
Is das erste, da is Gmüath ed'l, rein wia Gold und frei,
Da wird 's Vergißmeinnicht das richtige Platzl find'n,
Durch den innern Fried'n wird's a guate Zukunft gründ'n.

Mit dem, was i thua da sag'n, ment'n und dicht'n,
Will i an die frohe Jug'nd und Leb'n koan Tad'l richt'n,
Die Schöpfung hat's Mensch'nherz so g'schaff'n, wia's
soll geh'n.

War 's nöt so in da Jugend, wia wurd's da im Alta
      sein,
Des J'ruckdenka auf die froh verlebte Jugend,
Lehrt dem Alta, wia ma für sie schafft die Tugend.

Das Alta is ja beruf'n 's Backfischalta z' leit'n, z' führ'n,
Do gnua Freiheit lass'n, nöt zu tyrannisier'n,
Dös gab da ganz'n Erziehung a g'fehlte Richtung,
Für die schöne Lebenszeit gab's da z'weng Lichtung,
Duckmäusa, Hinterlist und Falschheit schafft ma auf die
      Art,
Das off'ne G'müath vaschwind't, untadruckt wurd 's
      wahre Wort.

Die Alt'n soll'n guate Führer sein, die Jugend soll
      dös kenna und acht'n,
Vertrau'n dazua fass'n und koa Geheimnis mach'n,
Aft g'lingt 's für alle guat, die kritische Zeit geht guat
      vorüba.
Ohne dass was Übligs für das weit're Leb'n kummt
      drüba.
So war 's halt guat, wann ma 's kunnt auf die Art
      mach'n,
Wer kluag is und hat den Will'n dazua, muass den
      nachtracht'n.

Beide G'schlechta hab'n die ganz bestimmte Zeit,
Wo d' Erziehung viel z' thoan gibt, sunst faihlt 's glei'
      z'weit,
Bei die Diandln hoaßt 's zart dös Backfischalta.
Bei die Buam san 's d' Flögljahr, die brauch'n mehr
      und guate Halta.

Wer z'ruck denkt an seine eigene Erziehung und Jug'nd,
Woaß, wia er 's g'macht hat, und wia war seine Tu-
gend.

Viel verhüat'n kinna, g'liabt wer'n, a guata Führa sei,
Dös acht'n, bringt viel Nutz'n in die Jug'nd 'nei',
Wann Muataliab', Klugheit und Erfahrung z'samm
thoan halt'n,
Da jungan Empfindung Rechnung trag'n, aft wird ma
g'wiß guat walt'n,
Aft geht 's ganz richti zur da weiten Lebensbahn,
Für hiazt is gnua, d' Flögeljahr der Buam kemman
nächstens d'ran.

# Der Wüſtling.

Da ſchlechte Menſch wird nöt gebor'n d' Erziehung
und d' Umſtänd' machen das,
Wer dös nöt ſiagt, geht blind herum, ſei' Hirn hat nöt
's rechte Maß,
An Anlag' zu was G'wiſſ'n bringt a jeda Menſch mit
in's Leb'n
Dös z' kenna und z' pfleg'n, war 's Richti', was beſſer's
kunnt's nöt geb'n.

Die Natur'n, die ma mit in's Leben bringan, sein ganz
    verschied'n,
Vier Temp'ramenta, sagt ma, gibts, oans wird von
    dem andan g'mied'n,
Vielleicht is dös nöt richti', a bisl g'mischt könnan s' ja
    a sein,
Wer soll denn das erkenna, a g'wisse Mischung und
    a Übergang is ja übarall d'rein.

Hat 's Kind die richtig'n Ältan, lernt 's das Spar'n
    und d' Arbat liab'n,
Wird 's richti' g'halt'n zu all'n, lernt 's d' Nächstenliab'
    guat üab'n,
Hat 's nia das Geld im Überfluss, lernt 's den Werth
    von selb'n respectir'n,
So müasst 's ganz vadraht zuageh'n, wann 's den
    Rechtssinn that valier'n.

In da Jug'ndzeit is z' viel Geld a schleichats Gift,
    Ausnahmen gibt 's nöt viel.
Derf'n d' Ältan fehl'n, da Vormund schlaf'n, macht 's
    ja was nur will,
Von Oan ins Andre wird 's mit einigriss'n, a Z'ruck-
    halt'n kennt 's ja nöt,
Dös geht so fort in Lust, von Saus und Braus is nur
    alloan die Red'.

G'schiecht da zur recht'n Zeit a Einhalt nöt, d' G'nuss-
    sucht sagt: Gib nur gib.
Hat so a Jug'nd zum Z'ruckhalt'n als Eng'l im Herz'n
    nöt die Muataliab',

Oda hat sei G'müath no' Salt'n, wo d'rin steckt sein
Vatabild,
So halt den nix mehr auf, für den künftig'n Wüstling
is dös richti' Wild.

Das schönste Lebensalta lernt a solcha Mensch gar nöt
kenna,
A Taumel is, in den er lebt, er hat nimma das richti
Vürnehma.
Für eahm wird d' Nacht zum Tag, d' Nacht gibt eahm
den größt'n G'nuais,
Da find't er a Lust nach seina Art, die er richti
g'niaß'n muaß.

Sei' G'wiss'n untadruckt er mit G'walt, vom Herz'n
und G'müath geht 's edle G'fühl valor'n,
Sei' Rechtsinn kriagt a Loch, er moant d' Leut san
weg'n eahm gebor'n,
Nur g'niaß'n will er, koan Arbat, d' Herz'n betrüag'n
wo 's nur mögli,
Den is nix mehr heilig, der Unschuld Tugend valacht
er völli.

Das Wes'n von die Wüstling is nöt glei', es is ganz
verschied'ner Art,
Is er jung oda alt, schlau mit Hintalist, oda fangt er
mit schöne Wort,
Ob grob oda fei', Genuss suacha, sei' G'wiss'n betäub'n,
Auf dös geht all's aus bei eahm, unstät und verworf'n
is sei' ganz's Treib'n.

Greift ma aus 'n Volksleb'n auffa so a vaworf'ne G'stalt,
Und forscht ma nach, was den hat 'bracht in a so a
    G'walt,
Z'viel Geld und Freiheit, schlechte G'sellschaft in da Jug'nd
    is schuld und 's Fehl'n da Altanwacht,
War dös richti g'west, hätt' die Leid'nschaft bei den
    nöt kriagt die Macht.


Dau'rt der Taumel amal a g'wisse Zeit, so siagt man
    schon die Spur,
An thierisch'n Ausdruck kriagt 's G'sicht, austrickat is
    ganz sei' Kreatur,
Das Leb'n hat für eahm ohne Wollust koan Reiz, die
    Naturschönheit'n siagt er nöt,
Nur Tugend knick'n, in d' Familie Unglück schaff'n, da-
    von is bei eahm die Red'.


Wann das d' Erziehung hat vaschuld't, wia wird bei
    dö das G'wiss'n sei',
Wann's Roaten was kunnt da Nutz'n bringa, wia guat
    kunnt 's eahm da geh'.
Das valor'ne Glück bringt nix mehr z'ruck, die G'schicht
    is da vorbei,
Z'erst muaß ma d' Folg'n guat bedenk'n, wann 's junge
    Bluat is z' viel frei.


Fehla hat a jeda Mensch, zum Schlecht'n mehr als wia
    zum Guat'n neigt sei' Natur,
Die Schöpfung hat den Vastand eahm geb'n und 's
    G'wiss'n no' dazua,

Die Luft, Begier, fein Wolluftfinn, kann er guat be-
  kämpf'n mit die zwoa,
Da feft Charakta befiegt leicht den Widaftreit, da Recht-
  finn fagt eahm das Wahr'.

Zum Erziag'n braucht's Erfahrung, dafs ma zoagt den
  richtig'n Weg da Jug'nd,
Vaftand mit Eintracht gepaart dazua, dann bleibt f'
  auf der Bahn der Tug'nd,
G'ftudiert braucht ma g'rad nöt fein dazua, dafs ma
  Recht und Unrecht richti kennt,
Da g'funde Hausvaftand und 's G'wiff'n fagt 's, mit
  was ma in 's Unglück rennt.

Die Weltmoral is für an Jed'n da, fie gilt für an
  jed'n Stand,
Es is da guate Kitt, der d' Leut' perbind't durch das
  große Menfch'n-Freundfchaftsband,
Wer das nöt acht't, geht an g'fehlt'n Weg, der wird
  fi' oft anrenna,
A jeda triafft 's guat, der 's bald gnua einfiacht, er
  wird fei' Glück erkenna.

Wer lebt in Übamaß, Sauf und Fraß, den d' Liab is
  a G'fchäft zum thierifch'n Genufs,
Der fetzt fi' weit unter 's Vieh, fei G'müath wird zum
  Pfuhl, werth is er da koan Schufs,
Sei' Übamuath, d' G'nufsfucht führ'n dazua, dafs eahm
  fei' Leb'n ekelt an,
Mit fein vafehlt'n Leb'n is er a Unglücksmenfch, wia
  arm is der da d'ran.

Das G'wiff'n hat a b'fond're Macht, betrüag'n thuat
 oan das nia,
Ob 's Guat's oder Schlecht's oan fagt, ftets richti is
 bei ihr,
Oft kann 's ja a bewältigt wer'n, dafs nöt durchdringt
 ihr' Sprach',
A Dauer hat do' dös nia lang, es gibt ja niamals
 nach.

Den Erzieha fragt's: Haft bei dir anvertraut'n Jug'nd
 Pflicht recht g'üabt,
haft nix verfaihlt, haft Tugend, Rechtfinn g'lehrt und
 d' Nächft'nliab',
haft guat verwalt't ihr leiblich's und geiftig's Guat,
haft 's Herz fo pflegt, dafs Mitleid fühlt und hat guat'n
 Muath?

Den Wüftling felbft fragt fei' G'wiff'n: Was haft g'macht
 mit der G'fundheit und dein' Herz,
Wia viel'n haft denn broch'n 's Herz ohne G'fühl für
 ihr'n Schmerz,
Weg'n was haft vanicht fo viel zarte Unfchuldbluma,
haft herzlos fo viel Familienglück zerriff'n, dort den
 Fried'n g'numma?

Dei' Thoan woar ärger als wia a Strass'nraub,
Oft haft du g'feh'n dei' Opfer, vor Schmerz vazehrt
 in Staub,
Nix war dir heilig, die reinft'n Unfchuldsband' haft rauh
 zerriff'n,
Was haft du jetzt, fchau an dei' Wef'n, das fchlechte
 Wüftlingsbluat thuat in deine Adern fliass'n.

Klagt und g'woant hat oft so a von dir verlaff'ns Wef'n
zum daboarma,
Jhr Best's haft kriagt, ihr Herzbluat hätt'st du kriagt
von da Arma,
Du haft koa Mitleid g'fühlt, nur unerfahr'ne Unschuld
brech'n
War dein Werk. Dein G'wiff'n sagt dir 's, all's Unglück
wird's an dir räch'n.

Wann ma so was hört, da steig'n oan frei die Graus·
birn auf,
Aba recht is, geg'n 's Lasta ma kann nir weita sag'n
d'rauf.
An sölchan wird die Ruah und da Schlaf nöt viel nutz'n,
da Fried'n wird 'n meid'n,
's G'wiff'n betäub'n kann er nur, wann er kann beim
Lasta bleib'n.

Was soll ma denn zu so an verfehlt'n Leb'n no' sag'n,
Soll ma den an Stoan nachwerf'n, eahm nach sein
Unglück frag'n?
Das kann ma frei nöt thuan, wann ma hat a Herz,
Mir dabarmt so a Unglücksmensch, frei wird er nöt
von sein verschuld't'n Schmerz.

A solcha hat si' selbst am ärgst'n g'straft durch sein
Leb'nswandl,
Sei' Geist ist stumpf, 's G'müath vador'm, das G'wiff'n
im scharf'n Handl,
All's verdriaßt eahm, nur Wolluft reizt 'n no', sonst is
Leb'nslust und Freud' davon,

Er sagt, dass 'n koa Weib und Kind nöt liabt, o Gott,
    wia elend is a solcha d'ran.

Bei den Betracht'n der Mensch'n und ihr'n Lauf sagt
    ma oft solche G'stalt'n,
J schreib dös nöt für solche, da mußt nir mehr, dort
    thuat schon 's Naturrecht walt'n,
An Spiag'l für die junga Leut' solls sei', die auf a
    solche Bahn zueil'n,
Dass einischau'n, das häßli' Bild betracht'n und mit
    Nachdenk'n dabei vaweil'n.

Die Jugend hat oft wenig Tugend, das Sprichwort is
    ganz richti,
Austob'n soll 's a, sunst wird 's nöt g'scheit, dös is a
    wichti.
Will 's a Dummheit mach'n, soll 's z'erst denk'n und
    's G'wiss'n frag'n,
Ast fehlt 's nöt weit, wird nöt stark vastoß'n, weil 's
    eahm wird 's Richti sag'n.

Die Jug'nd froh geniaß'n, dabei auf d' Zukunft und
    and'rer Rechte acht'n,
Für all's Schöne empfängli sein, recht viel zu lerna
    tracht'n,
Wer das macht, bei dem wird 's nia so weit kemma,
Dass er wird in das Wüstlingleb'n einirenna.

Als der rechti Hort und Schutz für so an entsetzlich's
    Lasta,
Schützt d' Muataliab' im Herz'n, dös is dageg'n 's beste
    Pflasta,

Wo dabei die Hoamatliab' im richtig'n Maß thuat vor-
hand'n sei',
A solcha kummt g'wiß nöt in a so a große Verworf'n-
heit hinei'.

Da Schutz und d'Seg'nskraft der Muata- und Hoamat-
liab' is unendli groß.
Der 's richti hat, den laßt 's von den richtig'n Weg
nia los,
Glück für. d'Familie und für 's ganze Land thuat das
bringa,
Di', Göttafunk'n, grüaß' i von Herz'n, dös beste Lob
thua i dir singa.

# Die erste Kost.

Was i hiazt thua bringa und b'schreib' is wichti,
B'sondas für a jede Muata, das is ganz richti.
Es betriafft unsa Liabst's! 's Kind und sei' erste Kost,
Dö gnua und g'sund sei' muaß, damit sei' Mag'n nöt
        loßt,
Weil 's eahm 's Leb'n kunnt kost'n oda in Wachsthum
        faihl'n.
Schlaf muaß d' Muata laff'n, 's Kind viel leid'n und
        schrei'n.
J thua das g'rad nöt zur Untahaltung niedaschreib'n.
Wer Kinda hat und liabt f', vasteht mi', was i damit
        will treib'n;
Bei den das nöt is da Fall, der soll das Les'n laff'n,
Zum Vergnüg'n soll er sich daweil mit da „erst'n Liab"
        befaff'n.

Für alle G'schöpfa beim Eintritt in die Welt,
Is erste, daß da Nahrung, da Mili ja nir fehlt,

Die Schöpfung hat 's so eing'richt bei jeda Gattungs-
    art,
Daß der weiße Saft is von da richtig'n Wärm' und
    Mischungsart.
Wer das festhalt als Grundsatz bei der Kinda-
    nahrung,
Is am richtig'n Weg, das sagt uns die Erfahrung!
Wo 's sein kann, gibt die richti Kost die Muatabrust,
Solche Kinda gedeih'n, das is a wahre Lust.
Desweg'n muaß ma schau'n und tracht'n, das zu er-
    reich'n,
Wer 's nöt glaubt, braucht nur Kinda von verschied'na
    Kost zu vergleich'n.


D' Müata wiss'n, daß zu g'wisse Zeit'n beim Still'n
    d' Mili is verändert,
Oda wann s' bei ihr'n Ess'n und Verhalt'n Vorsicht
    nöt anwendet.
's Kind kennt das g'nau, es muaß dafür unschuldi
    büaß'n,
Dafür thuat 's Schrei', Schmerz und Leid'n trag'n müass'n.
Wann schon die natürli Nahrung macht solche Sach'n,
Was wird erst d' Mili von da Kuah und Ziege mach'n,
Denn dö is ja ganz anders z'sammag'setzt.
Nacha das verschied'ne Fuada für 's Vieh is oft letz.
Ma woaß nöt, stammt die Mili von a g'sund'n Kuah,
Was für Nahrung hat, und and're Sach'n gnua.


Wann so a liaba Weltbürga wird gebor'n,
Is das Erste, sich richt'n in Betreff der Nahrungssorg'n,
Das gilt für alle, ob s' san arm oder reich,
Das is wichti und für Alle ganz gleich.

In der Weis' hat 's die Natur guat eing'richt,
Alle mahnt s' mit gleich'n Ernst an ihre Pflicht,
Gnua und g'sundi Kost muaß herg'schafft wer'n für
     's Kind,
Wart'n derf ma nöt, das muaß g'scheh'n gar g'schwind.
Kann 's nöt die natürli Mili sei', hoaßt 's bei Zeit'n
     tracht'n,
Daß ma die richti triafft, daß ma 's kann mach'n.

Wann d' Muata selbst thuat still'n ihr Kind, hab' i
     nix zu sag'n,
Auf was da z' schau'n is, thuat ma am best'n an Arzt'n
     frag'n;
Nur was betriafft die künstli Nahrung, die Mili von
     da Kuah,
Da gibt 's viel zum bemerk'n und zum red'n glei' gnua.
Als wichtigsta Grundsatz is da bestimmt festzu-
     halt'n,
G'sunde Küiah, mit 'n gleich'n, richtig'n Fuada is
     g'wiss'nhaft zu walt'n.
Deshalb fang' i jetzt an, d' Beschaff'nheit der Kuahmili
     zu erklär'n,
Was z' viel und z' wen'g is geg'n da Mensch'nmili
     zum Ernähr'n,
Wann ma s' so gab den Kind, selbst von a g'sund'n
     Kuah und richtig'n Fuada,
Und auf was no' muaß g'schaut wer'n, von da richtig'n
     Muata.

Trinkt 's Kind an da Muatabrust, so g'rinnt d' Mili
     in Mag'n zu feine Flock'n;
Trinkt's Kuahmili, is anders, da wer'n große Brock'n.

Bei der Erst'n geht d' Verdauung leicht und guat
von statt'n,
Bei der Zweit'n g'schlacht 's schlecht, Brock'n thoan
j' viel Umständ' mach'n,
Das g'schlacht wann a die Kuah g'sund is und hat die
richti Nahrung,
Bei der best'n Pfleg', Reinlichkeit und Kindermiligebarung.
Wann erst dazua kimmt, dass d' Kuah nöt g'sund und
hat nöt 's richti Fuada,
Was muass dann aushalt'n 's Kind, mit eahm die Muata,
Desweg'n soll ma si', so guat als mögli is, überzeug'n,
Von wo s' herkummt und, wann s' guat is, bei dera bleib'n.

Ganz g'sund muass sei' so a Kindamilikuah,
Gnua und 's richti Fuada, Trank, gleich fort hab'n
nur.
Will ma 's ändan, allmähli nur, drei Woch'n dauern
soll das mindast,
Da g'spürt 's Kind den Wechs'l nöt im Mag'n und
sonst a mindast.
Abfäll', die von Fabrik'n, Bräuhaus, Brennerei'n stammen,
Schad'n da Mili stark, 's Kind uns durch Schrei' dann
wird mahnen.
Malzkeim' mach'n da a Ausnahm' nur,
Als Beifuada geb'n, kriagt d' Mili Salze und Fett'n gnua,
Trebern, Schnittling, Branntweintrank und dagleich'n,
Schad'n da Mili, dem Kind seina G'sundheit thoan j'
zum Schad'n gereich'n.

B'sonders schlecht und g'fährli wird d' Mili für die
Säuglingszeit,
Wann ma Erbsmehl in Trank oder Stroh unta 's Fuada
schneid't.

Im Ganz'n san alle Schot'nfrücht' nöt viel bessa,
Nadja eingesäuate Abfäll' von Ruab'n und Gröfa,
Dann is a nöt richti, b'ständi d' Mili nur von oana
    Kuah,
Weil si' dö vaändat aus g'wiff'n Gründ'n a oft gnua,
Wann 's a g'sund is und 's richti Fuada hat, tritt das
    ein;
Drüba Weitas z' sag'n, gang z' weit, das laff' i sei'.
Soll von Stall für 'n Säugling d' Mili sei' richti b'schaff'n,
Von viel g'sundi Küah g'mischt und 's richti Fuada
    wird das mach'n.

Je mehr Küah in an solch'n Stall san d'rei',
Die G'sundheitsüberwachung muaß a die richti sei',
Wann ma die ganze Mili von der gleich'n Melkzeit
    mischt,
Wird 's in ihr'n ganz'n B'stand gleich sei' und richti
    für 'n Säuglingstisch,
Wann s' dann knapp $3\frac{1}{2}$ Procent Fett hat d'rin,
Is g'rad recht die Meng', sunst wird s' z' schwar oder
    z' g'ring,
D' Mittagmili hat das mehra Fett, die von Ab'nd kimmt
    aft dazua,
Die von da Fruah hat am wenigsten, beim richtig'n
    Fuada do' a gnua,
Die Holländakuah macht a Ausnahm' ganz alloan,
Dö gibt viel Mili mit z' wen'g Fett'n, wia i vamoan.

Am best'n is, b'ständi die g'mischti Fruah- oder Ab'nd-
    mili z' nehma,
D' Mittagmili hat meist z' viel Fett'n, 's Kind kunnt
    schlecht ankemma.

Sie soll da Mensch'nmili in Fett und all'n ähnli sei',
D'rum muaß ma s' so halt'n, daß in koan Theil z' viel
is d'rei';
Bestimmt kann ma sag'n, daß ma das bei der g'wöhn-
lich'n Wirthschaft nöt kann hab'n,
Weil bei der Haltung d' Küah z' wen'g Mili möcht'n
trag'n.
Der g'wöhnli Landwirth fuadat so, daß er kriagt Mili
recht viel,
Und des Umständli in der Pfleg' und Fuada er nöt
mach'n will,
Wer hab'n will die richti, guati Mili für sei' Kind,
Muaß theura zahl'n, weil weniger tragt so a Rind.

Um a g'sundi Kindamili herz'stell'n is viel nöthi,
Unternehma gibt 's wen'g, die dazua san erböti,
In mehran Ländan gibt 's schon eig'ne Kindamiliverein',
Wo die richtig'n, erfahrna Fachleut' a dabei sein,
Dö das Ganze übawach'n und d'rüba thoan wach'n,
Auf die richti Pfleg' und 's Fuada, auf g'sundi Küah
thoan acht'n,
Daß die Milimischung und der Fettg'halt stets da gleiche
is,
Dann a für d' Reinlichkeit im Stall und beim G'schirr,
das is g'wiß,
Und daß a beim Versandt koa Pantscherei kann geb'n,
Daß a der Preis nöt z' hoch is, so wia 's da G'schäfts-
ertrag thuat mög'n.

Bei dera Sach' muaß ma vor all'n wohl bedenk'n,
Daß so eing'richt is weg'n die Arma, daß nöt thoan
ment'n.

Denn kost 's z' viel, können sie s' nöt kauf'n hat s' nöt
     den richtig'n Nuß'n,
Der die Mitt'l hat, kann dös wohl und braucht nöt
     z' stuß'n.
Solche Kindamiliverein' z' schaff'n, zum Nuß'n für die
     Arma,
Bracht' uns alle Nuß'n und zoagt für sie Erbarma,
Wann auf die Art von die Geldig'n g'schaut wurd',
     sowas zu schaff'n,
Mit Geld war'n solche Verein' und Anstalt'n leicht zu
     mach'n;
Der Gewinn davon wurd' kenntli in da ganz'n Volks-
     ernährung,
's Abwärtsgeh'n davon wurd' aufg'halt'n, und dö un-
     zufried'ne Gährung.


Das richti Fuada für solche Küah war' Heu und
     Kroamat.
Mit Stroh lang g'schnitt'n, a a bisl Gras mit Bloamat,
Erdäpf'l und verschied'ne Kuab'n g'schnitt'n, wann s'
     fäulig san, war 's schlecht,
Das Ganze ang'seßt, im Sommer gnua Wasser is
     recht,
In 's Trank a Mehl von Körna g'hört a dazua,
Oder Schrott von Habern oder Gerst'n mitta gnua,
Wo 's sei' kann, Malzkeim' no' dazua a bisl,
Abbrennt oda eing'woacht für da Kuah ihr Supp'n-
     schüss'l,
Ast a wen'g a Salz in 's Trank derf ma nöt vergess'n,
Dafür schaut Kuah liab und thuat si' 's Maul nöt
     weß'n.

Bei kalta Jahreszeit is guat, abz'brenna d' Knab'n
und 's Fuada,
Wia g'sund da d' Mili wird für 's Kind, g'spürt a die
Muata.
Zur richtig'n Haltung g'hört no', dass d' Kuah a macht
koan Mecka,
In trockan Boarn a Salzstoan a zum Lecka,
D' Woch'n a zwoamal auf a paar Stund',
Weil dös für d' Mili und Verdauung is recht g'sund.
Dass 's G'schirr und Durchseichtüacha rein sein müass'n,
is erkenntli,
Dass ma 's Ganze a wen'g kenna soll, is selbstverständli.
Und dass a d' Stallleut' nöt derf'n hab'n, was anstecket is,
Weil solches kummt leicht in d' Mili, aus Erfahrung
woaß ma dös.

Hat ma d' Mili von a g'sund'n, richtig g'halt'nen Kuah,
So is das all's no' z' wen'g und no' nöt g'richt gnua,
Der Mensch braucht d' Mili anders als wia das Rind,
Ma muass s' erst richt'n, dass zum brauch'n is für 's Kind,
Im Mitt'l hat d' Kuahmili an Fett, Zucka, Salze und Wassa
Beiläufi so viel wia d' Mensch'nmili an Massa,
Do' an Käs'stoff, Topf'n nennt ma'n, zu Brocka g'rinnt
a, um die Hälft' z' viel,.
Das macht 's, dass der Kindamag'n dös nöt vertrag'n will,
Desweg'n muass so g'richt werd'n, dass g'rinnt zu Flock'n,
dass dera gleicht;
Von Topf'n muass d' Hälfte weg, dann wird 's erreicht.

In Wien hat a Professa den Weg dazua erfund'n richti,
Dass gleichviel Kuahmili und rein's Wassa kalt werd'n
g'mischt is wichti,

Geht 's durch a Centrifuge, so daß bei die zwoa Röhr
    die gleiche Hälfte aus thuat rinna,
So is in da oan Hälft' die ganze Fett'n d' Bache
    Topf'n, Zucka und Salze drinna;
Setzt ma dera was z' wen'g is, an Zucker zua dareb
So is z'samm'g'setzt wia die Menschumili a bemeb.
Mit der Centrifuge derf ma aber das nöt anfass'n
Weil si' da Herr Professa das Verfahr'n patentier'n
    hat lass'n,
Wollt' ma das mach'n, zwoa Kreuza muaßt ma zahl'n
    per Lita,
Für die Arma kam dös z' theuer; im ganz'n is das nöt
    schön und bitta.


Das tragat eahm a hübsch Geld'l ein, wann 's so war.
Wann 's da koan Ausweg gab, dös war do' gar z' rar.
I hab' oan ausprobiert, der is praktisch und leicht aus-
    führli,
D' Verrichtung is einfach, billig und sehr natürli.
In a Zwoalitaflasch'n, dö nab' beim Bod'n an da Seit'n
Al kloans Loch hat, ob'n das groß', und gleich is in da
    Weit'n,
Gibt ma kalt d' Hälfte Mili, d' Hälfte Wassa und va-
    stopft 's dann guat,
Laßt 's fünf Stund'n ruhig steh'n in an sehr an kühl'n Ort.
Ohne z' rühr'n die Flasch'n, laßt ma nacha von untan
    Loch d' Hälfte davon ablauf'n,
Die hat koa Fett, aba d' Hälfte Topf'n, die is für 's
    Kind nöt z' brauch'n.
Die oba Hälfte hat das ganze Fett und von Topf'n
    richti gnua,
Dera setzt ma Zucka, bessa no' Milizucka, was faihlt, dazua.

Auf die Art macht ma 's da Mensch'nmili ähnli,
Hat gnua Fett'n, Zucka, Wassa, a bisl weniga Salz,
als wia g'wöhnli.
Jede Muata kann si' das leicht selba mach'n,
Doch tägli frisch, 's Kind vatragt nöt alte Sach'n.
Möcht' ma d' g'wöhnli Mili vadünna mit Wassa nur,
Z' viel Wassa hätt 's dann und nöt Fett'n gnua.
Für 's Kind muaß Fett, Topf'n, Zucka und Wassa ähnli
sei' enthalt'n,
Wia in da Mensch'nmili und die richti, gleiche Wärm'
beim Trink'n, guat thuat's dann walt'n.
Dö d' Kinda g'sund hab'n woll'n, soll'n auf das guat
schau'n,
Und auf das, was hiazt kummt, acht'n und guat vatrau'n.


Bei dem verschied'nen Werken mit da Mili,
Kemman eini schädli Keim' und Schmarotzer viele,
Deshalb kocht ma nach der g'sagt'n Bereitung in an
Topf 's Ganze 15 bis 20 Minut'n lang,
Theilt 's in gnua Portionflaschl; zuag'stopft, stellt ma 's
in an kalt'n Gang,
Wann 's braucht wird, stellt ma 's in 's heiße Wassa eini.
Wann 's G'schirr rein is, d' Hitz thuat dann das Seine.
's Kind kriagt d' Mili schmarotzerfrei. Wann 's so wird
g'macht,
Wird's gedeih'n, für alle gibt's wen'g Unruah in da Nacht.
**Im richtig'n Kuahfuada, Milimisch'n und Koch'n
liegt das Hauptgewicht,**
J rath 's an jed'n, daß er si' genau danach richt't.


Viel is da Brauch, daß ma für 's Kind bei da Nacht
Die Mili bei an Camperl woarm z' halt'n tracht't,

Damit 's beim Erwach'n selbe glei' kann kriag'n.
Wia thuat si' da d' Muata selbst und 's Kind betrüag'n!
Dadurch wer'n massenhaft Schmarotza g'schaff'n,
Dö 's Kind trinkt; für 's selbe thuat das viel Unheil
    mach'n.
Wer das nöt glaubt, thuat sei' Kind und si' selba straf'n,
Die Erfahrung lehrt 's, dafs ma damit kann viel Unheil
    mach'n.
Mit den G'iagt'n will i den Altan Kumma, den Kindan
    Schmerz erspar'n,
Als das Best' in der Säuglingskost hat ma bisher das
    erfahr'n.


Wer das lest, wird kenna, wia die richti Kindamili
    soll sei',
Wo das nöt zuatriafft, is nöt das Richti d'rei',
Alle andan Sach'n, wia Nährmehl und dagleich'n,
Könnan da richtig'n Kindamili nöt 's Wassa reich'n.
Da Kindamag'n is so b'schaff'n, er vadaut nöt alle
    Sach'n,
Kriagt er was andas, so macht 's eahm viel zu schaff'n;
's Leb'n kunnt 's kost'n, 's schlechte Wachsthum geht
    oan z' Herz'n,
Schlaflose Nächt' hab'n d' Altan, den Kind macht 's
    viel Schmerz'n.
J sag' da nöt z' viel, das lafst si' guat beweis'n,
Weil durch die unrichti Kost viel Kinda in d' Ewigkeit
    thoan reis'n.


Es gab d'rüba no' mehr Ausführlich's z' sag'n,
Z' lang wurd 's aba, ma kann 's frei nöt wag'n,
Nur den Sorhlet-Apparat will i no' anführ'n,

Damit kann ma d' Mili keimfrei mach'n, ma nennt 's
    sterilisier'n.
Wer si' den anschaff'n kann, thuat ganz recht,
Die Kindamili muaß aba, wia angeb'n is, sein echt,
Wia 's dann z' mach'n is, sagt oan a Schrift dabei,
A bisl mehr Arbat macht sowas, das is nöt neu.
Guat is aba das Vafahr'n und a valäßli,
Die richti Mili, so behand'lt, macht 's Kind gewiß nöt
    unpäßli.

Wia lang, wia viel 's Kind soll solche Nahrung hab'n,
Kann i nöt sag'n, da muaß ma an Arzt'n frag'n,
Der wird a angeb'n, daß den Säugling schad'n die
    Mehlkochpatz'n, ·
Dö die Kinda kriag'n, oft frei zum zerplatz'n.
D' Altan glaub'n ja oft, die lare Mili is z' wen'g
    für 'n Säuglingsmag'n.
D' Schöpfung muaß do' wiss'n, was der kann vatrag'n,
Wär das z' wen'g, so hätt' s' g'wiß d' Mili andas
    b'schaff'n!
Die Richtschnur muaß ma einhalt'n, und nix andas
    mach'n,
Wird 's älta sei', wird 's a schon mehr vatrag'n,
Weil si' dazua einricht a sei' Mag'n.

Der Grund, weg'n was i das thua in Vers'n reima,
Und zur g'wöhnlich'n Schreibweis' thua nöt Zuaflucht
    nehma,
Is der, weil d' Gedichta si' im Volk andas halt'n,
Und länga fortleb'n dort, der Geist thuat andas walt'n.
Zum Schluß leg' i no' an 's Herz, das langsam zwoamal
    z' les'n,

Ma begreift 's dann bessa das ganze Wes'n.
Es gab wohl no' viel z' red'n da d'rüba,
Do' gang 's z' weit üba das, was i sag'n will, hinüba,
Hauptsächli is das Ganze g'macht für die wachsamen
    Muataaung'n,
Dass woaß, wia d' Säuglingmili sei' muais, wann s'
    soll taug'n.

## Für 's tägli Leb'n.

A hell's Liacht, was nöt dei',
Von an andan willst stehl'n,
Sowas lass liaba sei',
Dein' Plan wurdst vafehl'n.

Brennt a dei' Lamperl nöt hell,
Wann 's nur gibt a frisch Liacht,
Das nöt raucht, macht koan Dell,
Und ma dei' Thoa d'rin a siacht.

Hast Unglück, Mang'l, Kumma,
Klag' dei' Load nöt an jed'n,
Bringst das z'samm', hast schon g'wunna,
A Dauer thuat 's bei nir geb'n.

San dir alle Hilfsquell'n vanag'lt,
Denk' dir, nir hat an Bestand,
Wann 's Selbstvertrau'n nur nöt wag'lt,
Als besta Freund ist 's bekannt.

Widaſprich di' nöt im Red'n,
Am erſt'n wurd' das g'ſcheh'n,
Möchſt viel zum Beſt'n geb'n,
Und haſt do' wen'g g'ſeh'n.

Selbſtändi muaſst a ſei',
Miſch' koan Eig'nſinn dazua,
Richtig's Nachgeb'n g'hört d'rei',
Vakehrſt aft leicht gnua.

Verſag' d' Achtung koan Andan,
Biſt eahm a weit übaleg'n,
Nach Lob thua nöt fahnd'n,
Dein' Anſeh'n thuat 's heb'n.

Höfli ſein und beſcheid'n,
Is a Zier für an jed'n,
's Geg'ntheil thua meid'n,
Veracht't wird die Gröb'n.

Soll dei' Achtung hab'n a Dauer,
Halt den Grundſatz ſtets feſt,
Wahr und feſt ſein wia a Mauer,
Geiſt und Herz zoagt 's ſo am beſt'.

Wer für And're hat koan Sinn,
's Mitg'fühl thuat eahm faihl'n,
Freund find't er koan d'rin,
Er wird a alloan bleib'n.

Alloan und valaſſ'n,
Wann er brauchat an Freund,

G'lernt hat er eahr's Haff'n,
D'rum eahm All's davon rennt.

Ordnung in All'n is gar wichti,
Mach 's zu deina zweit'n Natur,
Was du machst wird dir richti,
Zum guat'n Werka tragst bei gnua.

D' Leut' woll'n si' gern untahalt'n,
Das liegt im menschlich'n Trieb,
Tragst dazua bei, thuast guat schalt'n,
Bist dageg'n, kummst kriag'n Hieb.

An Kasperl brauchst da nöt z' mach'n,
Den richtig'n Mitt'lweg halt ein,
Machast zu vadrahte Sach'n,
Thast di' blamier'n, dös lass' sein.

Zoag gern dei' G'sicht heita,
Den Frohsinn erweckt 's,
Damit kimmst viel weita,
Als wannst das vadeckst.

Willst deine Kenntniss' mehr heb'n,
Muast mit 'n Volk viel vakehr'n,
Dort wird dir das geb'n,
Womit's di' thuast mehr'n.

Sei nöt z' gach mit dein' Tad'l,
Mit 'n Widared'n halt' di' z'ruck,
Schau', ob bei dir is all's Ad'l,
Ob nöt a dei' Wiss'n wurd' z'druckt.

(51)

Beim Vortrag'n faſſ' di' kurz,
A koa G'ſchicht' mach' da z' lang,
Für 's Zuahör'n machſt Guat's,
A den Leſan wird nöt bang.


Willſt was kriag'n, muaiſt a hergeb'n,
So erfordert 's die Art,
Sunſt vaſtehſt nöt zu leb'n,
Glaub' das auf 's erſte Wort.


Triafft dös den Kopf oda 's G'müath,
Das bleibt ſi' ganz gleich,
Triafft 's Schopfbeut'ln oda d' Liab',
Oda biſt arm oda reich.


Int'reſſier'n ſoll di' All's,
Sei koa lötſchada Kund'
Kaufſt was Paſſats, ſo zahl 's,
Zu All'n leg' an guat'n Grund.


Wer All's kriagt, was er will,
Übaſättigt ſei' Leb'n,
Der kimmt bald zum Ziel,
Wo 's koa Freud' mehr kann geb'n.


Triafft in da Jug'nd das zur,
Wia arm is der do d'ran,
Vahüat das ja nur
So guat als ſei' kann.

# An die deutsche Muata und Frau.

Der beste Lehrmasta is die Erfahrung,
Die G'schicht lehrt das, und wia war die Gebarung.
Sie sagt, dass zur Bürgertugend und Ed'lsinn,
Der Keim muass sein schon in da Jug'nd d'rin.
Das zu machen, is zunächst die Muata b'ruaf'n.
Für'n Keim im Kindaherz des richti' Platzl z'suach'n.
Solchö Völkastämm' wer'n dann stark und mächti',
Muath und Liab' zum Volksstamm gedeiht da prächti'.

Die Weltg'schicht' sagt uns, dass Cornelia, als edle
            Römerin,
's Herz voll Gatten- und Muataliab', sowie häuslich'n
            Sinn,

Die Muata der zwei Gracchen war, der volksthümlich'n
Held'n.
Zu ihr ließen sich einst hohe Römerinnen anmeld'n,
Die stolz mit kostbarem Geschmeid' und Brillanten
prunkten,
Und fragten, ob s' wohl a ihr'n größt'n Schatz seh'n
kunnten.
Sie, die Tochter Scipio's und Gattin Gracchus, des
Volkstribunen,
Den s' hat, und die Kleinodien, die sie hat errungen.

Cornelia, einfach im Haus, Kleid und in Allem,
Ihr Sinn war: 's Volk beglück'n und allein ihr'n Gatt'n
g'fall'n;
Ihre Kinder guat erzieh'n und zu edle Mensch'n mach'n;
Das wollt' sie erreich'n bei ihr'n beiden Gracchen.
Die führt sie zu den stolz'n Römerinnen:
Ihr seht mich hier mit meinen zwei Söhnen,
Den größten Schatz, dem ich weiß' mein Leb'n;
D'ran hängt mein Herz, dem Volk soll 's bring'n Seg'n.

In Rom hab'n damals schlechte Sitt'n g'herrscht und
Laster
In den Palästen stark, a schon auf dem Pflaster.
Treulos, Prunksucht, Eitelkeit waren starke Seuch'n;
Häuslichkeit, Tug'nd, Bürgersinn war ganz im Weich'n.
Cornelia hat guat bewahrt ihr'n keusch'n Sinn,
Und 's Muataherz, als höchstes Guat, da mitt'n d'rin;
In ihre Kindaherz'n an guat'n Keim hat s' z' pfleg'n
g'suacht,
Der feste Wurz'ln 'bracht hat und die beste Frucht.

(74)

Diefe edle Frau und Muata hat die Weltg'fchicht'
Uns zum Mufta aufg'ftellt, dafs ma fi' nach ihr richt't
In der Erziehung der Söhne für des Volkes Wohl;
Wia Bürgerfinn und wahre Tug'nd b'fchaff'n fein foll;
Nur zu fchnell war 's Helf'n, dö 's hab'n woll'n er-
reich'n.
Der Lift der Reich'n fan f' untalög'n und muafst'n
weich'n.
Ihr Leb'n hat 's Toft'; deshalb foll ma bei fo was
bedächti' hand'lu.
Sunft kann ma erfahr'n den gleich'n Wand'l.


Wann der Körper die richtige Kraft foll hab'n,
Muafs er g'fund fein, dann kann er viel vertrag'n.
Der Kopf und d' Muskeln ftrahl'n dann aus
Viel Geift und Kraft, dafs kunnt'n heb'n a Haus.
Hat aber a folche Kraft a Völkerftamm,
So is er ftark und mächti' und richti' d'ran;
Dabei muafs herrfch'n Einigkeit und Treu',
Das gibt erft dem Stamm die richtige Weih'.


Den erft'n Grund dazua thuat leg'n die Frau;
Wohlbedacht! dafs das g'fchlacht richti' und g'nau.
Legt d' Muata ins Kindaherz den richtig'n Keim,
Thuat das zum Volksftamm-Erftark'n a das Sein',
Die deutfche Treu' zu pfleg'n und zu erhalt'n,
Durch 's Beifpiel und im häuslich'n guat'n Walt'n.
Die innere Kraft, die ausftrömt, uns dann gibt,
Dafs geg'n Lift und fchlecht's Handeln nöt untaliegt.

Meine deutsch'n Freunde, thoan wir hand'ln,
Deutsche Frau und Muata, thua so wie Cornelia wand'ln,
Deutsche Männer, bewahr'n wir stets den deutsch'n Sinn;
Thoan wir für die Hoamat kämpf'n, uns're Zukunft
    liegt darin.
Die deutsche Treu' den Frauen, 's Herz der Familie
    weih'n,
Und d' Muataliab, 's deutsche Herz und alle Freud'n
Zu an Kranz, woraus nur Lieb' sprießt für Frau und
    Kinder,
Und für unser deutsches Vataland nöt minder.


Wo die deutsche Zunge laßt sich hör'n,
Dort thoan wir uns're Hoamat ehr'n.
O deutsche Muata thua di' stets erinnern
In 's Kindaherz den deutsch'n Keim zu bringen;
Daß d' Wurz'l fest wird und zur Frucht gedeiht,
Der Grund zur Kraft, die unser'n Volk geweiht.
Zu künftige Thaten wird der kindliche Sinn erregt
Und selber so zur Treu' und Hoamatliab gepflegt.


Die Jüngling- und Jungfrau'nsitt'n werd'n sein rein
    und wahr,
D' Ältan- und Volksstammliab hehr und klar;
Was Nützlich's z'lerna, die Lust erwecken und guat
    pfleg'n:
Großer Nutz'n, große Macht is da d'rin g'leg'n.
Glaub'n, Muath, Wiss'n, Tapferkeit sind verbund'n
Mit Klugheit, sicher wird dann 's Richtö g'fund'n.
Generationen, die si' das zum Grundsatz mach'n,
Schmieden für ihre Zukunft die best'n Waff'n.

Von den deutsch'n Frau'n ihr'n häuslich' Walt'n kimmt
    der Seg'n;
Bei den Kindan walt'n, dem Gatt'n ganz ergeb'n
Wohl und Glück zu mehr'n, des Gatt'n Stütz im Web'
    und Freud',
Vertrau'n erweckend, schaff'n Trost, bannend Leid
Treu ihr Herz voll Liab' zu den Ihr'n, und rein wie
    Gold,
Erfüllt von deutsch'n Bürgersinn, nur dem Guat'n hold,
Jn der Hütt'n und im Palast stets treu, ehrend deutsche
    Bürgertugend;
Das Herz so froh und guat im Alta wia in da Jugend.


Wo dös zuatrifft in dem deutsch'n Haus,
Da herrscht Glück, Liab' zur Hoamat strahlt da aus.
A g'sunda Volksstamm wird da richt'ö g'schaff'n,
Den Weg zum Aufsteig'n wird er sicher mach'n. —
Zu dir, o Lebensborn und Hort, schau'n wir hinauf,
O Schutzgeist, wahr und rein, nimm stets dein' Lauf.
Zu uns'ra Leb'nssonn', zu unser'n Himmelblau,
Zu uns'ra Muata, zu uns'ra deutsch'n Frau!

# 's Muataherz.

D' Jug'nd kann 's no' nöt erkenna,
Wann sie 's a oft gnua thuat vernehma,
Wia wichti' d' Muataliab' thuat sei',
Den Seg'n und Schutz, der für 's Kind is drei'.
Das Beste, was der Mensch kann erdenk'n,
's Muataherz hat 's für 's Kind zum verschenk'n.
O das Muataherz, wia is das so guat,
Das Kind is bei ihr in da best'n Huat.


Bevor no' 's erste Kind wird gebor'n,
Is das Muataherz schon thätig wor'n,
A große Schatz für 's selbe und die Ihrig'n kimmt,
Der ihr Herz ganz mit G'walt einnimmt,

Das warme G'fühl, das sü thuat schon reg'n,
Den G'schöpf g'hört 's ja für 's ganze Leb'n.
Kann 's d' Muata a no' nöt jetzt begreif'n.
D' Natur thuat langsam aber sicher reif'n.


Sein Eintritt in d' Welt bringt a große Freud',
Vagess'n is das Weh, d' Muata is zu all'n bereit,
's Kind schmiagt 's an ihre treue Muatabrust.
Liab's Kind, da bist am richtig'n Ort, o große Lust.
Das Wonneg'fühl der Muata, es is ganz aus,
Die herzli' Muataliab' is da beste Seg'n im Haus.
An Vorg'schmach kriagt d' Muata, wia's recht kunnt sei,
Wann 's schon ganz im Himmel war drei'.


Kommt a zweit's oder no' mehr an,
Kemman a no' so viel danoch d'ran,
Die gleich' Liab' is all'n borg'n,
Wann 's Muataherz hätt' a no' so viel Sorg'n.
Scheint 's a, oans war d'runta das Liabste schier,
In Wirklichkeit thuat 's Muataherz das nia,
Alle schliaßt 's d'rin ein als größt'n Schatz,
A jed's find't d'rin sein richtig'n Platz.


Von den erst'n Ath'mzug, den das Kind macht,
D' Muatapfleg' laist nimma aussa acht,
Fangt 's dann an z'lach'n und 's Köpfal z' trag'n,
Erst wann 's anfangt den erst'n Schritt z' wag'n,
Dabei hat a an bumfest'n Sitz,
D' Muataliab' kummt da erst recht in d' Hitz.

Liaba Himmel, denkt f', schenk' mir nur die Gnad',
Dass i die Freud' mit mein Herz ertrag'.

Von erſt'n Schritt bis zu der Volksschulzeit,
Viel Freud' gibt 's da, oba·a ſchon a Leid,
Das Letzte kimmt erſt mehr, wann 's von den Lehrer
Oft anhör'n muaſs recht harte Plärer,
Weil 's Kind z'weng ruhig ſitzt und z'weng ſtill
So wia 's d' Schul valangt und hab'n will.
Dem Kind ſteckt 's im Bluat, es muaſs ſi' rühr'n,
Das Naturg'ſetz muaſs d' Muata oft bitta g'ſpür'n.

D' Jug'nd ſoll zoag'n an Luſt und an munter'n Sinn.
Das Herz off'n, treu und heita, aft is das richti' d'rin,
D'Muata ſucht den Keim zu ſchaff'n und guat z'pfleg'n,
Dass er kriagt feſti Wurz'l, viel guats wird's dann geb'n.
Soldat'nſtrammheit iſt für 's Kind uöt richti'
D' Erzieha ſoll'n das bedenk'n, dass ſo is wichti',
In die eig'ne Jug'ndzeit ſoll'n ſi' die verſetz'n,
Was trieb'n ham, was geb'n hat da für Umawetz'n.

Die Volksschulzeit iſt für 's Muataherz wohl oft bitta,
Do' geg'n den, was ſpäta kommt, no' mitta.
Guat hat 's da Schöpfa g'macht, dass ma nöt in die
                    Zukunft ſiacht,
Mehr Dunk'ls is dort, als wia das Liacht.
So tiaf und empfindli', ob 's Freud is oda Kumma,
Wird's von neamd, als von da Muata z'Herz'n gnumma,
Erſt wann 's beim Kind den ſchulding Dank vermiſst,
Wia bluat't ihr Herz, doch ſie verzeiht 's und vergiſst.

D' Lehrzeit, d' Studi, gibt zum Raut'n gnua,
Wann na troff'n wird da das Richti nur,
Diandl san wohl b'stimmt für 's Haus,
Do' beim g'wiss'n Alta, da war 's gleich aus.
's Muataherz kennt am best' die G'fahr, ganz richti'.
Sie woaß, daß jetzt is die Leitung a wichti',
Wa für 's Kind das nöt vorhand'n,
Da Grund is, daß geht dann oft z' schand'n.


Mitleid für Arme 's Bet'n und den Rechtsinn pfleg'n,
All's guat's möcht 's ihrn Kind mit in's Leb'n geb'n,
A guata Grund und Trieb wird g'legt in's Kindaherz,
Zum Kampf um's Dasein, sowohl für Freud und
Schmerz.
's Valanga hat 's, wär'n nur schon meine Kinda groß,
Und wann der Hergott gab all'n a guat's Los.
D' Zeit vergeht, g'schwind thuan s' wachs'n her,
Aba 's Raut'n und d' Sorg wird mit den a mehr.


Mei' liab's Muataherz, es kommt die Zeit,
Wo'st selber z'ruckruaf'n möchst, was 's nöt daleit,
G'nieß guat die Zeit, solang 's Kind is kloan,
Mit 'n Größawer'n fangt ja d' Sorg mehr an,
Das G'fühl, wia 's erste Kind hörst „Mama" lall'n,
Gibt's nur oamal, die größte Freud von all'n,
Süaß klingt dir der Nam' nach, das muaß ma
lob'n,
Du glaubst frei, bist im Himmel ob'n.

(81)

In an jed'n Kind liegt a Theil von ihr'n Leb'n,
Den Grund zu ed'ln Mensch'n will's drei' leg'n,
Durch Hoamat- und Nächst'nliab kann sie 's erreich'n,
Wann 's in's junge Herz legt den Sam' den gleich'n,
Für 's Vaterland schafft 's an treuen Sinn,
Da Volksfried'n schwind't dann nöt so leicht dahin,
So bewirkt das Walt'n Treu' und Fried'n,
Seg'n bringt 's, das Schlechte- wird a g'mied'n.


Was leid't a Muata, wann ihr Kind is krank,
Koa Ruah hat s' nöt, weil ihr is so bang,
O, kunnt ma' einischau'n in so a Muatabrust,
Wia 's umsaust d'rin, es fürcht' ja den Verlust,
Leid und Sorg' is groß. sie find't koan ruhig' Ort,
B'schreib'n kann ma's nöt, dafür gibt's koane Wort',
's Muatag'fühl, wia 's is mit'n erst'n Kind gebor'n,
Bewirkt's, daß mit selb'n so eng is verbund'n wor'n.


Und wia holt Oans in's Andre greift und kimmt,
Wann das Schicksal nimmt ihr a Kind,
Das Herzload, der Kumma is unendli groß,
Es bricht ihr 's Herz, 's ganze Leid is los.
Das Leb'n der Muata is ja nur ihr'n Kindern g'weiht,
Mehr Leid und Kumma gibt's für sie, als Freud,
All's kann 's thoa, um z' helf'n ihr'n Kindern,
Nur Guats will s' und das Schlechte verhindern.


Schön is die Liab' und Macht von dem Muataherz,
Der Mensch ohne dem G'fühl, war a Maschin wia
Erz.

Das kunnt nöt sei', die ganz' Natur gang aus 'n Leim,
Die ganz' Schöpfung wurd' aufhör'n von ihr'n Sein.
Der Mensch soll dös Naturg'setz kenna, das er thuat
  brauch'n,
Dasselbe acht'n und hochhalt'n, sunst wirft's eahm übau
  Hauf'n,
Das is da Hort, Schutz und Hoffnungsanker für allösand,
Der Kitt für d' Familie, Hoamat und 's Vataland.


Die Jug'nd kann wohl das no' nöt erkenna.
Daß 's wahre Mensch'nglück davon den Grund thuat
  nehma,
Dös muaß oft hör'n, pfleg'n kann ma 's niamals z'viel,
Weil zu unsan Wohl d' Schöpfung das hab'n will.
's Muataherz is, daß den Kind 's Bet'n lernt,
Das Bravsein, guat geg'n die Arma, 's Schlechte wehrt.
's Kindaherz wird das kenna lerna und a halt'n,
Das feine Muatag'fühl kennt's und thuat danach walt'n.


Am Muataherz'n findt 's Kind stets Schutz und Schirm,
Faihlt 's a no' so weit, dort wird 's Beste kriag'n,
Möcht s' a oft z'springa vor Weh und Leid,
's Muataherz kann viel trag'n, am Kind hängt s' stets
  mit Freud',
Kann Kumma und Sorg' sei' a groß und arg,
D' Hoffnung verliert 's nia, a zum Trag'n is stark,
's Bet'n, Roat'n, Hand'ln für 's Kind geht ihr nia aus.
O liab's Muataherz, ohne dir war 's do ganz aus.

Du kannst trag'n viel Freud', do' mehr Sorg' und
    Kumma,
Nach den Letzt'n is das Maß für di' gnumma,
Freud' hast wohl a, oba weit mehr Leid' und Plag,
Soviel oft, daß dei' Herz kaum datrag'n mag,
Dank dir, guate Schöpfung, daß 's Muataherz so fest
    g'macht,
Wann dös nöt war, für d' Mensch'n wa 's geistig
    Nacht,
Die Sunn' für uns Alle liegt im Muataherz,
Wärm' und Licht gibt 's uns in Freud' und Schmerz.


D'rum dank' i dir, liaba Herrgott, auf die Knia,
Für die Gnad', die du All'n geb'n hast, und a mir,
Arme und Reiche san bedacht da gleich,
Durch 's Muataherz san wir wor'n alle reich.
Von der da geht die g'sunde Liab' und 's Leb'n aus,
An jed'n gibt 's d' Wärm' und d' Licht'n heraus,
Liabe Kinda, bet's und dankt's den Himmel dafür,
War't's älta, kennat's ös 's a so als jetzt wir.


Das größt' Wundawerk hat da d' Schöpfung g'macht,
Im Muataherz liegt zarta Sinn, Fürsorg' und Macht,
Den Keim zum Guat'n legt s' in 's woache Kinder-
    g'müath hinein,
Der guat' Grund für den künftig' Mensch'n thuat das sein.
Der beste Leitstern is, den er für 's Leb'n hot.
Oft lernt ma's merk'n erst in der Noth.
Wann ma' Familie hat mit an eigna Herd,
Kennt ma' erst vom Muataherz den Wert.

All's geht in da Natur nach a b'stimmt's G'setz,
Der Mensch kennt nöt all's, oft is das letz,
Von den, wo er moant er thuat's ganz richti kenna,
Soll er si' dann das Beste aussa nehma,
Im Muataherz find't er der Schöpfung größte Macht,
Ihr Inhalt, 's tiafe G'fühl, is die größte Pracht,
D'Freud, 's Leid und d' Sorg'n z'fass'n so groß und
     viel,
Kann koan Andas trag'n, brech'n wurd's und still.


Bei dem Lob, was dem liab'n Muataherz wird geb'n,
Kimmt 's Dataherz weg'n den nöt daneb'n,
Das z'sag'n, spar' i mir auf späta auf,
Trag'n hilft's da Muata in der Familie ihr'n Lauf.
Das g'hört ja z'samm, die Kinder san der Kitt,
D' treue Liab muass da helf'n mit.
Wo das is, gibt's an reinen Klang,
Das Best' was 's gibt am Leb'nsgang.


Wo die Liab is, is a Treu und Zufriedenheit,
Der Reichthum alloan bringt 's nöt so weit,
Zwoa g'nügsame, z'fried'ne Herz'n is a g'achtes
     Guat,
Kinder san da in an guat'n und schön'n Ort,
In Palast und Hütt'n kann ma das erreich'n,
's Herz alloan kann nur dös ganz ausgleich'n.
Das soll ma in an jed'n Alta acht'n
Und richti zu erreich'n tracht'n.

D' Jug'nd kann den tiaf'n Sinn von den nöt kenna,
's reife Alta kann 's erſt richti vernehma,
Das is a b'ruf'n, da Jug'nd das ſtets zu lehr'n,
Dann wird 's a richti das Alta ehr'n.
Koa Stand kann davon an Ausnahm' mach'n,
Den Wert vom Muataherz'n ſtets zu beacht'n,
Der einige Sinn in Dem, gibt die größte Kraft,
Für 's Vaterland gibt 's die ſtärkſte Volksmacht.


Wo 's liabe Muataherz hauſt
Und den Vatan ſei guata Sinn,
Da haltſt 's leicht aus,
Beſtändi' bleibſt da gern drin.

# Der guate Tropf'n.

An guat'n Tropf'n muaßt g'spür'n,
Steigt er dir a in 's Hirn,
Wann er di' a niedadraht,
Bist do' lusti und nöt fad.

Is dabei do' was G'richt's,
Kennst da 's a glei' in G'sicht.
Wird dir brummat da Kopf,
's packt di' schändli beim Schopf.

Dei' Mag'n, d' Füaß und All's,
Moanst g'hört nöt zu dein' Hals;
Bist verschob'n und verdraht,
Frei schleißi und blad.

Is der Tropf'n a guat und g'sund,
Derfst es nöt treib'n zu bunt,
Sunst verlierst du die Freud',
An der Natur ihr Schönheit.

Was der liab' Herrgott uns geb'n,
Das erleichtern soll 's Leb'n,
Is der Sinn für sein Werk,
Wia 's d' Natur uns beschert.

Wann der guat' Tropf'n dir schmeckt,
Halt di' z'ruck, werd' nöt z' leck.
Thua das a beim Gerstensaft,
Ast bleibst beständi' bei Kraft.

# G'müathlig's und Spießig's.

D' Muſi' und 's Singa,
Wann 's rein thuat klinga,
Kann 's Schönas ja nöt geb'n,
Was 's G'müath mehr kunnt heb'n.

Wann 's dös Schöne nöt gab,
Wia war 's da ſo fad,
Ma ſchleichat ſtad um,
Mit da Zeit wurd 's oan z' dumm.

D'rum lob' i den rein' G'ſang,
Da wird mir nia bang,
Und d' Muſi' a dazua,
Dös z'ſamm is ma gnua.

Wem der Sinn faihlt dazua,
Kann in Kopf nöt hab'n gnua,
's G'müath kunnt eahm dös sag'n,
Du lebst nöt nur für 'n Mag'n.

Dein' Geist muaßt du nähr'n,
Das Wiff'n guat mehr'n,
Sunst bleißt dumm und z'ruck,
Für die G'scheit'n als Bruck'.

Auf dir thoan solche geh'n,
Wer'n di' tret'n, o mei',
Muaßt für And'rö All's thoa';
Vasteh's, wia i moa'!

Wirst verdroff'n und schiach,
D' Leut' sag'n dir, du kriach',
Verliaßt den Sinn für 's Schön',
Wirst oft ausg'lacht no d'rei'.

's Hoamg'fühl wird dir stumpf,
Haßt koan Kopf, nur oan Rumpf,
Du wirst grandi und graus,
Verlangt di' neamd in 's Haus.

Thua dir merk'n die Lehr':
Willst dir schaff'n an Ehr',
Soll' dei' Wiff'n mehr wer'n,
D' Musi' und 'n G'sang muaßt du hör'n.

Weil 's dein Frohsinn thuat heb'n,
An guat'n Grund thuaßt da leg'n,

Daß in dein' unsichan Kopf,
Zum Schön' aufgeht da Knopf.

D' Muataliab' wirst versteh'n,
Was in ihr'n Herz thuat d'rin sei'.
Derfst' glaub'n, was d'rin siachst,
's Herz wird dir warm, da Kopf liacht.

Iß und trink nöt z' hoaß und nöt z' kalt,
Für d' Zähn is sunst a G'walt,
Z' springa thoan 's dir und fäul'n,
Thoan dir weh', wirst recht heul'n.

A da Mag'n leid't dös nöt,
Mit den kriagst bald a G'frett,
Wirst saugrandi, zaundürr,
A Freud' hast da nia.

Iß und trink nöt z' viel, sunst wirst blad,
Dick, unbeholf'n, daß di' draht;
Hast a Anlag' zum Protz,
Bist oftmals a voll Trotz.

Iß und trink nöt z'weng, sagt dei' Mag'n,
Sunst kunnt 's kost'n dein' Krag'n;
Denn, gibst du den z'weng,
Thuast austrickan, wirst eng.

Is und trink nöt z' scharf und nöt z' hitzi,
Du verlierst sunst das Witzi;
Willst viel Ueblig's erleb'n
Mit dem bringst du 's z' weg'n.

Is und trink nöt unmäßi,
Dauert 's lang, du verstehst mi';
Dein Sack wird g'ring, du wirst schwar,
Und die Dein', dö wer'n lar.

Stets unmäßi, schad't das Trink'n,
A dei' Geldbeut'l wird dös find'n;
Mit dem Unmaß kimmst a schier
Hinta 's unvanünftige Thier.

Triafft dös z'samm' bei dö Zwoa
Beim Ess'n und Trink'n auf 's Hoar,
Hast 's Unmaß oamal im Kopf,
Kost't 's dir sicha dein' Hof.

Das alloan is nöt das Letzt';
Wann si' no' was an 's Beuschl setzt,
Hast viel z' räuspern, z'weng Luft,
Größa is da die Kluft.

Triafft 's d' Leba und d' Nier'n,
Oda kimmt 's goar in 's Hirn,
Hast a b'ständiges G'frett,
A Ruah gibt 's dir nöt.

Wird dir 's Hirn woach oder schwind't 's,
Nur G'scheit's kannst thoan und findst,

Wird 's gar schimmli und zach,
Wird 's di drah'n und wirst wach.

Hast a G'frett mit dein' Mag'n,
Fangt 's im Hirn an zum grab'n,
Wird d' Haut juckat, kriagst Wimmerl,
Auf da Nas'n wer'n dann Blüamal.

Wann 's dann no weiter greift,
Wer'n dir die Glieder steif,
Wird 's di' reiß'n, 's G'sicht verziag'n,
Bist schlecht d'ran dann mit'n Rühr'n.

A dein G'stell büaßt die Form,
Dick oda hatschert is wor'n;
Koa guate Eicht dann hast,
Weilst dös Unmaß nöt lasst.

Bleibast g'scheita alloa,
Kannst nach deina Lust thoa,
Koa Krahn schreiat dir nach,
Wannst a fallst in an Bach.

Nöt z'weng und nöt z'viel
Is das richtige Ziel.
Kannst dir 's eintheil'n und hal'n,
Dann thuast richti mahl'n.

Das gilt b'sonders für 'n Mann,
Wann a Familie hängt d'ran,
Auf die Art zoag' dein Herrn,
Wirst dein Haushalt dann mehr'n.

Wer unmäßi, is häßli,
Der is nia verläßli;
Nutz'n kann er nöt bringa,
All's geht da auf Trümma.

Die Reg'ln, dö da san g'nennt,
Wann die Oana hiazt kennt,
Soll 's beacht'n und glaub'n,
's guate Sei' thuat 's sunst raub'n.

A jed's hat oft an Eicht,
Daß vom guat'n Tropf'n nöt weicht;
Und an guat'n Biss'n nimm dazua,
So verlangt sei' Natur.

Kimmt a solche Eicht nur nöt z'viel,
Daß mit'n Geldbeut'l halt 's Ziel;
Daß a halt aus dei' Haus:
Mit die Dein' mach' das aus.

Mit z' viel schimpf'n und brumma,
Triafft 's Jung oder Alt,
Hat Neamd no' viel g'wunna,
Weil 's macht abg'stumpft und kalt.

Soll g'fall'n dein Benehma,
Zum G'müath thua guat red'n.
Merk dir, das muast erkenna,
Aft wird viel auf di' geb'n.

Für d' Erzieha is das gar wichti,
Das junge Herz wird sunst stumpf,
Weil 's sei' Geist find't 's nöt richti,
Da red's nur zu sein Rumpf.

's junge G'müath is gar empfängli,
Drum muaßt das Behand'ln vasteh'n,
Durch z'viel Schimpf'n wird 's ja g'wöhnli
Gleichgilti, auf dei' Red'n wird 's nöt geb'n.

Für d' Ältan und Erzieha is sehr wichti,
Daß oft z'ruckdenk'n auf ihr Jug'ndzeit,
Dann wer'n s' find'n a das Richti,
Und sie wer'n erleb'n dann a Freud'.

Soll da Jug'nd 's G'müath woach bleib'n,
Und bewahr'n an guat'n verständlig'n Sinn,
Derfst das Resanier'n nöt z' weit treib'n,
's junge Herz ziagt 's dann zu dir hin.

Erzieht ma so die Jug'nd,
Die Erfahrung is schon alt.
Frohsinn gibt das und a Tug'nd.
Freundisei' macht lusti, grandisei' kalt.

Das oanschichti Werk'n,
Gibt nöt die richti Stärk'n,
Wann zwoa si' vasteh'n,
Kriag'n 's an Dritt'n in d' Eng'.

Dös gilt a für die zweit' Bruck'n.
Die üba Doana thuat anruck'n,
Urfahr moant, dass kunnt ihr schad'n,
D'rum liegt s' ihr stark in Mag'n.

Was werd 's hab'n, wann dös z'Ascha g'schiaht,
D' Welsa suach'n dort eahr Liacht,
Die Mühlviertlä woll'n 's uns dort abjag'n,
Von unsan Streit wer'n 's den Nutz'n hab'n.

G'scheit sei' und nöt kurzsichti,
Is hiazt für Linz und Urfahr wichti,
Die zweite Bruck'n müass' ma hab'n,
Der groß' Vakehr thuat uns dös sag'n.

Wer si' stemmt geg'n den Vakehr,
Bringa thuat 's dem g'wiss koa Ehr',
Die Erfahrung hab'n wir schon g'macht,
Dass uns das z'ruck hat 'bracht.

Thuat ma 's nöt zur richtig' Zeit,
G'wöhnli faihlt 's dann a so weit,
Dass ma 's nimma guat kann mach'n,
Und a Dritta thuat dann lach'n.

Was den Vakehr thuat heb'n,
In Weg soll ma den nix leg'n.
Den Nutz'n Aller nöt hintatreib'n,
A lara Sack wird sunst bleib'n.

Wo 's geht friedli und guat,
Derf ma heb'n sein Huat,

Is dös bei da Gmoa oda beim Land,
Es bind't das gleiche guate Band.

Nöt z' hitzi d'reinfahr'n,
Die Vanunft allweil wahr'n,
Nöt z' langsam, oba bedächti,
Mit dem Zoach'n g'mischt gibt 's das Rechti.

Daweil will i nöt mehr sag'n,
Das Best' is, wir thoan 's frisch wag'n,
Zuba kemman aft mehr Leut',
Wir und uns're Kinda wer'n hab'n a Freud'.

Willst deine Kinda g'sund hab'n,
Schau nöt alloa auf eahrn Mag'n,
Bring s' viel aussi in d' Luft,
D' Stub'n wird sunst zur Gruft.

Beim Vazärt'ln und Papperln,
Ganz bestimmt thuat 's da happerln,
Willst du 's kräfti erziag'n.
Müass'n 's das Richti a kriag'n.

Luft und Kost muaßt richti misch'n,
Aft kriag'n s' die rechti Frisch'n,
Dazua g'hört a 's Springa und 's Schrei',
All's das muaß z'samm guat steh'n.

Wannst an Nutz'n willst hab'n,
Muaßt du d' Wahrheit vatrag'n,

Das Richti nimm dir da d'raus.
Das Andere schmeiß aft'n 'naus.

Wannst was G'sund's willst dicht'n,
Daß 's warm davon soll geh'n,
Dei' Herz muaßt dazua richt'n,
Mit 'n Kopf alloa kannst nöt b'steh'n.

Soll 's geistreich sei' oder witzi,
Mit 'n Kopf alloa kann das schon sei',
Nimmst nix z' hilf, wird 's aber spitzi,
Die richti Wärm' muaßt a leg'n d'rei'.

Zum hoaz'n muaßt dei' Herz z' hilf nehma,
Dein Kopf soll 's geb'n die richti Wärm',
Die Zwoa wer'n dann das Richti kenna,
Daß 's Andere a les'n gern.

Das so z' misch'n und so z' stell'n,
Daß 's kriagt den richtig'n G'schmach,
Muaß si' ganz von' selber geb'n,
Den kann neamd renna nach.

# Der verstoß'ne Sohn.

Die G'schicht', die i jetzt bring', is nöt erdicht't,
Sie wird nach a wahr'n Handlung b'richt't,
Es is all's wahr, was da wird g'sagt.
Dös triafft, hab'n eb'n das Naturg'setz z'wen'g g'acht,
Wo si' hat das zuatrag'n, war leicht zu erfrag'n.
In 's enge Familieleb'n will i nöt weiter einigrab'n.

A Vota, reich, g'ehrt von alle, dö eahm kennt,
Hat oan Sohn g'habt, an dem sei' Herz is g'hängt,
Hat g'schaut, daß sei' Kopf thuat viel Wiss'n kriag'n.
Was mit'n Herz- und G'müathleb'n g'scheh'n is im Führ'n,
Wird klar dem, der die G'schicht' thuat richti les'n.
Er sieht, Geld und Wiss'n ohne Herzg'fühl gibt a
    finst'res Wes'n.

Da Vota is g'storb'n, All's hat der Sohn übanumma,
Bald is a Gattin in sein' B'sitz 'kumma,

Üba die May'n kusch i, wia 's schon geht,
Aber im G'müathleb'n hat was g'fehlt;
Ma hat das nia recht vernehma kinna,
J moan aber, im Herz war nöt z' viel drinna.

Wia fi' dös für richti Eh'leut g'hört,
Hat die liab' Schöpfung eahna Kinder a beschert,
A etla, d'runta a zwoa Buam;
Alle war'n frisch, san g'wachs'n wia d' Ruam.
Zum Erzieh'n hat aber d' Muata was eigen's g'habt,
Vielleicht hat fie 's nach'n Will'n vom Vota g'macht.

Ma kann 's nöt recht fag'n, wia das is keumma,
Beide hab'n eing'ftimmt, das als Grundfatz z' nehma,
Das G'müath der Kinder derf nöt wer'n z'wach,
Am Geld müafs'n f' halt'n b'ftändi recht zach.
Das G'fühl müafst ma für die Dumma laff'n,
Für die Arma braucht ma nöt z' viel mach'n.

Die Joee ift den Kindern wor'n zur Natur,
Dazua is 's Mitg'fühl verlacht wor'n a gnua;
Nur im Kopf viel Wiff'n, weil das is fein,
In nobli Kreis wird 's Benehma dann richti fein;
Mit dem g'wöhnlich'n Volk nöt viel z'fammkeumma,
Den hoh'n Sinn guat pfleg'n und nöt viel umarenna.

So war den Eltern beiläufi eahr Denk'n und Tracht'n,
's Herz, G'müath, Mitg'fühl hab'n f' woll'n nöt weita
beacht'n.
Guat hab'n f' das Ziel erreicht in ihrer Art,
Denn herzlos, unzufried'n, mit trocken Wort,
San der Kinder Leib und Geift größer g'wachf'n,
Aber den Eltern hat dös 'bracht a ihre Far'n.

Derliabt sei' war nach da Muata dumme Sach'n,
Ihre Kinder wer'n so was g'wiß nöt mach'n,
Trock'n, g'schäftsmäßi, ohne Mitg'fühl hand'ln,
Hat si' g'moant, is für ihre Kinda das richti Wand'ln,
Wann ma beim Kind thuat b'ständi dem nachtracht'n,
Wird si' 's richti a so mach'n.

Auf die Art erzog'n wird 's Kind aber zur Maschin,
Wo Kopf und Mag'n herrscht, koa Herz is da d'rin,
Als a junga kann 's ja geh'n wia am Schnürl,
Wer'n si' größer, suach'n si' selber 's Hinterthürl,
Wann si' selbst anfangen zum Denk'n und überleg'n,
Da thuat 's wohl oft a Spektak'l geb'n.

Es is bei dera Familie a so kemma g'nau,
J'sammg'fall'n is der von den Eltern g'machte Bau;
Weil von da herzlich'n Elternliab' war wen'g vorhand'n,
Hab'n si' Kindaliab' nöt zu pfleg'n verstand'n.
Zoagt hat si' das in ihr'n Familieleb'n,
Nur Furcht vor den Eltern, ohne Liab' hat 's geb'n.

Da oan' Sohn hat in der Weis' g'rath'n aus der Art:
Guat geg'n Arme, warm's G'müath und Herz in That
    und Wort,
Voll edlen tiaf'n Liab' zu den Eltern und alle Leut',
Froh'n Sinn, off'n, treu, von all'n Übeln weit,
Is er mitt'n in der Familie zuag'wachs'n,
Was Schicksal all's macht, ma kunnt frei lach'n.

All's hat in da Welt sein' b'stimmt'n Lauf,
A Docta war er woar'n in an Jahrl d'rauf;

Da macht er a Fahrt, von Wag'n fliagt er weg,
Hat si' den Kopf z'schlag'n. Troß aller Pfleg'
Is er g'storb'n, acht Tag nach dem Sturz war 's aus,
Zu den Großeltern is er g'legt 'wor'n in 's Bretterhaus.

A Tochta, schon hübsch reif in Jahr'n,
Is endli wohl a Gattin 'wor'n,
Ob sie das nach ihr'n Herz'nswunsch hat g'löst,
Ma sagt, a g'wöhnlicha Mariasch is g'west,
Die Folg'n hat 's, wann ma 's Herzleb'n an Kind thuat
     nehma,
So was, wia 's angeb'n is, muaß dann kemma.

Weit're Töchta war'n a schon heiratsreif,
Es geht aber zach, weil s' san so steif.
's G'fühl und 's Herz laßt si' mit 'n Geld nöt erseß'n,
G'scheit sei' und sauber, kann d' Herzliab' nöt ergöß'n.
Geld, Geist und Sauberei' alloa is nöt gnua,
Zum wahr'n Glück und häuslich'n Fried'n g'hört a 's
     Herz dazua.

Da zweite Sohn is guat g'studiert voll Wiss'n,
J moan aber b'stimmt, daß sei' Herz is z'riss'n,
Denn bei seiner Muata ihra Leich' hat er die Zeit nöt
     g'fund'n,
Jhr die leßte Ehr' zu geb'n; er hat 's überwund'n
An ihr'n off'na Grab z' geb'n an leßt'n Gruaß,
Wia 's da Herrgott will, für a jed's Kind is das a
     Muaß.

Wann sei' Vota hat a Herz im Leib,
Wia schwer muaß fall'n, was sei Kind treibt.
Ja, liaba Mann, von der Erziehung thuat 's sei'.

In 's Herz muaß ma leg'n den richtig'n Samt hinei',
Wird 's so pflegt, erzog'n, daß is nur für 's Geld,
Kennt 's koan häuslich'n Sinn, es lebt nur für d'Welt.

San d' Kinda groß 'wor'n bei a solchan Lehr',
Wer'n d' Eltern nöt erleb'n gar z'viel Ehr'.
Zoagt hat si' das bei der Familie ob'n.
Der Sohn hat schon herrsch'n woll'n am Votathron,
Dazua hat er si' woll'n a Weiberl nehma,
Sei' Vota sagt eahm oba, so derf 's nöt kemma.

Guat reib'n si' zwoa harte Stoana nia,
Das is a alte G'schicht', so wahr als wia,
Der Sohn hat g'heirat dem Vater z' Troß.
Auf den grob'n Keil gibt da Vota an grob'n Kloß,
Enterbt sein' Sohn, das eig'ne Kind,
Für sein' B'sitz schaut er, daß er an Andern find't.

Schon hübsch an Jahren muaß er erst jetzt erkenna,
Wia ma si' beim Kindaerziag'n kann weit verrenna,
Wann nur Geld und Wiss'n wird beacht,
Und d' Herzpfleg' wird z' viel g'lass'n auſſer Acht,
Wiss'n und Herzpfleg' muaß ma mitſamm' betreib'n,
's Kind wird den Eltern die Achtung dann nöt schuldi
                              bleib'n.

Den Sohn verstoß'n is wohl a harte Straf',
Da is Votaherz schon kalt und g'walti schlaff;
Laſſ' die Erziehungsart bei dein' Kind dein' Kopf paſſier'n,
Und dein' Votaherz a sei' Wort mitführ'n.
Es wird dir sag'n, du hast selba g'faihlt,
Sunst wa 's nöt kemma mit dem Kind soweit.

Das Nachgeb'n is die heilige Pflicht der Kinder,
Wann f' a schon groß fein und g'scheit, nöt minder,
Denn was d' Eltern müaff'n für d' Kinda mach'n,
Wia f' schau'n zu forg'n und auf 's Guate tracht'n;
Wann fie fi' felba a thoan öfters irr'n,
's Kind hat da d'rüba koa Rechnung z' führ'n.

Den Eltern thuat 's Naturg'fetz fag'n:
Habt's Kinda, erziagt 's ös recht, gern müafst 's ös
                              hab'n.
Natürli muafs ma a dös find'n,
Denn Bluatbande thoan f' ja verbind'n,
Für d' Kinda gilt das a nöt minda,
Dafs fie liab'n und ehr'n ihre Lebensgründa.

Die G'fchicht' kann i jetzt nöt weita fpinna,
Weil f' no' fortfpielt bei Vota und Kinda,
Wann aber bei dö das g'funde Denk'n kam in's Recht,
Woaß i, dafs a jed's gern nachgeb'n möcht'.
O Kinda, nehmt's Enk aus dem a Lehr'.
Eltern, forgt's für a guat's Kindaherz, dann habt's
                              Freud' und Ehr'.

# Untaſchiadlige Sach'n.

Wannſt g'ſtimmt biſt oft recht trüab,
Schau' an friſch'n Kind an ſei' G'müath,
Springt 's dir munta und froh zua,
Dein' G'müath bringt 's aft a Ruah.


Schau ins friſche Kindag'ſicht,
Bei der Stimmung hat 's a G'wicht,
Seine treuherzig'n guat'n Aug'n,
Geg'n dei' Trüabſei' thoan 's dir taug'n.


Seine roth'n Backerl ſchau an,
A Freud' muaſt hab'n da dran,
Z'ruck ruaft 's dei' Kindazeit,
Wann ſ' is a no' ſo weit.

Wia 's is froh, munta, heita,
Kindasinn denkt nöt weita,
Es ruaft dir z'ruck dei' Hoam,
Dei' liab's Muaterl und dei' Moahm.

Dein' Vatern ruaft 's dir in Sinn,
Die ganze Hoamat siagst da d'rin,
Wo 's geb'n hat oft an Strauß,
Oft bist du bei da Thür' g'fahr'n aus.

Wo mit dein' G'schwistern all'sand,
Hast g'habt oft a an harb'n Stand,
Hast si' g'haut und a stark g'schrian.
A niad's muaß von mir was kriag'n.

Wo 's liabe Muaterl hat g'schlicht,
Viel Guat's für di' hat 's g'stift,
Wo si' di' hat so herzli' g'liabt,
Und du si' hast a oft betrüabt.

Wo dei' Vota hat liab g'haust,
Wo eahm hat oft frei g'raust,
Für so viel Mäula müass'n sorg'n
Ohne von an Andern si' was z' borg'n.

Wo deine Eltern hab'n stets 'tracht',
Daß aus dir wird was Guat's g'macht.
Wannst du z'ruck denk'n thuast auf das,
Werd'n dir g'wiß die Aug'n naß.

Das laßt koan Trüabsinn b'steh'n,
Woarm von Herz'n wird's dir geb'n.
Deshalb dank' dem liab'n Gott dafür,
Wann er a Kind schickt zu dir.

A Treib'n und a Jag'n,
Das Wüastaste wag'n,
A schlecht's G'wiss'n, wen'g Schlaf,
Für die Menschheit a Schmach.

Das is den Wüstling sei' Schild,
Is nöt z' scharf, eh' no' z' mild.
Wer dazua is auf den Weg,
Zur Umkehr gibt 's no' an Steg,

Wo no' is soviel innerer Halt,
Daß er über sei' Thoa hat no' G'walt.
Den Steg soll er da geh'n,
Zu sein Nutz'n wird sei'.

Lern' dein Kind die Hoamat liab'n,
G'müath und Geist pfleg' für an g'sund'n Sinn,
Lass' von der Ältanliab' 's selbe a gmia kriag'n,
In sein Kopf und Herz is aft das Richti d'rin.

Halt hoch die deutsche Muata und Frau,
Ihr'n Muataherz folg' und vertrau',
An guat'n Tropf'n thuat 's dir mitgeb'n ins Leb'n,
Deinen Kindan muaßt den weitageb'n.


Gnua selbständig' Sinn,
Wann in Kopf is der d'rin,
Und das G'müath is guat erzog'n,
Nöt so leicht wirst betrog'n.


G'müathli sei' und nöt spießi,
Is das G'scheita und a 's Richti,
Geg'n andern eahne Faihla Nachsicht hab'n;
Aft kann ma si' ganz guat vertrag'n.


Innera Drang ohne Zwang,
Hoaße Liab' und a Treu',
Wo das z'sammpaßt, bleibt dann
Die Liab' warm und stets neu.


Das Kind kann 's nöt sag'n,
Was 's am best'n thuat vertrag'n,
Die Ältan müass'n das erkenna,
Und die richti Kost für 's selbe nehma.

Die erste Kost is für das Kind sehr wichti;
Wann 's guat is, schreit 's wen'g und wachst a tüchti.

Wer 's nöt acht't, thuat ji' und 's Kind ſtraf'n,
Den Sarg für 's ſelbe hilft er mach'n.

Ma kunnt gar nöt b'ſteh'n,
Wann a jeda Will'n that ausgeh'n.
Wia langweili wurd 's uns da wer'n,
Wann erfüllt wurd jed's Begehr'n.

Wer von an G'dicht kenna will den Sinn,
Soll das Ganze zwoamal langſam leſ'n;
In Kopf und Herz bleibt aft mehr d'rin,
Ma verſteht dann richti das ganze Weſ'n.

Willſt du hab'n bei dein' Mann
Goar an g'wichtig'n Nam',
Wo all's z'ſammpaſſ'n thuat,
Und 's Ganze bringſt untan Huat,
In der Kuchl ſchau guat zua,
Daſs ſei' Mag'n kriagt a gnua,
Daſs in G'ſchmach nöt thuat faihl'n,
D'rum thua dort fleißi weil'n.

Zur recht'n Zeit und a friſch
Soll 's Eſſ'n kemma auf 'n Tiſch,
Rein zuaputzt, du nett,
Friſch, munta, koan Fleck.
Wannſt bei den einfachſt'n G'richt
Zoagſt freundli a 's G'ſicht,

— " —

Gibt 's a gnua G'schmach und a Lust,
Von dein' Mann wirst aft bußt.


Es is sehr viel Poesie
In der Kuchl für di',
Denn kriagt da Mag'n nöt sei' Recht,
's Maul schimpft aft gar schlecht.
Kriagt 's was Guat's und a gnua,
Im Haus geht 's viel bessa zua;
Nutz'n bringt 's für 'n häuslich'n Sinn,
Dei' Mann bleibt a gern d'rin.


Thua guat roat'n und spar'n,
Viel bessa wirst da fahr'n,
Dei' Mann wird di' recht liab'n,
Den Hausfried'n wird's wen'g trüab'n.
Denn für d' Kuchl und 's Haus,
Wannst du gibst da z' viel aus,
Wurd' da Unfried'n einziag'n,
Und 's Hausglück ausfliag'n.

——— —

Was dir g'fallt, suach heraus,
Und das And're laß' aus;
Willst nur Geistreich's alloa,
Viel kannst nöt damit thoa.


Mehr für 's G'müath kann i red'n,
Weil 's mir is a so geb'n;
Wo 's geht und kann sein,
Von all'n zwoa flick i d'rein.

Der Frohsinn is gar recht,
B'sonders wann er is echt;
Von froh'n G'müath kimmt das her,
Von Geist alloa wurd 's hübsch leer.

Aus Neugier hat amol oana g'fragt,
Was denn nur a so a Dicht'n tragt,
Dös thoan a hiazt goar viel probier'n,
Ob ma si' damit a kunnt anschmier'n,
Ob ma durch das a reich kunnt wer'n,
Weil er das aft machat gern.

Ob dazua g'hört do' a G'schick,
Oda ob 's thuat alloan das Glück.
Nocha, was denn is a recht's Talent,
Wia ma denn a solches richti kennt.
Ob ma dazua a braucht an Geist,
Oda ohne dem was leist't.

Was ma denn no' braucht dazua,
Ob 's guate Recensiern alloan is gnua,
Und was hat a Recensent für an Werth,
Ob si' um den do' wer schert;
Ob si' talentierte Sach'n
Oda mitt're bessa mach'n.

Wer denn is am bessern d'ran,
Der viel oder wen'g dicht'n kann.

Wia ma 's mach'n soll fürs Publikum,
Daſs ma 's bringa kann herum;
Wia viel ma kann von And're ſtehl'n,
Wann ma d'raus thuat 's Beſte wähl'n.

Ob ma 's da nöt beſſer macht,
Wann der eig'ne Kopf was hat;
Ob ma mit 'n Kopf alloan kimmt aus,
Oda dazua no' ſunſt was braucht;
Ob zum Dicht'n g'hört a G'müath,
Und wia dös dazua wird kriagt.

Ob der Sand für and're Aug'n
Guat thuat oder ſchlecht a taug'n;
Ob 's beſſer geht, wann ma ſchmiert,
Ob eher dann d'raus was wird;
Ob ma leb'n kann da in Ueberfluſs,
Oda ob ma gar dahungern muaſs.

Wann ma das thuat mit Ernſt betreib'n,
Was dabei kann da oan bleib'n;
Ob der Dichter ſelbſt thuat, was er lehrt,
Oda ob das nur für And're g'hört.
And're Frag'n hätt' er no' viel,
Do' für hiazt derweil halt' ma ſtill.

Was betriafft die viel'n Frag'n,
Kann ma d'rauf das kurz nur ſag'n:
Zum Reichwer'n thoan 's a mitt're Sach'n,
Wann ſ' nur die Leſer bringen z'lach'n.
Dö thoan ſ' aft um viel liaber leſ'n,
Weil 's bringa thuat a heit'res Weſ'n.

Dazua g'hört aber a Hauf'n Glück,
A is wichti dös richti G'schick.
Talent und Geist, dann in der Brust
A Herz, das hat zum warma Dicht'n Lust.
Do' das alloan war no' nöt gnua,
Guat's Recensier'n g'hört a dazua.

Dös is für das große Publikum
Der Köda, dass 's G'dicht kauf'n kummt.
Wia der is g'macht, ma sagt 's ja oft,
Man hätt' si' da was Bessas g'hofft.
Verlass' di' nöt alloa aufs Recensier'n,
Sunst wirst du di' hübsch oft anschmier'n.

Das Stehl'n is gar a hoagli' G'schicht,
Es thoan 's wohl viel, wer'n nöt dawischt.
J rath' dir aber nöt zum Diab,
Zum Dicht'n brauchst in dir den Triab.
Hast das nöt, so lass' nur steh'n,
Thua liaba zu was andern geh'n.

G'scheit's kummt ja da nöt viel heraus,
Wann 's nöt is von dein eig'na Haus.
Aufschreib'n, was And're g'macht,
G'hört nöt zu der Dichtatracht.
Packt di' 's Dicht'n a beim Schopf,
Es kann dir aufbeut'ln nöt dein Knopf.

Dei' Kopf muass selbst das Richti hab'n,
Dann kannst es auf 'n Markt a trag'n.
Soll 's nöt spießi sein und trucka,
Muass dazua a 's Herz anrucka.

Wärm' und Geist muaßt misch'n kinna,
Sunst geht dir das Ganz' in Trümma.

Die richti Läng' dazua gib dann,
Is kalt und trucka, wird 's Kurze z'lang.
G'scheite Dichta gibt 's, dö leiden Hunga,
Jhr Arbeit hat nöt Geld gnua brunga.
Der Mitt'lmäßi hat oft sein G'nuß,
Daß er kann leb'n im Überfluß.

Js beim Mitt'lmäßig'n 's richti G'schick,
Dazua a große Hauf'n Glück,
So find't er an groß'n Leserkroas,
Wia ma aus Erfahrung woaß.
Für 's hoch Geistreiche gibt 's z'weng Leut',
Die das zu les'n hab'n gnua Freud'.

Für 's Leichtverstöndli, mit muntau Sinn,
Gibt 's viel Leut', die les'n d'rin.
Wer a G'schäft hat, was eahm ernährt,
Und hat a, was zum Dicht'n g'hört,
Kann das zu sein Vergnüg'n wohl mach'n,
Da drüba wird eahm neamd auslach'n.

Sein B'ruf soll er nur nöt laff'n,
Sunst liegt er bald auf da Straß'n.
Der freie Dichta is so fest bund'n,
Daß er kann leicht wer'n ausg'schund'n,
Der oba durch a Amt is bund'n,
Js frei gnua, den kann 's Dicht'n mund'n.

Will ma Andern streu'n in d' Aug'n an Sand,
Muaß ma si' halt'n hübsch an da Wand.

Das is nur so a Galgenfrist,
Mit der man And're überlist't.
Wer viel oder wen'g will dicht'n,
Das muaß er nach sein Kopf do' richt'n.

Mit wen'g und guat kimmt er weita,
Viel mit z'weng Saft gibt an Schneida.
Wer si' thuat beim Dicht'n plag'n,
Der soll liaba was Anders wag'n.
Das muaß leicht geh'n, wia g'schmiert,
Ohne daß ma dazua die Lust verliert.

Von Nutz'n is die Dichtalehr',
Der s' acht't, den bringt 's Freud' und Ehr'.
Kopf und Herz thuat ja d'raus red'n,
Den Lesern soll das Nutz'n geben.
Das Guate lob'n, das Schlechte tad'ln,
Is, womit s' ihre Lehr' thoan ad'ln.

Was das Mensch'nherz soll heb'n,
Und sein guat'n Geist beleb'n,
Was thuat stets zum Guat'n leit'n,
Mit warma Liab' und Treu' begleit'n,
In jed'n Schicksal tröst'n,
Stets nur geb'n von Best'n.

So beiläufi soll der sein,
Wann er unta Dichta will geh'n.
Die weitern Frag'n, die no' kemma,
Will i nimma weita nehma.
Do' zum Schluß will i no' erwäg'n,
Beim Dicht'n muaß 's oan in d' Wolk'n heb'n.

Weil dort is das Reich für Dichta,
's Sternzelt hab'n j' als Gratisliachta.
Der Kopf wird g'speist von Äther,
G'mess'n wird dort nöt nach Meter.
's Herz is dort a nöt schlecht d'ran,
Direct verkehr'n kann 's mit 'n liab'n Moan.*)

Der Mag'n darf dort garnix sag'n,
Geduldi muaß er sei' Schicksal trag'n,
's Quartier is billig dort, es kost't frei nix,
A braucht ma z' fürcht'n dort koane Wix.

Soviel was Schwar's und was Stark's,
Und a gar soviel was Hart's,
Is für viel Bau'rn holt das Les'n
Und a mentisch zach's Wes'n.

Koa Arbat is so schwar.
Bei nix geht 's so zah.
Es kimmt eahm g'rad so für,
Wia a wild's reißat's Thier.

All's is leichta z' thoa und z' trag'n,
Die größt' Fuhr leichta z' wag'n,
Das Les'n is eahm holt z' dumm,
Ma woaß ja a warum.

_____
*) Moan = Mond.

Sei' Kopf müaſſat da her,
Das Nachdenka wurd' mehr.
Er ſagt aber z'weg'n was,
Mei' Vota hat a nöt braucht das.

So hab'n ſ' denkt holt vor Jahr'n,
Beſſer is wohl dös war'n.
Zum Leſ'n greif'n ſchon viel,
A ſolcher kimmt mehr zum Ziel.

Der Grund, der 's z'weg'n hat 'bracht,
Sei' Erhaltungstrieb hat 's g'macht.
Die Schul' hat g'legt den Grund,
Für ſein' Beſitz is das g'ſund.

Steuern und Gab'n ſan wor'n mehr,
Blieb er ſteh'n, ſei Sack wurd' leer.
Der hiazi Fortſchritt der Zeit
Hat 's holt 'bracht ſchon gar weit.

Thuat oana nöt mit in ſein' Kopf,
Kunnt 's leicht koſt'n ſein' Hof.
Das Leſ'n muaſs er hiazt thoan,
Aber er nöt nur alloan.

Sein' Kindan muaſs er a ſag'n:
Lernt's viel, ſunſt wird 's Enk wen'g trag'n.
A jeder Stand' hat ſei' Fach,
Wo er leſ'n kann die recht' Sach'.

Find'n kann er das leicht,
Tägli g'hört für das a Eicht.

(117)

A folche Eicht, thua das hör'n,
Dei' Fachwiff'n thuat 's mehr'n.

Gib ihr nur die rechte Pfleg',
Aft bift auf den richtig'n Weg.
Lef' von der Volksbücherei,
Nützlich's find'ft gnua dabei.

Wann das bedächti thuat fei',
Bleibt in Kopf hübfch viel d'rei'.
Aft Zeitung für d' Landwirthfchaft
Und da Volksbot', der Guat's macht.

Für Mag'n, Kopf und Herz kannft da borg'n,
Für dei' Haus thuaft damit guat forg'n.
Der Troadbau tragt ja weit z' wen'g,
Der alloa bracht di' bald in d' Eng.

Auf Hand'lspflanz'n greif zua,
Wannft di' umfchauft, find'ft fie gnua.
Zigoriwurz'l, wo 's fei' kann,
Trogat hübfch was beim Bau'n.

Der Wief'nbau thuat a was trag'n,
Viel Viehzucht muaft dazua hab'n,
Kriagft viel Dung für den Grund,
Viel Fuada macht dir 's Vieh rund.

Mehr wird dir dös ficher trag'n,
D'rum thua 's a frifchweg wag'n.
D' Sau führft z'viel von Auswärts ein,
Das brauchat bei uns do' nöt fein.

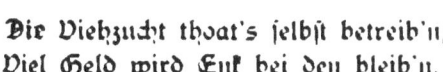

Die Viehzucht thoat's selbst betreib'n,
Viel Geld wird Enk bei den bleib'n.

Die Schweinepest, dö bei uns hiazt herrscht,
War nöt eing'schleppt wor'n, wann 's z'erst
A richtige Viehzucht hätt's trieb'n,
Der Schad'n war a aft ausblieb'n.

Greift's hiazt zua und seid's g'scheit,
Bringa kinnt's ös wieder so weit,
Daß wird 's Haus'n wieder guat,
Verlier'n derft's nöt den Muath.

Das Dichtl hat kriagt a bissl an G'ruach,
Den Landwirth geht 's so in sein' Bruaf.
Wem z' stark stink'n thoan die Sach'n,
A recht a schmeckat's wir' i eahm später mach'n.

Darweil bin i hiazt schon stad,
Daß mi' nöt oana aufidraht,
Do' i kann Enk wohl bestimmt sag'n,
Mi' darwischt's nöt so leicht beim Krag'n.

A frisch Fischerl in Bach,
Das is gar so g'schmach,
Wann 's nur so bleibat recht lang,
Und ausweichat den Fang.

Do' das Fischerl, das kloa,
Es steht holt ganz alloa.

Weil eahm g'freu'n thuat sei' Leb'n,
's Köpferl thuat 's zum Liacht heb'n.

Ohne dafs es recht acht't,
Fliagt a Köda in Bach.
Der schwimmt eahm schon zua,
Wannst d' anbeißt, hast gnua.

Zum Göscherl kimmt eahm dö Fall'n,
Halt' di' z'ruck, sunst muaßt zahl'n.
An Schnappa machst, es g'schiacht a Ruck,
Und heraust liegst auf da Bruck'.

Dö G'fahr hat 's holt nöt kennt,
Von Köda hätt' sunst si' trennt.
Sei' jung's Leb'n is vernicht't,
Für den Tisch wird 's herg'richt't.

Liab's Diandl, thua guat schau'n,
Bedenk', wia 's geht mit 'n Trau'n,
Wia 's so an Fischerl thuat geh'n,
So kunnt 's a bei dir sein.

Bleib frisch, munta und lach',
Da bist zum Anschau'n gar g'schmach,
Thua do' bleib'n so recht lang,
Thua ausweich'n den Fang.

# Der Spielteufel.

Der Tit'lheld ist schon gar alt,
Über viel Mensch'n hat er G'walt,
Er herrscht seit viel tausend Jahr'n,
In d' Jud'n is er am stärkst'n g'fahr'n;
Dö andern hab'n davon a schon gnua,
Lass'n thuat er denselb'n a wen'g Ruah.

Was i d'runta will versteh'n,
Is 's Spiel, wann 's auf G'winn thuat geh'n;
Die Untahaltung hört da auf,
Und viel Schad'n kimmt da d'raus,
G'schiaht 's auf da Börs', den Höllenrach'n,
Mit Geld, Tausch oder wia 's der will mach'n.

Triafft 's a War' oder gar das Leb'n,
Wia 's am Haushammerfeld bei da Lind'n g'wen,
Wo vor Herberstorff um 's Leb'n hab'n 38 Bürga

Würfeln müaſſ'n, vor 'm ſchändlig' Würga.
Daſs ſolch's Spiel'n a Laſta is, ſiagt ma ſchon,
Thräna, Fluach und Leb'n hängt viel d'ran.

Willſt dir daher wahr'n an guat'n Sinn,
Merk dir das guat, und weita vernimm:
Der G'winn find't koan Wert,
Weil 'n da G'winna nöt ehrt;
Wo da Spielteufel ſteckt d'rin,
Faihlt da g'müathliche Sinn.

Der gibt eahm koa Ruah
Schon gleich von da Fruah;
Sei' B'ruaf fallt eahm ſchwar,
Weil ſei' Sack iſt meiſt lar.
Steht er da no' alloa,
Aft kann 's nöt ſoviel thoa.

Hängt aber d'ran Haus und Hof,
Leicht wird er davon los;
Dö Familie is aft arm d'ran
Mit an ſolch'n Vota und Mann;
Er wird voll Lug und verdraht,
Is voll Schimpf oder ſtad.

Der Hausfried'n geht fort,
Hader und Raff'n gibt 's dort,
In ganz'n Haus geht 's verkehrt,
Sei' ganz Sein hat koan Wert;
Aber paſs nur guat auf,
Was all's kimmt no' d'raus.

Hat er a oft an G'winn,
Glück is da nöt d'rin,
Fluach hängt an den Geld
Von den Andern, den 's fehlt.
So a Geld hat koan Wert,
Weil den G'winn koana ehrt.

Jammer kimmt oft davon,
Da Familiehunga hängt d'ran;
Thräna von Weib und Kind,
D'rum viel aberrinnt.
Wann da G'winna si' freut,
Der Verliera tragt Leid.

Die Geburtsstatt is gar liab, .
Kimmt aber so a hoamlicha Diab,
Wia 's Hasardspiel thuat sei',
's Unglück kimmt oft da d'rei',
Dass ziag'n müass'n dann fort
Aus den hoamatlich'n Ort.

Weib und Kinda, o Graus,
Schrei'n: Herrgott, es is aus,
Was hab'n wir dir denn 'than,
Dass d' uns geb'n so an Vota und Mann;
Hab' do' gern 'bet't, fleißi g'schafft
Von da fruah bis in d' Nacht.

Was wird hiazt aus uns wer'n,
Wia meine liab'n Kinda ernähr'n,
Wia eahn Hunga hiazt still'n,

Wia 's sein soll nach dein' Will'n;
Woher nehma eahr G'wand,
Wia deck'n unsa Schand!

So a Elend, das kimmt,
Wann 's da Mann so leicht nimmt.
Kunnt no' weit Ärgas sag'n,
Will 's do' weita nöt wag'n:
D'rum, Däta, seid's g'scheit,
Macht's den Enkan koa Leid.

Betracht's 's Spiel als Laster,
Das is das beste Pflaster.
G'schiacht 's mit Keg'l oder Kart'n,
Oder was no' gibt für Art'n,
Unglück bringt 's für Jedermann,
Weil viel Thränen hängen d'ran.

Dem Kind soll ma die G'fahr lehr'n,
Und 's Spiel als Laster wehr'n;
A guat's Beispiel selba geb'n,
Nutz'n bringt 's eahn künftig'n Leb'n.
Den Hausfried'n thuat das heb'n,
Und viel Nutz'n selb'n geb'n.

Steht oana a ganz alloa,
Verworr'n wird sei' ganz Thoa;
Da Fried'n ziagt bei eahm aus,
Unfried'n kimmt in sei' Haus,
An Achtung thuat er verlier'n,
Sei' G'müathleb'n wird 's g'spür'n.

Das is g'wiſs nöt übertrieb'n,
Triafft 's di' ſelbſt, ſo vernimm:
Laſſ' ab von dein' Laſta glei',
Kinda dank'n dir und dei' Weib;
Was hab'n denn dir dö 'than,
Daſs d' eahr thuaſt ſowas an.

Kumſt vor dein' Herrgott hiazt b'ſteh'n,
Wann du müaſſaſt zu eahm geh'n;
Was thoan die Kinda von dir hal'n,
Wann du eahr G'wand kannſt nöt zahl'n,
Schlaf'ngeh'n müaſſ'n mit 'n hungrig'n Mag'n;
Was thuat dir dei' G'wiſſ'n ſag'n?

Zur Umkehr thuat 's di' mahn'n,
Folgſt, biſt du richti d'ran.
Zur Arbat kriagſt du wieder Luſt,
Von Weib und Kind wirſt wieder buſſ't;
Geb'n wird dir das a Freud',
Vergeſſ'n thoan ſ' dir eahr Leid.

Der häusli Fried'n kehrt wieder ein,
Wannſt thuaſt bei den Deinig'n ſei'.
Steht aber a oana ganz alloa,
Weg'n eahm ſelbt ſoll er das thoa;
Nachgeh'n koan ſolch'n G'winn,
Guat's is da niamals d'rin.

A Unterhaltung braucht ma ſchon,
Z'viel Zeit ſoll nöt hänga d'ran,
Weil 's für Alle koan Nutz'n bringt,

Was für d' Arbat Zeit wegnimmt.
Wer das beacht't, der is guat d'ran,
Stellt a zu all'n den richtig'n Mann.

A jeder Mensch hat ja fei' Pflicht,
Und wann er si' nach dera richt't,
So bleibt eahm nöt die Zeit,
Daß viel Spiel'n aft a daleid't.
Wer richti faßt fei' irdisch' Sein,
Kimmt nöt in 's Hasardspiel hinein.

Haft du z'viel freie Zeit,
So schau um di' und in d' Weit,
Was d' Natur hat all's erschaff'n;
Der Mensch soll das richti faff'n,
Dazua braucht er Zeit zum denk'n.
Mach 's so, aft thuast guat lenk'n.

# Tanzreg'ln.

Wann di' s Tanz'n g'freut,
So treib 's nöt z'weit,
Geh' langsam d'ran.
Aft halt 's lang an.

D' Füaß wer'n dir ledi'
Und thoan halt'n Kebi,
Haft dann a Ziel,
So schwitzt nöt z'viel.

Geh' nöt z'fruah in d' Luft,
Es kunnt wer'n zur Gruft,
A gacha, kalter Trunk
Bracht di' leicht um.

Das Kalte meid',
Sunst bringt 's dir Leid,
Zugluft is schlecht,
Vermeid' dö recht.

Rast' oft beim Tanz,
Und mach' koan Pflanz,
Halt' na so lang an,
Wia 's Bäuschl kann.

Kimmt Schwindl vor,
's Drah'n wechsl nur,
Drah di' nöt z' g'schwind,
Weil 's dei' Hirn ausschind't.

Halt' Maß und Ziel,
Iss und trink nöt z'viel,
Vermeid' den Rausch,
's Vergnüg'n war aus.

Bei a g'schmach'n Fesch'n,
Soll 's Diandl hab'n a Resch'n,
Soll ja putzi sei',
Weil ja das is schön.

Die si' oba um d' Mitt'n,
Mit'n Schnür'n thuat z'viel schind'n,

Kann ſi' nöt gnua rühr'n,
Beim Tanz'n wird ſie 's g'ſpür'n.

Die Organ' woll'n eahn Platz,
Glaub 's, mei' liaba Schatz,
Derdruckſt oans z'viel,
Kunnt das halt'n ſtill.

Und wann 's Herz das that,
Aus war 's und du ſtad;
Das verſteht koan G'ſpoaſs,
Was ma ſicher woaß.

Gar z'viel dünn um d' Mitt'n,
Kann nia nöt ſchön find'n,
Zudem macht 's an Schad'n,
Thuat G'ſundheit untergrab'n.

Haſt beim Tanz a Freud',
Bleib nur bei der Schneid',
Aber beacht' das richti,
Aft kannſt tanz'n tüchti.

Dahoam die naſſe Wäſch'
Mit a truckan löſch',
Leg' di' nieda aft und ſchlaf,
Von dein' Liab'n tram recht g'ſchmach.

# Heiratsreg'ln.

Wer heirat't, muaß si' frag'n,
Thuat 's mir soviel eintrag'n,
Daß, wann kemman an a Kinda,
Z' essn hab'n und gnua nöt minda.

Do 's Wichtigste is da vor All'n,
Daß si' dö zwoa Leut' thoan g'fall'n;
's G'sicht und 's Herz muaß z'sammsteh'n,
Körpermode muaß a so sei'.

Geist und G'müath is wohl oft verschied'n,
Beide müaß'n da hab'n an guat'n Will'n,
Arbatslust muaß sei' vorhand'n,
Aft geht 's da a niamals z' schand'n.

Das gleich' Vertrau'n, off'n, treu,
So bleibt die Liab' a ewig neu;
Das Üble mitsamm' geduldi trag'n,
An da Freud' dann gleich'n Antheil hab'n.

Häuslicher Sinn muaß beim Weiberl walt'n,
Den Mann kann 's dann dahoam mehr halt'n;
Nöt z'viel Sinn für Putz und schöne Sach'n,
's traute Hoam that 's unleidli mach'n.

Den Müaßigang meid'n wia die Pest,
Den Hausfried'n gibt das sunst den Rest.
Geld daheirat'n is schön guat und schön,
Das Wichtigste darf do' das nöt sei'.

Wer dös thuat, is a armer Wicht,
Wann er auf das Andere nöt besser siacht.
Für 's Geld kriagt ma wohl schöne Sach'n,
Herzguat kann ma aber nöt d'raus mach'n.

Wann anspruchlos san alle Zwoa,
An zart'n Sinn dazua hab'n a gar;
Das schwerste Missg'schick kann da kemma,
Viel leichta thoan si' dö das nehma.

Liegt Ehr', Kraft und Stärk' in häuslich'n Fried'n,
Geduldi trag'n s', was eahna is beschied'n;
Das richti Alta muass a sein,
Z' jung und z' alt lass' liaber geh'n.

Ungleich's Alter stört den Fried'n,
Is z' groß, d' Heirat wird da besser g'mied'n;
Spar'n im Haus is für Beide wichti,
Faihlt dös, wer'n s' oft gar schichti.

Zur Heirat zwinga, bringt an Leck,
Nöt aussa z' bringa is der Fleck.
Bei 'n Kindern Herz und Geist guat pfleg'n,
Glück thuat 's für 'n künftig'n Mensch'n geb'n.

Straf' und Liab' zur recht'n Zeit,
Bringt 's Kind aft a in Denk'n weit;
Sparsinn, Liab' zur Hoamat pfleg'n,
In 's Kinderherz a Mitg'fühl leg'n.

D' Nächst'nliab' g'hört a dazua,
Von dera hat ma nöt glei' gnua.

Auf 's Lerna derf ma nöt vergeſſ'n,
Wia 's den kindlich'n Alter is ang'meſſ'n.

Die Reg'ln da mit ihr'n Weſ'n,
Kann ſchon a jeder Jungg'ſell' leſ'n;
Und kummt dazua oft oan die Luſt,
Daſs er gern a den Eh'ſtand koſt't,

So befreit 'n dös von Eig'nnuß,
Die richti Heirat gibt da Schuß.
O Jungg'ſell'n, greift's zua, thuat's das glaub'n,
Viel kimmt 's da bringa unter d' Haub'n.

# Die Volksdichterei.

Wer für mehr Ständ' was dicht'n will,
Kann ſi' nöt ſtreng halt'n an den Stil;
B'ſonders wann 's g'hört für broate Volksſchicht'n,
Nach dera eahn Brauch muaſs er ſi' richt'n.

Er muaſs nuß'n die Dichtafreiheit aus,
Aft bringt er 's richti Bräu heraus;
's G'müath ſoll da den Kopf überwäg'n,
Aft wird was Tauglich's auſſageb'n.

Da Volksdichta braucht zu ſein Thoa
Die G'lehrt'nkritik nöt alloa,

Die groß'n Volksschicht'n hab'n da 3' red'n,
Ob das guat, richti oder schlecht is geb'n.

Thoan 's dö nöt weiter acht'n,
Besser is dann, 's Schreib'n 3' lass'n;
Wann das Volk im Liad sein' Dichta ehrt,
A solchas Urtheil hat den richtig'n Wert.

Er is auf den richtig'n Weg, den er geht,
Wann 's Volk dann hinter seiner steht;
Wann oana fangt so 3um dicht'n an,
Vorausg'setzt, daß er das a kann.

Und es is da innere Trieb da3ua,
Guat's seiner liab'n Hoamat 3' mach'n nur.
So soll er si' nöt schrecka lass'n,
Wann 's sei' Thoa oft schlecht auffass'n.

Soll sei' Land und Hoamat hoch halt'n in Ehr'n,
Und so guat er 's kann, was Nützlich's lehr'n.
Aus Erfahrung und den Volksbrauch muas er schöpf'n,
Sunst thuat er sei' Dicht'n köpf'n.

Das tägli Leb'n macht eahm d' Feder voll,
Die Kritik drüber er nöt scheich'n soll;
Die hilft ja mit, daß wird bekannt sei' Thoa.
D' Moanung von die Leut', nöt die sei' alloa,

Muas er acht'n und d'raus lerna recht,
Was d'ran guat's is und was schlecht.
Hört er si' die verschied'na Moanung an,
In a jed'n is a Körndl Wahrheit d'ran.

D'raus kann er lerna und weiter schreib'n,
Wann 's a thuat die Kritik oft arg treib'n;
Wer aba 's Volksleb'n nöt kann richti fass'n,
Soll liaber da sei' Moanung lass'n.

Weil das Thoa thuat der Sach' nöt nütz'n,
Und dem Dichta thuat vor schimpf'n schütz'n;
Der Verkehr mit den Volk muaß sei',
Aft kimmt in 's Liad das Richti d'rei.

's Volksleb'n is ja der beständi Quell,
Wo 's aussarinnt goar rein und hell;
Von dem soll si' der Dichta lab'n,
Und bringa darnach seine Gab'n.

Guat's thuat er der Mit- und Nachwelt bringa,
Wann er 's Volksleb'n thuat richti b'singa.
Soll a 's Schreib'n für viele sei' verständli,
So is das wohl a leicht erkenntli,

D' Wort so z'stell'n, daß leicht san z' les'n;
Verstand'n wird bessa 's ganze Wes'n.
Weg'n den thua i solche Wort vermeid'n,
Wo die Zung d'ran kunnt hänga bleib'n

Und misch mei' ganze Schreiberei,
Weil 's mehr verständli wird dabei.
Weg'n was i das hiazt thua sag'n,
Kimmt von an Gelehrt'n sei' Frag'n,

Der g'moant hat: Will oana was dicht'n,
So muaß er si' nach den Reg'ln richt'n.

J hab' mir denkt', da red't nur fei' Kopf,
Rührt fi' fei' herz, packt er 's beim Schopf.
J thua oba die zwoa mitanand verbind'n,
hat 's herz mehr Recht, thuat's den Kopf nöt schind'n.

## A Protz.

Neuli bin i in an Kaffeehaus g'wef'n,
Und thua dort die Zeitung lef'n;
Da wird von oan die Thür aufg'riff'n,
A großa Blada war 's, 's G'ficht ganz z'riff'n,
A voll heanaaug'n und blad fammt da Naf'n,
Mit Glotzaug'n, thuat wia a Dampfrofs blaf'n.

Broat steig'n feine Elephant'nfüaß,
Erwart' hat er, dafs eahm zuafliag'n Grüaß.
hinta eahm a zweita Lackl mit der Modi,
Sei' Suhnbua is, der a nöt nodi.
hinta ananda steig'n die zwoa eina,
Thür laff'n f' off'n, Platz woll'n dö nehma.

Die Arm in d' Seit'n g'spreizt wia die häng'l,
So wia 's holt mach'n rechti Beng'l;
Eahm Mant'l umg'hängt, viel brauchan f' Platz,
Den Schmerbauch schiab'n f' her, eahm größt'n Schatz;
Jm Mäul Zigarr'n, eahr hirnkaft'n kloa,
Wiff'n nöt, was denn hiazt foll'n thoa.

Eahn hohl'n Kopf zoagt das eckati Benehma,
Bis in d' Mitt'n der Stub'n thoan s' endli kemma;
Endli wack'ln s' zu an Tisch im Eck,
Werf'n aft a weg eahne Röck,
Und was hab'n no' für andere Sach'n;
Fall'n auf d' Sessl, daſs thuat krach'n.

„Kellna", ſchreit da Alte, „da ſchau her,
Unſa Tiſch is hiazt no' leer,
Daſs uns gnua zuatragſt zum eſſ'n,
Denn wir kinnan viel z'ſammfreſſ'n.
Renn hiazt, ſchau daſs di' ziagſt,
Bring' ſoviel, daſs ſi' da Tiſch biagt.

Vergiſs nöt, daſs a der Trunk is guat,
Sunſt kriagſt oans von mir am Huat;
Auf 's Rauka derfſt a nöt vergeſſ'n,
Wann ma hab'n all's z'ſammageſſ'n;
Z'erſt ſchau, daſs mehr Platz wir kriag'n,
Sunſt kunnt 's ſei', daſs wir oan würg'n."

„Was da Vota ſagt, da paſs guat af,"
Sagt da Suhnbua, „weil i all' dö Schlucka kaf;
Nodi ſan 's die ganze Wocha,
Am Sonntag woll'n ſi' die zoag'n nocha.
Wir hab'n koa Noth, do' recht viel Geld
An ſolchan g'hört ja ſo die Welt."

Der Markör ſchaut die Zwoa an,
Ob 's Hirn richti do' ſein kann;
Aft ſagt er kurz: „Meine Herrn,
Ös müaſst's Enk zu an Andern ſcher'n,

Daher kemman d' Leut zum Zeitungslef'n,
Ös versteht's wohl nöt das Wef'n.

Viel Waffa wird da trunk'n, wen'g Kaffee,
Wann 's wollt's, kriagt's a an Thee.
Soll oba das der richti fei',
Das Benehma muaß fi' fchick'n d'rei.
Was ös hab'n wollt's, das gibt ma' Enk,
Wann 's geh'n thuat's in die nächfte Schwemm."

Da Vota fchaut fein' Suhnbuam an,
Sagt: „Schau was der Zaundürr uns thoa,
Wenn ma eahr will was z'löf'n geb'n,
Möcht'n f' kemma glei' mit Gröb'n.
Kimm, fetz fest auf dein Huat,
Suach ma für uns den paffend'n Ort."

Und fo hab'n fi' die Zwoa wieda auffidraht
Bei da Thür, Vota und Suhn fchön ftad;
hab'n Thür zuag'haut und ausg'fpuckt fest,
Und fan weita dann auf d' Letzt
In a Wirthshaus, hab'n g'fchimpft und g'hag'lt,
Und fan in die Schwemm dann eini g'wack'lt.

# A Volkssag' von Schloss Rottenegg.

Wo die kloa Rottl aussarinnt,
Und zu der groß'n Rottl kimmt,
Macht das Land an kurz'n Spitz,
Auf an Fels'n hoch hat a Ruin' ihr'n Sitz.
Dort hat g'haust vor ötla hundert Jahr
An Ad'lsg'schlecht, lang is schon goar.
Das Schloss war damals goar prächti,
Die Aussicht ins Thal schön mächti;
Rottenegg wurd' 's schon damals g'nennt,
Denn Ritta hab'ns dort weitum kennt.

Den Schlossnam' soll 's von dö zwoa Rott'ln hab'n,
Oda von die vier roth'n Eck'n, dös hat trag'n.
In der Histori von Pillwein is zu les'n,
Dass das Schloss vor 1375 is schon g'wes'n.
Wer 's baut hat, d'rüba is nix vorhand'n,

Von den is in der Histori nix d'rin g'stand'n.
Die Witwe Hartmanns von Lodenberg, ihr Sohn
Berengar, hab'ns verkauft dem Herrn Wallseer ob'n,
Um 1446 hat 's b'sess'n a Neundtlinger,
Hermann hat er g'heiß'n ringsumher.

Von sein' zehn Söhn' hab'n si' sechs mit Erb' verglich'n,
Durch 'n Kauf san s' den Greissenecker g'wich'n;
Ast san Gienger, dann Artstetter kemma,
Dann hab'ns d' Schmidtauer kinna nehma;
D' Graf'n Starhemberg hab'ns aft übernumma,
Gundacker Thomas is z'erst d'ran kumma.
Im Linzer Museum is a Bild vom Schloss,
Wia 's 1659 g'wes'n is, es war hübsch groß;
Do' Zua- und Umbaut'n san zum kenna,
Ursprüngli kann ma die Form nimma nenna.

Die groß' Rottl rinnt links vom Schloss,
Dort is 's Wassa reissat, die Stoanleit'n groß;
Die Schlucht is lang, kloa und groß san die Fels'n,
Dort hint'n hat müaß'n sein a schaurig's Wes'n.
Die Rottl wird damals hab'n stark g'saust,
Weil oan hiazt no' vor dem Getös' dort graust.
Wög'n der Volkssag muass i das b'schreib'n,
Weil 's dort hint' hat woll'n an Hand'l treib'n;
Do', bei welchan G'schlecht das g'scheh'n is,
Vermuath'n kann ma 's, do' sag'n nöt g'wiss.

A Ritta, der g'haust hat dort drob'n,
D' Volkssag' thuat eahm stark lob'n,
Hat oan Sohn, der g'heirat hat nach freia Wahl.
Und wia 's damals war oft der Fall,
Nimmt er si' a arme Rittamaid

Zur Frau, die mit eahm g'habt weng Freud,
Was er z'spät hat erst kennt;
Ihr Liabsta hat si' anders g'nennt.
Weng Freud hat g'herrscht da im Schloss,
Für beide Theil war 's a bittas Loos.

Da Ritta guat geg'n seine Untathana,
Sei' Frau darnach hatte koa Verlanga;
Desweg'n der Ritta war g'liabt und g'acht,
Von der Rittasfrau alle weg hab'n 'tracht.
Da will a Muata mit neun Kindan
Den Ritta bitt'n, ihr 'n Zehent zu vermindan,
Weil ihr Mann g'storb'n, und die Noth is groß,
Und ihr erleichtern möcht dadurch ihr Loos.
Do' den Ritta kunnt das Weib nöt treff'n,
Und die Rittasfrau wollt ihr nöt helf'n.

Sie schreit: „Wia a Hündin kimmst du daher,
Junge bringt a solchi a nöt mehr,
Zu was bringst du soviel her als Muata,
Tränk 's bei Zeit'n wannst hast dafür koa Fuada.
Marsch auffi, thua di' ja nöt setz'n,
Sunst lass' i di' mit die Hund' aussihetz'n."
Weil 's selb'n koane Kinda hat g'habt,
Hat 's da Arma den Kindaseg'n so veracht't.
Erfüllt is der Rittersfrau wor'n ihr Verlanga,
Will 's sag'n, wia 's is da weitaganga.

Mit beträubt'n G'müath is die Arme fort.
Ihr'n Kindan sagt 's: „Da gibts koan Hort,
Das Schicksal soll sie nur nöt straf'n,
Weil 's mein Kindaseg'n thuat so veracht'n;
Sie hat koa Kind, kann 's a nöt empfind'n,

J muaſs mein Jammer überwind'n,
Wünſch ihr nöt, daſs ſoll Vergeltung hab'n,
Wer woaß, ob's das kunnt, ſo wia i, ertrag'n."
Die hart'n Red'n kunnt die Arme frei nöt faſſ'n,
Ihre Kinda vatalos, ſie ohne Mann und ganz verlaſſ'n.

Der Ritta hat g'hofft auf eigne Kinda,
Auf an Stammhalta a nöt minda.
Die Zoacha ſtell'n ſi' richti ein,
Ob ſei' Wunſch wird do' richti ſein?
Wia das Ereignis is nacha kumma,
Hat er g'rad a Jagd vorgnumma,
Geb'n hat 's dort nur Bär'n und Eber,
A Hochg'nuſs no' hiazt für Jäger,
Weshalb d' Jagd mehrer' Tag hat dau'rt,
Darweil hab'ns im Schloſs was z'ſammabraut.

Hoamwärts an der Rottl geht da Ritta,
Da Stoanleit'nweg war eng, 's Geh'n dort bitta,
Kimmt eahm dort zua a Weib vom Schloſs,
Auf 'n Kopf an Korb, zuadeckt und groß.
Der Ritta fragt 's: „Was haſt da d'rin?"
Sie ſagt: „Drei Junge von eura Jagdhündin,
Oans hab'n wir für d' Rittasfrau behalt'n derf'n,
Die drei ſoll i in die Rottl werf'n.
Dazua bin i hiazt auf den Weg,
In da Stoanleit'n ſoll is einiwerf'n vom Steg."

Da Ritta will ſi' a ſelb'n oan nehma,
Deckt auf den Korb und thuat ſtark dakemma.
Drei nackate Buab'n ſiagt er d'rin lieg'n
Anſtatt die Hund, die ſchön ſchlaf'n drin.
„Wo haſt du 's her!" herrſcht er an das Weib,

„Sag' d' Wahrheit, junſt geht 's dir an Leib;
Koan Taglicht'n ſollſt du mehr ſeh'n,
Wannſt thuaſt a falſche Antwort geb'n!
Drei gleichalte Buam, wia kann das ſein,
A Schandthat muaſs da ſtecka d'rein!"

Das Weib voll Schrocka beicht't ihr'n Herrn:
Die Rittasfrau hat woll'n das G'red abwehr'n,
Weil 's kriagt hat vier Buam, ſoviel
Thuat übaſteig'n das menſchli Ziel.
Oan Stammhalta hat ſ' g'halt'n zum Mehr'n;
„Die andern drei", ſagt ſ', „müaſſ'n ſterb'n,
Trag 's glei' hint'ri, und treib koan Tad'l,
Zua Stoanleit'n und wirf 's in d' Rottl,
Weil die Hündin hat a kriagt ſoviel Jung',
fragt di' wer, ſo ſag', die bringſt du um."

Der Ritta bot dem Weib zu ſchweig'n,
Zum Schein ſoll 's nur den Hand'l treib'n,
Der Rittasfrau ſag'n, daſs ſie 's ſo g'macht,
Wia ſie 's hab'n wollt und ausdacht.
Dem Thoan ſeiner Frau hat er g'fluacht,
Drei Pläß' für ſeine Söhn dann g'ſuacht,
Bei Zehentpflichting hat er ſ' untabracht,
Auf a richti Erziehung hat er ſelba g'acht,
Den neunt'n Theil Zehent hab'ns nur braucht z' zahln,
Und das übrige für die Pfleg' behal'n.

Nach neun Jahr'n hat er a Gaſtmahl geb'n,
Seine vier Söhn war'n alle am Leb'n,
Sie ſan dazua auf 's Schloſs hinkemma,
An ſeina Frau wollt er Straf hiazt nehma.
A jedes ſollt da was Wahr's erzähl'n

Am End' der Taf'l aus sein Leb'n.
Der Ritta selbst wart't bis auf d' Letzt,
Er sagt, dass das seine was stark's setzt,
Alle soll'n darauf guat acht'n
Und das Richti zu treff'n tracht'n.

Erzählt san da wor'n verschied'ne Sach'n,
Do' den Ritta sein's thuat Grauen mach'n,
Wia er sagt, a Muata hat z' glei' gebor'n
Vier Buam, davon hat s' drei z'tränk'n erkor'n,
Was verhüat is wor'n durch Schicksalsmacht,
Die Buam san g'wachs'n, das war a Pracht.
„Wia soll ma 's mit a solchan Muata mach'n,
Nach was für an Recht dieselbe straf'n,
Wann a Muata geg'n ihre eigna Kinda so hand'ln will,
Wia soll ma 's straf'n, dass recht is, nöt z'viel."

Sei' Frau sagt, ohne lang zu denk'n:
„Z' guat is für a solche Muata 's Henk'n,
Einmau'rn zum langsama Hungertod
G'hört a solch'n als Recht vor Gott."
„Dein Urtheil hast dir selba g'sproch'n,
Was i erzählt hab, hast du verbroch'n,"
Sagt ihr der Ritter d'rauf mit Ernst,
„Dass deine Söh'n a kenna lernst,
Hab' i alle herbestellt zum Fest,
Eing'mauert sollst du kriag'n dei' Recht."

Im gleich'n G'wand sagt 's ihre Kinda,
„Mei' Straf," sagt s', „is recht, i brauch 's nöt linda,
Wia groß da mein Verbrech'n war,
Wird mir hiazt erst ganz klar.
Über a Muata mit neun Kinda hab' i g'lacht,

*: —*

Wia 's die Noth und 's Elend zu mir 'bracht,
Das Schicksal wollt mi' dafür straf'n.
Das hätt i soll'n a richti acht'n,
Mei' Stolz hat mi' trieb'n zu dem Verbrech'n,
Das Schicksal thuat das an mir räch'n."

Eing'mauert is wor'n dann die Rittersfrau,
In a enge Kamma, die Wänd' ganz rauh,
Auf der Seit'n, da kloa Rottl zur,
Mit oan kloan Loch verseh'n nur.
Bei Wassa und oft schimlig'n Brod
Hat 's no' sieb'n Jahr g'lebt bei der Noth,
Schon früher hat der Ritta verlass'n 's Schloss,
Von sein Nam' hat er 's woll'n mach'n los.
Auf seine Güata is er, in a anders Land,
Wo von den G'sagt'n woar nix bekannt.

An der Ruine, an der südwestling Seit'n
Is d' Stöll, wo die Rittasfrau hat g'habt zu leid'n,
Do' der Ort unterhalb der alt'n Burg
Hat früha g'hoass'n Löderahaus im Lurg.
In der Chronik is von dera Sag' nix z'find'n,
Aus der Volksfag' kann ma nöt mehr ergründ'n.
Bei der Rittasfrau wird vaschied'n angeb'n d' Kindazahl,
Vier, sieben und neun wer'n g'nennt a wohl.
I thua die Volksfag' nur deshalb schreib'n,
Dass für die Nachkommen thuat, im Gedächtnis bleib'n.

# Für Modesklav'n.

A jed's Wort hat sei' Sach',
Gnua hat 's schon 'bracht Krach;
Was i damit moa,
Is der Modi ihr Thoa.
Reißt 's in an Haus allz'stark ein,
Is dort frei nimma z'sein,
Die Erta wer'n da viel z'kurz,
Ausbleib'n wird nöt der Sturz.

So a Mann hat a Plag',
Wann sei' Weib thuat die Frag':
Ob 's d' neuchi Mode derf hab'n,
Weil 's ihre Freundinnen trag'n.
Bei die Diand'ln, die kloan,
Soll ma do' a mitthoan,
Für die Groß'n is so schön,
Wann s' mit der Mode thoan geh'n.

Soll'n die kriag'n a an Mann,
Muaß ma thoan, was ma kann;
Leichta beißt aft oana an
Und kann hänga bleib'n d'ran.
Die Buam bleib'n a nöt z'ruck,
Ausüab'n die a eahn Druck,
Wann da hilft all's so z'samm,
Wia 'plagt is so a Mann.

I sag', den g'schiacht recht,
Verdient 's no' mehr schlecht,
Zu dem dazua g'hör'n no' Wir,

Von die Seinig'n a Strir.
Vergibt a Mann so sei' Recht,
Verdient er 's a so schlecht,
A Simandl thuat er sein,
Auf d' Weit wirft 's in Schein.

In so an Haus geht 's verkehrt,
Weil oans 's andere nöt ehrt.
A Schlamperei is da dahoam,
Der 's anschaut, kunnt woan.
Väta merkt's Enk die Lehr':
Kemmat sowas daher,
Braucht's nöt d'rei'z'schlag'n, nur red'n,
Mit den muaß si' das geb'n.

A Mode wird ja stets sein,
Wo 's untagrabt ihr länger's B'steh'n,
Bringt für wen'g wohl an Nutz'n,
Den Moast'n thuat 's 'n Sack ausputz'n,
Das rasende Hast'n und Thoa,
Bringt nöt nur das alloa,
Der recht'n Volksmode ihr Sein
Geht da a nach und nach ein.

Will das Weib hab'n d' Hos'n an,
Schön's is da g'wiß nöt d'ran,
So a Familie wird verlacht,
Wann eahn 's a laut neamd sagt.
Gern thuat si' das vererb'n,
D'rum muaß ma sowas wehr'n.
Wann das nehmat übahand,
All's kam da aussa Rand und Band.

(155)

D'rum, liabe Muata, sei g'scheit,
Treib' d' Mode nöt z'weit,
Kinda einfach, nett erziag'n,
Viel Dank thuast aft kriag'n.
A Mann beißt da viel liaba an,
Weil er 's Rechte hoff'n kann,
Er kriagt da a guate Frau,
Wann s' ehrt ihr'n Muatabrauch.

Liabt a Weiberl ihr'n Mann,
Thuat 's eahm sowas nöt an,
Den Sparsinn wird 's guat pfleg'n,
Und den Kindan als Mitgift geb'n.
Das is mehr werth als viel Geld,
Denn wann das Spar'n da wo fehlt,
Kann der Mann ja nöt gnua hab'n.
Sei' Leb'n b'steht nur im Plag'n.

# Üba die Standespflicht'n.

Zerst nimm i die Viehdocterei,
Weil i da selba bin dabei;
Aus Erfahrung kann i da red'n,
Was da thuat für Sachan geb'n.
Wann ma 's von Pik auf probiert,
Woaß ma, was da all's passiert,
Und was da nothwendi thuat sei',
Daß ma si' kann find'n d'rei'.

Wann Nutz'n a Sach' soll bringa,
Beim Geb'n und Nehma muass das g'linga,
Die zwoa müass'n das seh'n ein,
Der wahre Nutz'n is aft d'rei'.
Wer beacht't a solche Reg'l,
Werkt richti mit Kopf und Keg'l;
G'schiacht 's so bei an junga Stand,
Aufblüah'n wird er in sein' Land.

Kimmt ma ferti von da Schul',
Von Wiss'n is ma da ganz voll,
Mit Theorie steckt voll da Kopf,
In der Praxis packt 's oan bald beim Schopf.
Woar da Fleiß auf der Klinik viel,
So kimmt ma früha zu an Ziel;
Hat ma das oba dort nöt 'than,
Is ma drauß'n a unbeholf'na Mann.

Ma moant ja, das kunnt frei nöt sein,
Dass a krank's Viech oan um wird steh'n,
G'sund muass wer'n, ma will 's erringa,
Beid'n soll 's ja Nutz'n bringa.
Ma muass da wohl stets bedenka,
Der Viehbesitza kann da nix verschenka,
Wann er muass an Thierarzt kemma,
Soll 's Nutz'n bringa, nöt den nehma.

In 's Thierspital kemman Ross und Hund
Zum Curier'n und mach'n g'sund,
Praktisch kann ma 's bei dö seh'n,
Wann ma si' in 's Zeug thuat leg'n;

Do' bei alle andan Hausthierart'n,
Auf 's Kennalerna kann ma da nöt wart'n,
Drauß'n muaß ma 's erst erfahr'n und seh'n,
Das Schulanseh'n thuat 's g'wiß nöt heb'n.

.

Für a Schul, dö hat so a wichtig's Ziel,
San die Auslag'n nöt glei' z'viel,
Wann ma 's thoan für 's Praktische wag'n,
Weil 's der Gesammtheit thuat Nutz'n trag'n.
Thuat oana beginna si 's Brod verdean,
Den Viehb'sitzern soll er guat zuhör'n,
Denn die Erfahrung muaß er acht'n,
Und eahne Bräuch' zu erfaff'n tracht'n.

Dö zwoa Sach'n san für d' Praxis wichti,
Weil 's oan helf'n kann das tüchti
Das Vertrau'n zu erwerb'n.
Hat ma das, aft thoan s' oan ehr'n.
Ohne Vertrau'n kann ma nöt viel mach'n,
Hat ma 's, soll ma 's zu erhalt'n tracht'n.
Das gilt für d' Stadt und für 's Land,
Beacht' das guat, sunst kimmst am Rand.

Zoag'n muaß ma a Liab' zum Fach,
Viel Eifa hab'n bei der Sach',
B'sondas wann 's is a schwara Fall,
Do' helf'n kann ma nöt allemal.
An Junga wird das nöt übel g'numma,
Und guat groat, wann 's eahm macht Kumma,
Sie wiff'n 's ja und denk' d'ran,
Fangst erst praktisch z' lerna an.

G'faihlt war 's, si' selbst zu übaheb'n,
Und auf andere eahne Wort z'wen'g geb'n,
Selbst beherrsch'n lerna, nöt z'viel red'n,
Zum Schwind'lglaub'n koan Anlass geb'n;
Überall glei' selbst zuagreif'n,
In sein' B'ruaf zoag'n koa Steif'n,
Der Glacehandschuah weg thuat hau'n,
Der is g'wiss am bessan d'ran.


Wer Praxis anfangt, soll entsag'n,
Nöt viel nach an Guatgeh'n frag'n,
Viel Moanung anhör'n, davon glaub'n,
Was eahm thuat am best'n taug'n.
Bei Tag und Nacht, Sturm und Reg'n,
Gleich freudig sein' Beruaf ergeb'n,
Mäßig leb'n, do' so si' nähr'n,
Dass ma kann d' Strapaz'n wehr'n.
Fangt ma mit den Grund die Praxis an,
Wird ma wer'n bald a g'achta Mann.


Das Schlechte wird ma leichta trag'n,
Der Karakta fest und wird nöt klag'n,
Viel Nutz'n wird 's für späta bringa,
Weil ma Erfahrung wird erringa;
Das gibt an fest'n Bod'n dann,
Womit ma dann viel nütz'n kann.
Ma muass kenna, was gibt für Sach'n,
Dö im Viehb'sitz könnan Schad'n mach'n,
Deshalb war 's a ganz g'faihlta Witz,
An junga Thierarzt im Amt geb'n an Sitz.

A solcha muaß z'erst 's Vertrau'n erwerb'n,
Sei' Erfahrung wird er da richti mehr'n,
Aft soll er 's erst zum Amtssitz bringa,
Wiss'n und Erfahrung muaß dort stimma.
So muaß ma denk'n und das so betracht'n,
Dann thuat 's oan an Nutz'n schaff'n;
An guat'n Grund thuat das leg'n,
Von den Stand das Ansch'n heb'n.

Wia müass'n zu erreich'n tracht'n,
In unsan Stand viel Nutz'n z' schaff'n;
Das Wichtigste is nöt 's Curier'n,
Gesundheitspfleg' thuat weita führ'n.
In da Viehzucht gibt 's viel z' nütz'n,
Durch G'sundheitslehr' vor Krankheit schütz'n,
Z'erst muaß ma auf das rechna nur,
Neb'nbei bringt das gmua Cur.

Wer das versteht und thuat richti acht'n,
Für die Cur wird das Vertrauen g'schaff'n,
Wer das acht't, is richti d'ran,
Der füllt aus sein' Platz als ganza Mann.
Ueber Curpfuscher thoan wohl manche klag'n,
Z'viel soll ma nöt nach dö frag'n,
Durch eigna Fleiß und G'schick Nutz'n schaff'n,
Und üba eahr Thoan nir weita mach'n.

An g'setzlich'n Schutz da nöt verlanga,
Hätt' ma dazua a an stark'n B'langa;
Bedenk'n, daß ma 's wurd' schlechta mach'n,
Koan Zwang gibt 's da, das san Vertrauenssach'n.

Ma muaſs die Sach' vom Grund aus nehma,
Wia denn die Pfuſcherei is kemma;
Thierärzt' hat 's früha frei koa geb'n,
Was hätt'n d' Diebb'ſitza ſoll'n aubeb'n?

Da hab'n ſi' halt die Leut' a g'fund'n,
Zum Curier'n, hab'n ſ' 's Vieh a g'ſchund'n;
Und ſo is blieb'n, bis in unſ're Tag,
So bleibt 's a fort, das is koa Frag'.
Die Thierärzt' ſan ja do' viel z'wen'g,
D' Viehb'ſitza bringt das oft in d' Eng',
Da thoan ſie 's mach'n wia 's eahr paſst,
A Pfuſcha wird aft zubag'faſst.

Es gab viel z' red'n no' da drüba,
Geh' oba zu die Viehſeuch'n üba;
Das is gar wichti für den B'ſitz,
Weil 's oft einfall'n wia a Blitz.
Ma kann ja das ganz off'n ſag'n,
Unſan Stand bracht dös an Schad'n,
Zu b'ſetz'n an Amtsſitz mit an Junga,
Weil 's den z'wen'g Erfahrung brunga.

Wo dös g'ſcheh'n is, braucht ma nur z' frag'n,
Was d' Viehb'ſitza thoan dort ſag'n,
Weil im Amtshand'ln thuat Erfahrung faihl'n,
Muaſs eahr Beſitz oft Schad'n leid'n.
Zwoa Seit'n hat a jede Sach',
Bei 'm G'ſetz is a die gleiche Mach,
G'ſchaff'n is wohl, ſo zu b'ſchütz'n,
Das ſoll do' für Alle nütz'n.

(151)

Durchführ'n lafst 's sich 's wohl auf die Art,
Dafs wird für koan nöt z' hart,
Thuat ma den g'sund'n Sinn auffanehma,
Braucht der Diehb'fitza nöt dakemma.
Faihlt Erfahrung, wird ma 's trock'n mach'n,
Der ganze Diehstand kann da geh'n krach'n;
Den Schad'n leid't nöt nur oana davon,
Die Gefammtheit hängt da a d'ran.

Der Thierarztstand is goar wichti,
Bei der Diehzucht foll er lerna tüchti;
Allgemein thuat ma ja das kenna,
Dafs dö foll'n an Auffchwung nehma.
Diehbefitza und Thierarzt foll'n fi' versteh'n,
Den richtig'n Weg mitfamma geh'n.
Den Thierarzt wird die Erfahrung nütz'n,
Den Landwirth die Theorie guat stütz'n.

Laff'n die Zwoa ananda fei' Recht,
Auffa kimmt 's da g'wifs nöt schlecht,
Unf'ra Diehzucht bracht 's an guat'n Bod'n,
Das Schlecht' kam weg, das Guat' wurd' g'hob'n,
Wurd' die Frag' auf die Art packt,
Dafs Jeder aus fein' Fach das Best' zuatragt, .
Und zuag'strebt wurd' zu den bestimmt'n Ziel,
Nutz'n bracht 's der Gefammtheit viel.

Ma kann drüba verschied'na Moanung fei',
Ob im G'fagt'n liegt das Richti drei';
Aus Erfahrung kann i b'stimmt do' fag'n,
G'flennt hab'n gnua schon bei dö Frag'n.

# Für 's Hauswes'n.

Willst a Hauswes'n guat halt'n,
In der Kuchl derf 's nöt faihl'n,
Richti muaßt dort walt'n,
Sunst wird der Fried'n wegeil'n.
Das guate Kocha is wichti,
A wen'g braucha dazúa,
Der G'schmach macht das Richti,
A muaß 's reinli sei' g'nua.
Den Einkauf versteh'n,
Das Richti dazua wähl'n,
Und zur recht'n Zeit geh'n,
Aft wird dir nix fehl'n.
Was dahand'lst brauchst nöt dahauf'n,
An jed'n Kreuza halt fest,
Umanand thua recht sauf'n,
Aft find'st das Billigst' und Best'.

Das Spar'n is ja d' Hauptsach',
Neidi brauchst do' nöt z' sei',
An jed'n laß Recht in sei' Sach',
Richti hüat'st aft die dei'.
Was Schlecht's thua nöt kauf'n,
Mit den wurd 's di' anschmier'n,
In d' Apothek'n kunntst lauf'n,
Enkan G'sund that's sekier'n.
Zur richtig'n Zeit den Tisch decka,
Und richti auftrag'n die G'richt',
Zum Frohsinn thuat das wecka,
A bekannte, alte G'schicht'.
D'raufschau'n, daß all's reinli,
Das g'hört zu den Fach,
Aft is beim Eff'n all's freundli,
Wann hat d' Sach an guat'n G'schmach.
Zu da Kuchl g'hört a d' Stub'n,
Und was d'rum und d'ran hängt,
An den Schaff'n und Putz'n
Thuat ma 's kenna, wer lenkt.
Is dir 's Stricka und 's Flicka,
's Sticka und 's Stopp'n recht an,
Wen'g Geld wird 's verschlicka,
Mit die Dein' bist guat d'ran.
Wann dir sowas war z'wida,
Dei' Haus lenkst da schlecht,
Für dein' Sack wurdst a Schinda,
Viel Geld wurd' verschleppt.
A neuche Sach' leid't leicht Schad'n,
Das Reparier'n muaßt versteh'n,
Länga muaß du 's alt trag'n,
Als wia 's Neuche kann sei'.

Dahoamt das G'wand macha,
Soviel 's na sein kann,
Aft kannst dazua lacha,
D' Wirthschaft is guat an.
Verstehst d' Arbat guat z' theil'n,
Für a jed's was si' g'hört,
Aft wird 's dir nöt faihl'n,
Dass a jed's a was lernt.
Für d' Kuchl und d' Stub'n
Verwechsel 's zur Zeit,
's Hauswes'n wird g'hob'n,
Taugli wer'n 's a für d' Weit.
Thua eahr 's Hauswes'n lerna,
A Freud' wirst erleb'n,
Den Müaßigang thua wehr'n,
Sinn für Häuslichkeit heb'n.
Die Arbatslust a guat nähr'n,
Ordnung und Sparsinn dazua,
Den häuslig'n Nutz'n thuat's mehr'n
Den hast nöt glei' g'mua.
Ob oans is jung oda alt,
A freie Zeit muass a geb'n,
Willst 's untadrucka mit G'walt,
Nutz'n wurdst nöt erleb'n.
Zur richtig'n Zeit mach' das Recht',
Nöt z'viel red'n oda schrei'n,
Aft machst's das nöt schlecht,
Die Deinig' thuat 's g'freu'n.
Wia der Schnittla für d' Supp'n,
Macht an Gusta und G'schmach,
G'müath und Leib wurd 's dadrucka,
Wär' für dö nix Passat's da.

D' Musi' is für 's G'müath,
Und 's Singa g'hört a her,
A guate Kost, dö di' führt,
Und dei' G'fühlleb'n no' mehr.
Zum G'müathlig'n thuat 's treib'n,
Mehrt, veredelt dein' Sinn,
Arbatslust thuat dir bleib'n,
Schaffungstrieb liegt da d'rin.
Vered'ln thuat 's dein ganz' Sein,
Dein' Natursinn erweckt 's,
All's Schen' thuat di' g'freu'n,
's ganze Geistleb'n erhebt 's.
Der häusli Herd is der Ort,
Solche Pflanz' zu ziag'n,
Durch die Ältan eahr Wort,
D' Kinda thoan s' dazua führ'n.
B'sondas der Muata ihr Macht,
„Muataliab" hoaßt der Stern,
Gibt zu sowas die Kraft,
Alle Völka thoan s' ehr'n.

## 's Mäulg'hachlat.

Wann Zwoa si' streit'n, lacht a Dritta,
Thoan dös mehr, wird 's goar bitta,
Verwirrt wird da die ganze Mött'n,
Der g'sunde Hausverstand geht flöt'n.

Zehn Nationen zu regier'n,
Wohin soll den das führ'n,
Will a jed's was anders hab'n,
Und si' fass'n glei' beim Krag'n.

A jede hat a andre Tracht,
Nach der Mode will 's die Macht,
Bracht ma das a endling z'weg'n,
Fried'n wurd 's ja do' koan geb'n.

J moan damit das Parlament,
Wo ma hört dös Plarament,
So hitzi' geht 's dort oft zua,
Schon von Anhör'n hat ma gnua.

Aft bleibt 's a nöt beim Red'n,
D' Fäust thoan s' dazu a heb'n,
D' Füaß woll'n da a eahr Recht,
Da gibt 's Spetakl oft und G'fecht.

Kimmt die G'schicht a so in d' Hitz,
Hört ma oft die schönst'n Witz,
Viel Wassa wird da g'macht,
G'scheit's wird nöt aussa bracht.

„Hinta mir steht 's Volk", wird g'schrian,
„Das laßt si' nöt anschmier'n,
Unsa Recht, das is schon alt,
Nehma möcht 's dös uns mit G'walt."

„G'schah das", thuat a Andra schrei'n,
„Das unsa gang do' ein,

J thua Enk nur das jag'n,
Uns werd's nöt kriag'n beim Krag'n."

D' Faust haut oana fest af 'n Tisch,
Als wann er geb'n möcht Fisch,
Wer am stärkan kann da schrei'n,
Moant, der Beste thuat er sei'.

Oana moant mit an guat'n Witz,
Bringt er die andan recht in d' Hitz,
Wer am schönst'n kann da red'n,
Thuat für den G'scheitan gelt'n.

A Gaudö wird die ganze G'schicht,
A Hetz, do' ohne G'wicht,
A Rumpf, do' ohne Kopf,
A Kopf, den faihlt der Schopf,

Wer ohne Ernst und suacht an Streit,
Nur zum Fensta aussi schreit,
Um Popularität zu hasch'n,
Guat's kann der g'wiss nöt mach'n.

's Volk schaut die G'schicht so an,
Wann dö streit'n wia die Hahn,
Kinnt's schön red'n, do' nix schaff'n,
Bessa war 's, Ös gangats schlaf'n.

Das ganze thoat 's Ös nur verwirr'n,
G'scheite a in Jrrthum führ'n,
Z' thoan is Enk nur um den Sitz,
Wir kennan schon den Witz.

(168)

Das Klubwej'n, das sei',
Kann nöt viel von Nutz'n sei',
Das freie Stimma hört da auf,
's g'sunde Denk'n kann geh'n d'rauf.

Dafür hat 's Volk koan Sinn,
Denn was da wird g'macht d'rin,
Thuat bind'n das freie Thoan,
Nix kann er mach'n mehr alloan.

Is wer in so was einizwengt,
Druckt 's 'n, wia er 's a wend't,
Verkümman wird sei' ganz's Sein,
Für seine Wähla macht er z'weng.

Anstatt 's Volkswirthschaftli heb'n,
Den Nationenstreit wollt's beleb'n,
In 's Volk suacht's den zu trag'n,
Weil's davon wollt's Nutz'n hab'n.

Für 's Volk wollt's Enk mach'n wichti,
Der Weg is oba nöt der richti,
Koane Schreia sollt's Ös macha,
Und denk'n auf die richtig'n Sach'n.

Auf die Stimm-Macht 's Hauptg'wicht leg'n,
Lass'n 's viele Schrei' und Red'n,
Unta 's Volk oft einisteig'n,
Und zuaschau'n, was das thuat treib'n.

Was dös braucht und will hab'n,
Was demselben kann Nutz'n trag'n,

Das müaßt 's seh'n und versteh'n,
Aft'n kimmt 's zum Red'n hingeh'n.

Der nöt geht unta seine Leut',
Im Parlament recht umaschreit,
Kann wohl üba seine Moanung red'n,
Do' von seine Wähla die nöt geb'n.

Beacht't das nöt a Volksvertreta,
Wird er sein a rechta Frötta;
Auf das soll'n a die Wähla acht'n,
Und den aufsi z'bringa tracht'n.

Will ma oana Sach' Nutz'n bringa,
Kenna muaß ma 's, was gibt d'rinna,
Kann ma das nöt richti fass'n,
Bessa is, ma thuat das lass'n.

Solche z' wähl'n, das is schlecht,
Dö machan g'wiß nöt das Recht.
Wähla, merkt 's Enk das fei',
Thuats an sölchan aufsikei'.

Macht oana recht viel Lärm,
Thuat lang red'n, oft recht plärr'n,
So macht er dö andan a verruckt,
Mit den, was in sein Kopf umipurt.

A Moanungsaustausch muaß ja sei',
Is er kurz, liegt a das Richti d'rei',
Dauert oba das in stundenlangen Red'n,
Der will damit sein Ansch'n heb'n.

Js fo a Anfidt im Parlament,
Alleweil mehr wird g'fdimpft und g'ment,
's Volk denkt: Schad' is um d' Zeit,
Die der da d'rin verfchreit.

Dö das nöt triafft, halt'ts in Ehr',
Wähla, fuach'ts, dafs dö wer'n mehr,
An guat'n Grundftod wird das geb'n,
Unfa Parlamentsanfeh'n wird 's heb'n.

Mäßigkeit hat an goldna Bod'n,
Das Vermitt'ln thuat ma lob'n,
Aus 'n Streit an Fried'n z' fchaff'n,
Js der Bod'n, das Richti z' mach'n.

# Wia dö Beifpiel wirkan.

Der Darwin hat uns g'lehrt, er fagt,
„Was das Zuchtwef'n all's eintragt,
Die Wahlverwandtfchaft g'hört dazua,
Zum Nachdenka gibt 's da gnua,
Ganz b'ftimmt is 's, und das fteht feft,
Unf're Urahn' fan dö Aff'n g'weft."

Wer d'ran zweifelt und will 's nöt glaub'n,
An Beweis gibt 's, der guat thuat taug'n,
Zu zoag'n, dafs frei kunnt fo g'wef'n fein,

Wann ma in unsa Treib'n schaut hinein,
Von Nachaff'n is uns schon was blieb'n,
In unsan Werka siagt ma's d'rin.

So an Aff'ntriab, ma kann's nöt laug'n,
Thuat a oft zu was guat'n taug'n,
Do' öfta bringt's do a was schlecht,
Wann ma die Sach beacht't nöt recht,
Aus den, was thuat hiazt kemma,
Kann si jeda 's Seine auffanehma.

Von ob'n geht die Mode aus,
Was nur all's entsteht da d'raus,
Die Untan thuan's bestimmt nachmach'n,
Sau's a no' so b'sundre Sach'n,
Der g'wisse Triab steckt in alle drei',
Von uns'ra Abkunft muass dös sei'.

Der Mode ihr ganze Macht,
Die Abstammungsart hat's 'bracht,
Bei All'n thuat a das mitred'n,
A Ausnahm' kann's nöt geb'n,
D' Natur wechselt selbst mit 'n Wetta,
Und dort gibt's do' koane Frötta.

Bleib'n ma aba bei'm irdisch'n Wes'n,
Betracht ma z'erst das Schreib'n und Les'n,
Recht oft thuat's an Buchstab'n geb'n,
Den's von sein Platz thuat heb'n.
Der schaut aft ganz verdriaßli drei',
Weil er moant, das derf nöt sei'.

So will 's aba das g'lehrte Wej'n,
Und die Mode im Schreib'n und Lej'n,
G'hach'lt wird da oft und g'stritt'n,
Und auf an Buachstab'n umag'ritt'n,
's große Publikum denkt da dabei,
Na, von dera Mode war i do' frei.

Bei da Kloadatracht, 's is zum lach'n,
Was da all's gibt mitzumach'n,
Das was thoan dö Oban trag'n,
Woll'n dö Untan a bald hab'n,
Fort thoan dö Erst'n spekulier'n,
Um wieda was Neuch's zu kriag'n.

Wann das thuat aft g'schwind erfolg'n,
Kunnt oan frei der Teux'l hol'n,
Wia 's da kimmt zum hetz'n und jag'n,
Wann all's will das Neuchste hab'n,
Was is an dera Sach aft d'ran,
Daß ma viel Geld hergeb'n kann.

Betracht't ma a dös Gigerln-Thoan,
Wann s' a steh'n no' hübsch alloan,
So hab'n s' do' a ihre Modelehr',
Von dö Obagigerln kimmt das her,
Sö thoan a dort nix andas mach'n,
Als was der Aff'ntriab hat g'schaff'n.

Ma sagt, was thuat das Beispiel mach'n,
Und woher kemman all' dö Sach'n,
Bei dö Urahn' hat 's ja g'wiß a geb'n

Verschied'ne Ständ', darnach war a 's Leb'n,
Was da hab'n dö Oban g'macht und woll'n,
Bei dö Untan hat 's das nachz'mach'n gol'n.

Solche Beispiel kann ma guat ertrag'n,
Von denen ma thuat Nutz'n hab'n,
Bringt das aba uns an Schad'n,
Will 's das Guate untagrab'n,
Geg'n so was muaß ma si' wehr'n,
Will ma si' als Mensch do' ehr'n.

Die Erziehung is 's, was i z'erst moan,
Damit steh' i a wohl nöt alloan,
Der häusli Sinn is im Niedageh'n,
Halt's dös af, sunst kimmt 's nöt schön,
Thuat 's koa solches Beispiel geb'n,
Sunst kann ma nöt dös Lasta heb'n.

Der Urahntriab is schuld da d'ran,
Daß die Untan thuan gern aufischau'n,
Wia 's dö Oban da thoan mach'n,
Und do' seh'n 's oft üble Sach'n,
Dö eahrn g'sund'n Sinn verwirr'n,
Und zum unrichtig'n Zeug verführ'n.

Seh'ns das guate Beispiel ob'n,
Dadurch wird das Guat' a g'hob'n,
Triafft dös aba das Geg'ntheil,
Der ganze Hand'l wird aft fäul,
Vergift eahr den g'sund'n Hausverstand,
Und aft geht all's Hand in Hand.

Aus Erfahrung woaß ma 's ja,
's Schlechte ziagt mehr wia 's Guate noh,
Wird von Ob'n a schlecht's Beispiel geb'n,
Dö Untan wer'n da a mitleb'n,
Mit 'n Verfall der Sitt'n geht 's aft g'schwind
Wenn er von obenher den Ausgang nimmt.

Was a guat's Beispiel kann Nuß'n hab'n,
Will i mit wen'g Wort a sag'n,
Dö höchste Frau im deutsch'n Reich,
Und in Rußland a das gleich',
Hab'n woll'n nach eahrn Will'n,
Jhre Kinda selber still'n.

Der so edle Sinn und Will'n von Ob'n,
Hat bei viele Müata 's gleich' Verlanga g'hob'n,
Nachg'macht wird das a schon viel,
Es is das goar a edles Ziel,
Zu seh'n a Kind an da Muatabrust,
Für Kind und Muata dö höchste Lust.

Die Kraft der Kinda that niedageh'n,
Wann 's Selbststill'n der Kinda gang mehr ein,
Weil für das, was d' Natur hat g'schaff'n,
Der Mensch kann nöt 's Gleiche mach'n,
Wird dem Kind dö erste natürli Nahrung geb'n,
Wird ma damit a die Volkskraft heb'n.

Wann ma üba so a Beispiel nachdenkt,
Siagt ma, wia von ob'n her 's Volk wird g'lenkt,
Js 's Beispiel guat, so bringt 's G'winn,

Js 's schlecht, so bringt 's aba an Ruin,
Das soll'n die, dös triafft, guat beacht'n,
Und durch 's Beispiel auf guate Grundsätz tracht'n.

Jn da Famili liegt die Volksmoral,
Von da aus gibt 's den Widerhall,
Jm häuslig Herd is die Pfleg' dafür,
Das soll'n die Oban vergöss'n nia,
Auf cahnö Faihla thuat 's Volk mehr acht'n,
Weil 's leichta is, als wia 's Guate z'mach'n.

Wird dort im häuslich'n Sein und Walt'n,
A rechta Sinn und Hand'l g'halt'n,
Wirkt 's z'ruck a auf dö untan Schicht'n,
Die woll'n si' a nach den Beispiel richt'n,
Seg'n s' oba dann das Geg'ntheil,
Bleib'n s' nöt z'ruck, is da Bod'n a heil.

Lob'n, tad'ln, lehr'n, wo is am Platz,
Js für 'n Dichta a großa Schatz,
Dazua kann ma dö Beispiel nehma,
Manche wer'n da cahrn Spieg'l kenna,
Das Guat' soll leucht'n da als Stern,
Das Schlechte will ma damit abwehr'n.

# Für 's praktische Leb'n.

Willst du di' selbst erkenna,
Derfst von dir davon nöt renna,
Dein Jch muaßt z'erst kultivir'n,
Sunst thuast di' selbst anschmier'n.

Bist du fremd im eigna Haus,
And're ziag'n da Nutz'n d'raus,
Dein G'müath wird leer, voll da Kopf,
Der Unfried'n packt di' bei 'm Schopf.
Lass dir nöt schmeich'ln ohne Grund,
Dein richtig' Denka is nöt g'sund,
Lass dir liaba a Grobheit sag'n,
Wird 's nur von da Wahrheit trag'n,
Dein besta Freund thuat 's sei',
Was d' im G'müath hast drei',
Suach das stets guat z' pfleg'n,
Dei' Moralkraft thuast da heb'n.

Die brauchst du oft im Leb'n,
Weil 's solche Aug'nblick thuat geb'n,
Dass d' dastehst von All'n ganz verlass'n,
Durch dö kannst di' wieda fass'n.

Wenn dir is Trost und Hilf versagt,
Di' Hunga und Frost a plagt,
Den Freund brauchst und Gott,
Die helf'n dir in deina Noth.

Willst üba And're Urtheil hab'n,
Z'erst thua bei dir anfrag'n,
Wia 's steht mit dera G'schicht,
Für And're hat 's aft 's richti G'wicht.

Willst an g'sund'n Leib und Seel,
Das erste fest, das zweite hell,
Pfleg 's guat und verzärt'ls nöt,
Aft hast damit wen'g G'frött.

An alt'n Spruch thuat 's geb'n,
Zu was di' selbst wirst erheb'n,
Wirst du gelt'n auf da Welt,
Dein Hand'ln macht 's, nöt nur 's Geld.

Thua dir guat merka den Spruch,
Dein Thoa kriagt aft koan G'ruch,
Weil vorausg'setzt da is,
Daß dei' G'wiss'n hat koan Riß.
Dö guat Seit'n is da g'moant,
Wurd's an die schlechte ang'loant,
Da kriagst a dein Theil,
Do' der stinkt, er is fäul.
Der Abenteurer nutzt das aus,
A der Großsprecha, o Graus,
Das schlecht' G'lichta oft goar,
Nützt 's aus bis auf 's Hoar.
Den Spruch thua recht versteh'n,
Auf 's Guate soll dei' Thoa geh'n,
Laß das Schlechte auf da Seit',
Aft taugst unta d' Leut'.
Zoag andan Leut' nöt dei' Schwäch',
Sunst kannst zahl'n die Zech,
An fest'n Charakta laß seh'n,
Was guat's wirst erleb'n.
Deine Faihla thua streng richt'n,
Kopf und Herz kriag'n a Licht'n,
Geg'n And're wirst nöt z' streng sein,
Wannst a einsiagst die dein.
Möcht a no' was anders sag'n,
Auf 's nächste Heft wird 's umitrag'n,
A thua i den erst'n Band beend'n,
Und wir' mi' zu den zweit'n wend'n,
Wir' weiter a so umaschnof'ln,
Und wia 's sei' kann, aussapof'ln.

# Der Evangelimann.

Das Umaschnofeln is halt so mei' Brau',
Dazua g'hört a, dass i umaschau;
Zu unsan Theata thua i da kürzli kemma,
A menge Leut' siag i dort einirenna,
Sagt mir Oana: „Da d'rin kannst was erleb'n,
Heut wird den Kienzl*) sei' Oper geb'n,
Die erste Aufführung bei uns is heut',
Geh' eini, wannst g'rad dazua hast Zeit."

Aha, denk' i, das is da Evangelimann,
I schau'n an, aft siag i was is d'ran;
Kauf' mir an Text und druck' mi' eine,
Leut' war'n schon d'rin a große Menge,
I los zua da Musi', dö schon hat g'spielt,
Und hab' mi' glei' da ergriff'n g'fühlt,
Meine Aug'n und Ohr'n spreiz' i guat,
Und nimm untan Arm mein' Huat.

*) Dr. Wilhelm Kienzl, geb. 1857 zu Waizenkirchen in Oberösterreich.

Von Dr. Kienzl is Text und Musi' g'macht,
Auf 'n G'sang, Musi' und All's hab' i guat g'acht.
Das Ganze zoagt a guate Volksmoral.
Aussanehma kann si' a jed's sein' Theil;
Ergriff'n hat 's Alle, dö da d'rin war'n,
Thränen hab'n dö a gnua valor'n,
's G'müath hat 's nöt vastimmt, aba g'rührt,
Weil 's zu an versöhnend'n Ausgang führt.

Die Berlina Hofoper hat 's z'erst aufg'führt;
Wia 's halt g'wöhnli mit guat'n Sach'n g'schiacht,
Dass die Auslönda z'erst den Werth erkennan,
Aft thoan 's wir von dort erst einanehma!
Was wird unsa Landsmann, der Dichta,
Schon vor der Aufnahm' g'macht hab'n für G'sichta,
Aft, bis zum Aufführ'n kemma is und späta,
Was wird er erlebt hab'n da für Wetta.

Der Text hand'lt von a wahr'n G'schicht,
G'irrt hat si' da das Criminalg'richt,
Zwanzig Jahr' Kerka hat g'habt Oana unschuldi z'büaß'n,
Und nacha erst als Bettla umziag'n müaß'n.
Aus den Volksleb'n is wor'n aussa gnumma,
Ma siagt, wia dort is Liab', Eifasucht und Kumma,
Wia Liab' und Hass oft den Mensch'n führt,
Und durch 'n Schein si' oft a der Richter irrt.

In Niederösterreich, in an kloan Klostaort,
Üabt a Lehra sei' Amt aus dort,
Zwoa Buam hat eahm da Herrgott geb'n,
Und wia 's schon geht oft im Leb'n,

Der Johann is 'wor'n a Heuchla, glei' voll Rach',
Der Mathis war das Geg'ntheil von der Sach',
Der Erſt wurd' Obalehra in den Ort,
Der Zweite Amtsſchreiber beim Pflega dort.

Beide Brüada liab'n des Pflegas Nichte,
Das Diandl hat do' kennt das Richti,
Den falſch'n Johann hat ſ' z'ruckg'wieſ'n und veracht.
Und den treu'n Mathis ihr Herz zuabracht.
Aus Eifaſucht hat Johann des Pflegas Stolz recht g'ſchürt,
Und richti hat 's dazua a g'führt,
Daſs da Pflega den Mathis ſchafft a fort,
Weg'n dera Liab', aus ſein' ſchön' Hoamatsort.

Martha und Mathis war'n ſi' von Herz'n guat,
Wahre Liab' macht ja hoaß das Bluat,
Dereint bitt'n ſ' den Pflega, er ſoll das laſſ'n,
Und aus Beide a Eh'paar mach'n.
Unerbittli is aba da Pflega blieb'n,
Aus 'n Haus hat er ſein' Schreiba trieb'n.
Mathis ſagt eahm: „Thua di' nöt g'freu'n,
Vielleicht wirſt no' die That bereu'n.“

Um 11 Uhr Nachts, war abg'red't, im Kloſtawirthsgart'n,
Wird da Mathis zum Abſchied auf ſeine Liabſte wart'n,
Sei' Bruada hat 's erlauſcht und voll Rach',
Hat er ſi' in Eifaſucht ausg'roat die Sach'.
Wia ſi' dort die zwoa Liabſt'n hab'n eing'fund'n,
Hat er hoamli den dortig'n Schüttbod'n anzund'n,
Als Thäta wird Mathis am Brandort vahaft't,
Und 20 Jahr' ſchwer'n Kerka hat 's eahm 'bracht.

Die Unschuld von ihr'n Liabst'n woaß d' Martha g'wiß,
Das unschuldi Verurtheil'n bringt ihr'n Denk'n an Riß,
Ihr groß' Herzload thuat f' so verwirr'n,
Und weil f' kann koa Ruah nöt kriag'n,
Springt f' in d' Donau in der groß'n Noth,
Und von ihra Pein befreit f' da Tod.
Ihr Rechtsinn hat durch 's unrecht' Urtheil g'litt'n,
G'holf'n hat nöt ihr Schwör'n und Bitt'n.


Für Mathis hat endli die Befreiung g'schlag'n,
Nach 20 Jahr' thuat er si' in sei' Hoamat wag'n,
Hört dort, sei' Liabste is schon lang todt,
Als Abg'strafta empfind't er hiazt erst die Noth,
Neamd will den Verbrecha Arbat geb'n,
Durch 's Bett'ln muaß er frist'n sei' Leb'n,
Ma siagt da, was der Schein all's macht,
Und was er hat den Mathis für Unheil 'bracht.


Als Evangelimann is er von Ort zu Ort,
Und hat verles'n dort Gotteswort,
Selig san, dö unrecht Verfolgung leid'n,
Erlanga wer'n f' dafür die ewig'n Freud'n.
Unrecht leid'n und bitt're Qual ertrag'n,
Wird einst der Herr im Himmel lab'n,
Der Erd'nwand'l thuat nöt dauern lang,
Lebt so, daß Enk wird vor dem End' nöt bang.


Für das was er kriagt hat, wo er g'lehrt,
Hat er sein' siech'n Leib ernährt,
An guat'n Sam' wollt' er in die Herz'n leg'n,
Den Grund zum inner'n Fried'n geb'n.

A woarme Liab' war in sein' Herz für Kinda,
Bei selbe a für eahm nöt minda,
Schwach sein Körpa, weiß sein Haar,
Hat er so 'bettelt schon zehn Jahr'.

Zuafall nennt ma 's oda G'schick,
Was oan Schad'n bringt, an andan Glück;
I moan, dass is a Schöpfungswerk,
Was uns zum Nachdenk'n lehrt;
Dass oft die Bestie und das Lamm is g'mischt,
Oda dass Beides in oana Famili is,
Dass die Bestie greift zur Buaß',
Und das Lamm den Richta mach'n muass.

G'nagt hat das Verbrech'n an Johanns Sein,
Leib und Geist hab'n zoagt die schreckli Pein,
Die Verzweiflung hat sei' G'sicht vazehrt,
Sei' ganz Wes'n 'broch'n und vakehrt;
Was er sein' Bruadan 'than in Eifasucht und Rach',
G'seh'n hat er b'ständi das feuri Dach,
Das Leb'nsglück eahm z'riss'n und elend g'macht,
Verstoss'n und hoamatslos' muass er leb'n in Schmach.

In Wean, wo Johann schon lang is g'wes'n,
Hört er im Bett, sein' Bruadan draust das Evangeli les'n,
Er lafst 'n bitt'n, er soll zu eahm kemma,
Und das einst verübte Rachwerk vernehma;
Bekennt eahm, dass er hat anzünd't die Scheuer,
Aus Eifasucht hat g'legt das Feuer,
Und bitt: „O Bruada kannst mir vergeb'n,
Seit der That hab' i a schrecklich's Leb'n.“

„Mei' Leb'nsglück", sagt Mathis, „hat dei' That mir
    g'numma,
Dreißig Jahr' hab' i unschuldi g'litt'n Schmach und
    Kumma,
O Bruada, das Elend lasst si' nöt b'schreib'n,
Rechtlos, veracht't, a Leb'n als Bettla treib'n;
Nur Gotteslehr' hat mir inner'n Fried'n geb'n,
Weil i hoff' auf den Lohn im künftig'n Leb'n;
Do' der Mensch soll sein' ärgst'n Feind nöt hass'n,
Und das Vergelt'n dem Schicksal übalass'n."

„Das Vergeb'n is gar a edle Sach',
In mein' Herz is koa Platz für d' Rach',
Nach unsan Muatarath soll'n wir uns liab'n,
Im Unglück beisteh'n, uns nia betrüab'n,
Die g'habte Schmach und Kumma thua i dir vazeih'n,
Und vagess'n dir meine ganz'n Leid'n,
Mein Bruadaherz steht dir wieder off'n,
Weil i von dir thua das Gleiche hoff'n."

Bei solcha Bruadaliab' und Ed'lsinn,
Sinkt Johann zu sein' Bruadan hin,
Sagt: „O Bruada, dein edl's Herz is groß,
Und i hab' dir g'schaff'n so a düstas Los,
Hab' Dank für dei' Großmuath und Ed'lsinn,
Bald komm i in das — Jenseits hin,
Weil du mir hast mei' Schuld vageb'n,
Kann i wieda hoff'n auf das ewige Leb'n."

Hing'sunk'n is Johann, erlosch'n san seine Aug'n,
Er hat sei' Leb'n beend't in der Väter Glaub'n,
Mathis thuat die Händ' zum Himmel falt'n,

Und dankt für der weisen Allmacht Walt'n.
Bald beend't wird a sein Leb'nslauf,
Zu seina Martha und Altan kimmt er 'nauf,
Wo sie si' wer'n auf ewig vereina,
Und sie koa Eifasucht wird mehr trenna.

Das is da Inhalt von den ganz'n Hand'l,
A wahre G'schicht' in ihr'n Wand'l;
Aus unsan Volksleb'n is auffag'riff'n.
Ma siagt, wia 's da oft ausschaut z'riss'n.
Die Musi' is dazua ergreifend und schön,
Ausdruckt wird jede G'müathstimmung d'rin,
Die ganze Oper is so g'stellt und g'macht,
Dass das wirkli Denk'n zu erreich'n tracht.

Das ganze G'fühlleb'n zoagt uns d' Musi' an,
Und wia guat ma damit zum Herz'n sprech'n kann,
Im G'müath und Kopf kann 's alle Sait'n rühr'n,
Verzweiflung, Kumma, Leid und Freud' anführ'n,
All's thuat uns da die Musi' sag'n,
Und was das Herz für Load kann trag'n.
All's thuat s' so warm und ergreifat geb'n,
Wia 's in da Handlung g'scheh'n is und g'wen.

Im erst'n Act siagt ma 's und lernt kenna,
Wia die Eifasucht a Rach' thuat nehma,
Was das scheinheili Thoan all's richt't,
Wia wahre Liab' erfüllt ihr Pflicht.
Aft was der Schein kann all's mach'n,
Und was der oft schafft für Sach'n.
A heit're G'sellschaft kummt a vor,
Mit an schönen G'sang und Chor.

Der Martha ihr hoff'n und ihr'n Seel'nschmerz,
Die Musi' legt s' warm in 's Zuhöra-herz,
Dann das Ave Maria der Musi' is so weihevoll,
So wia ma 's im Leb'n a beacht'n soll,
Aft da Spottwalza für 'n Zittabart,
Stimmt heita, is einzig schön in seina Art.
Sang und Musi' gibt all's guat und natürli,
Dass ma auf 'n zweit'n Act is schon begierli.

Der zweit' Act spielt in Wean 50 Jahr' späta,
Bei 'n Spielan siagt ma das g'herrschte Wetta.
A froh'n Kindaschaar voll heiter'n Wes'n,
Thuat der Evangelimann Gotteswort vorles'n,
All'n Fried'n spend'n will sein ergeb'na Sinn,
A mild's Wes'n is in sein' Hand'ln d'rin.
Entsagung und Vergeb'n, wann 's Unrecht no' so groß.
Lehrt er, als das recht' und edle Mensch'nlos.

Voll tief'n G'fühl wird a Liad vortrag'n,
Nach der schön' Jug'ndzeit thuat 's Verlanga hab'n,
Weil 's so wahr, sehnsuchtsvoll is und rein,
Schließ ich 's, wörtli wia 's is, da ein:

O schöne Jugendtage
Mit eurem stillen Glück,
In wehmuthsvollem Sehnen
Denk' ich an euch zurück.
Denk' an den Klang der Glocken,
Den Sang vom Kirchenchor;
Wie weit entferntes Rauschen
Berühren sie mein Ohr.
Gedenk' der trauten Stätte
Wo meine Wiege war,

Des Häuschens, wo gewaltet
Das liebe Elternpaar.
Ach, kehrtest du mir wieder
In deiner Herrlichkeit!
Dich rufen meine Lieder,
O wonnesel'ge Zeit.

Im Herz d'rin thuat ma 's warm mitempfind'n,
Wia Sang und Musi' das thuat begründ'n,
Ma wird dabei woach und warm in sein' Wes'n,
Die schöne Jug'ndzeit kann ma ja nia vagess'n.

Die ganze Handlung is weita so b'schaff'n,
Dass das G'müathleb'n thuat darz'stell'n tracht'n,
Der Kindachor zoagt uns das heit're G'müath,
Vom Evangelimann werd'n die Herz'n g'rührt,
Voll Verzweiflung thuat da Johann schrei'n:
Der Mathis zoagt an Gloriesdjein.
Erschüttern thuat oan da ganze Hand'l,
Wia darg'stellt is der Leb'nswand'l.

Wer si' will a Seel'ng'nuss verschaff'n,
Soll die Oper selbst z' seh'n und z' hör'n tracht'n,
Dort thoan s' oan das guat explicier'n,
Wia si' da menschli Geist kann irr'n,
Was der Schein, das Heuch'ln und die Rach',
Die Eifasucht und viel andas all's macht,
Wia 's guate G'wiss'n lernt entsag'n und darb'n,
Und der Schlechte nia a Ruah kann hab'n.

Die Musi' bringt da ganz a eig'nes G'fühl,
Ohne Wort' sagt s' uns da soviel,
Ausdruckt wird da Freud', Wehmuth und Schmerz,

Und all's was nur kann fühl'n das Herz,
Die Leid'nschaft, Scheinheilisei' und Rach',
Neid und Eifasucht auf ganz a eig'ne Sach',
Wer 's hört, wird a mitempfind'n ganz,
Die herrliche Musi' und Handlung in ihr'n voll'n Glanz.

## Künstlawahn.

Moanst a großa Künstla z' sei',
Möcht' dir 's Lob a taug'n,
Valier'n wurd'st du das fei',
Thatst all's das G'lobat glaub'n.
Z'ruckgang'st in dein' Thoan,
D' Zeit kam, wo 's stand'st alloan.

Lass di' nöt irr' mach'n,
Bedenk' a oft den Spruch,
's Lob hat oft solche Sach'n,
Dö gern hab'n an faul'n G'ruch.
Den G'stank thoan d' Leut' ausweich'n,
Von den lass' di' nöt erreich'n.

Lass' di' als Künstla nöt valeit'n,
Auf 's Lob z' viel Werth z' leg'n,
An abschüssig'n Bod'n thatst zua gleit'n,
Aus den recht'n G'loas wurd's di' heb'n,
Wahrheit is a guate Medizin,
Wann da liegt das Kenna d'rin.

Der Mensch lernt nia aus,
Ma siagt 's an all'n Sach'n,
Willst du nöt kemma d'raus,
Streb' das Deine bessa z' mach'n.
Wer beherzigt die Lehr',
Für sei' Thoa bringt 's a Ehr'.

Von an Bekannt'n kann i red'n,
Auf 'n Weg zur Kunst war er d'ran,
Auf 's Lob hat er z' viel geb'n,
Hiazt mag er sein' Hunga still'n kaum.
Hätt' er d' Wahrheit vertrag'n,
Wurd 's 'n hiazt nöt a so hab'n.

Auf das Schmeich'ln und Lob'n,
Hat nachlass'n sei' Fleiß,
Hat g'moant, er is schon hoch ob'n,
Dass eahm neamd mehr erreicht.
Er siagt a hiazt ein,
Was 's Lob macht für Pein.

So a Eig'ndünkl is a Krebs,
Thuat 's Talent untagrab'n,
Der den nährt is a Schöps,
Kunnt eahm umdrah' sein' Krag'n.
Thuast a Sach' nöt vasteh'n,
Lass' Lob'n liaba geh'n.

Soll a Talent kemma zur Reif,
Und dein' Red'n sei a Lehr',
Lob 's nöt z' viel, sunst wird 's steif,

Das bringt Nutz'n viel mehr.
Wird nur g'schmeich'lt da Sach',
Wird nöt ausbleib'n da Krach.

Das richti Lob hat an Sinn,
Do' d' Mäng'l und Faihla thua zoag'n,
Steckt a Künstlabluat d'rin,
Soll er si 's mach'n zu oag'n.
Derf valier'n nöt den Muath,
Sei' Thoan wird aft guat.

Hast Eifa, Lust und Fleiß,
Machst dei' Sach' a nöt schlecht,
Lass' dir macha nöt weiß,
Dass die Kunst schon vasteh'st.
Nebst Talent und an G'sund,
Muast a lerna an Grund.

Dass Wundakinda thuat geb'n,
D' Müata glaub'n das fest,
Bei den ihr'n möcht' sie 's erleb'n,
Muataliab' hofft ja das Best'.
Betracht't ma oft so a G'schicht,
Schief ziagt 's oan frei 's G'sicht.

Lasst ma Schulakinda si' producier'n,
G'fallsucht thuat das kitz'ln,
Ma setzt eahr da was in 's Hirn,
Kriag'n sie 's nöt, thoan s' pitz'ln.
Applaus thuat den Kind g'fall'n,
Do' sei' g'sunda Sinn muass zahl'n.

Hat dei' Kind a Talent,
Und soll 's kriag'n an guat'n Grund,
Schau, daß nöt wird anbrennt,
Thua sein' Sinn erhalt'n g'sund.
Mit den Lob muaßt du spar'n,
Sunst machst d'raus an Narr'n.

Nöt tad'ln, aba lehr'n,
Js die beste Würz' dafür,
Das richti Denk'n thuast mehr'n,
Das Kenna muaß sei' in dir.
D' Muataliab' soll hell seg'n,
Will 's bei 'm Kind den Nutz'n heb'n.

Oft gnua kann ma 's seg'n und erleb'n,
Wann si' produciert d' Jug'nd,
Was für Wundakinda thuat geb'n,
Und wia 's oft dort steht mit da Tug'nd.
Thuast Fähigkeit als Kunst betracht'n,
Machst do' ganz valehrte Sach'n.

Bei viele sagt ma den Zwang,
Der ausg'üabt auf Kopf und Händ',
G'scheit's bringan s' do' nöt z'samm',
Weil ma 's Eing'werk'lte kennt.
Folgt dazua no' a Applaus,
Den Kindan schad't 's, den Kenna graust 's.

Da Jug'nd thuat 's den Sinn verwirr'n,
Sei' Selbstkenna wird untagrab'n,
Jm g'sund'n Denk'n werd'n s' irr'n,

Weil' in 's G'müath wird Unheil trag'n.
So a Producier'n
Thuat nur verwirr'n.

Solche Beispiel gibt 's gnua,
B'sondas Singa g'hört da herei',
Wird ang'fangt mit den z' fruah,
Wird 's ihr Stimm' a ausschrei'.
Soll a guate Stimm' a Dauer kriag'n,
Derfst das in da Jug'nd nöt runier'n.

Es gab da no' gar viel zum Red'n,
Was für Faihla da wer'n g'macht,
Für späta wir' i das aufheb'n,
Auf was da soll wer'n g'acht,
Als Grundsatz halt' hiazt fest,
Zum häuslich'n Sinn erziag'n is 's Best'.

Das wahre Glück bringt der Fried'n,
Is der im häusli'ch'n Leb'n d'rin,
Wird Künstlawahn a leicht g'mied'n,
Weil dort is vered'lt der Sinn.
Wird da Künstlakitzl ausg'schied'n,
Verschafft 's Enk den Fried'n.

# Für 's praktische Leb'n.

Wo 's g'müathli thuat sei',
Dort lass' di' recht d'rei',
Thua dein' Theil a dazua,
Freud' hast aft da gnua.

Wannst auf 's G'spannte nöt hörst,
Di' um 's G'spreizte nöt scherst,
Die Zwoa kriag'n aft koan Bod'n,
Die Unterhaltung wird g'hob'n.

Hast an froh'n, heiter'n Sinn
In dein' G'müath richti d'rin,
Hast a Freud' auf der Welt,
Wann 's dir faihlt a an Geld.

Willst du g'müathli guat sei',
Aft geh' dort ja nöt hinei',
Wo 's hergeht so recht g'spannt,
Dort san Protz'n beianand.

Is die G'schicht' so recht g'spannt,
Und die Recht'n san dort beianand,
Die cahnere G'sichta schau' an.
Aft rennst gern davon.

A g'spannte G'schicht' is do' fad,
Wia 's dort umageht stad,
Neamd derf si' frei rühr'n,
Weil Oans das And're thuat irr'n.

Das gilt für d' Stadt und für 's Land,
Überall is da die gleich' Hand,
Dö das schafft und a leit't,
Den g'müatlich'n Sinn davon treibt.

Wo so a Treib'n find't an Bod'n,
Wird das g'spannte Zeug g'hob'n,
Willst den g'müathlich'n Sinn wahr'n,
Mit solche muaßt glei' abfahr'n.

Solche Proß'n, wia i 's da moan,
Gilt für 's Geld nöt alloan,
In an jed'n Stand san oan d'rin,
Dö für 's G'spannte hab'n Sinn.

Willst di' guat unterhalt'n,
Und dei' Sach' selba zahl'n,
Und an g'müathlich'n Sinn hab'n,
Thua solche Proß'n verjag'n.

Thua das G'müathli gern pfleg'n,
Nöt mit Hinterlist red'n,
Halt' dein Sinn heiter und froh,
A schön's Leb'n führst aft so.

# Volksdichtungen

## in oberösterreichischer Mundart

von

### Josef Deutl
Stadt-Thierarzt in Linz.

**Zweiter Band.**

Linz a/D., 1897.

Im Selbstverlage des Verfassers.

Zu beziehen durch
E. Mareis, Buch- Kunst- und Musikalien Handlung,
Landstraße 34

# Volksdichtungen

## in oberösterreichischer Mundart

von

### Josef Deutl
Stadt-Thierarzt in Linz.

### Zweiter Band.

Linz a/D., 1897.

Im Selbstverlage des Verfassers.

Zu beziehen durch E. Mareis, Buch-, Kunst- und Musikalien-Handlung, Landstraße 54.

Familieglück und häusling Sinn
All's was dös kann stärk'n,
Hebt d'Liab zum Hoam und Votaland,
So that a Volk guat werk'n.

Linz, im März 1897.

Der Verfasser.

## Widmung.

*Jos. Heutz*

*Veterinär*

*Linz-Danau 6. VII 1906*

# Inhaltsverzeichnis.*)

*) Die Hefte sind mit doppelter Seitenzahl versehen. Die obere Zahl ist die Seitenzahl des Heftes, die untere diejenige des Buches.

VIII

# Die Schulmeff'.

D'Eltern und ehrnö Kinda,
Und d'Lehra nöt minda,
Thoan aufputzt heut' geh'n;
Was muaſs denn das ſein?

Ja, d'Schul' fangt heut' an,
Da hängt gar viel d'ran,
Denn was dort thoan hör'n
Thuat 's Wiſſen eahr mehr'n.

Der erſte Grund wird dort g'legt,
G'müath und Geiſt a ſo g'pflegt,
Daſs rechte Menſchen werd'n,
Die ma' kann ehr'n.

Den erſten Gang mit Gott,
Und eahm klag'n dö Noth,
Dort ſei' Bitt' hin richt'n,
Wo herkimmt dö Licht'n.

So a ſchöna Brau'
Soll na werd'n nöt lau;
So oan Anfang macha
Bei ſo wicht'g'n Sacha,
Thuat ja Seg'n bringa
Und was Guat's erringa.

A Muatta hör' i bet'n:
„Herr, Du kennſt die Nöth'n,
Schau do' in mei' Herz,
Kennſt ja Freud' und Schmerz,
Was a Muatta hat
Und was ſie all's tragt.

Von Herz'n bitt' i Di',
Do' nöt für mi'
Mein'n liab'n Kindan thua geb'n,
Reichli' Deinen Seg'n,
Laſſ' rechte Menſchen werd'n,
Bitt' Di', thua mi' erhör'n.

Mei' allergrößtes Glück
Wär' a ſolches G'ſchick.
Guata Vota ob'n,
Thua Di' bitt'n, lob'n:
In eahr Herz laſſ' ſei'
Di' b'ſtändi' d'rei'.

Verlaß a nia
Daß bleib'n bei Dir,
Bewahr f' vor Leid;
Schenk' mir dö Freud',
Daß Geist und G'müath
hell und guat wird."

A Vota bet' zu Gott:
„Du kennst ja mei' Noth,
Und die täglich'n Sorgen,
Oft muaß i was borgen,
Für d'Familie mein,
Was oft is a Pein.

Mir brauchan G'wand und Eff'n,
Thua uns nöt vergeff'n,
Bitt' Di', gib uns G'fund
Und feg'n unfer'n Bund,
Aft den Kopf und d'hand,
Daß wird das erlangt.

Daß allö unf're Kinda
Brav werd'n, g'scheidt nöt minda;
Gib eahr so a G'müath,
Was fi' richti' führt,
Thuat zum Guat'n neig'n,
Und bei dem thuat bleib'n.

D'Familie zum ernähr'n,
Laß mei' Verdienst ja währ'n;
Gib ma off'n Sinn,

Daſs i walt' wohl d'rin.
Liaba Vota, Du biſt ſo guat,
Nimm uns alle in Dei' Huat."

Da Lehra bet' und denkt:
„Liaba Himmel, wend'
Mei' G'ſchick ſo guat
Und gib mir Muat.

Mein Kopf halt off'n,
Aft kann i hoff'n,
Daſs i thua a recht,
Nix moch' Dir ſchlecht.

Schenk mir dö Gnad';
Wann i dös hab',
Wer'n mi' dö Kinda
Und Ältan liab'n nöt minda.

Dann erreicht ma' viel,
Ma' kimmt zu dem Ziel,
An guat'n Grund z'leg'n,
Eahrn Geiſt und G'müath z'pfleg'n.

Daſs rechte Menſch'n wer'n,
Dö Di' lob'n und ehr'n;
Dö zum Lerna Luſt,
Und offen bleibt eahr Bruſt."

Thuat ma dö Bitt'n acht'n,
Und nach was die tracht'n,
A niads nach ſeina Pflicht,
Daſs damit Recht's richt'.

Sö hab'n das gleiche Ziel,
Daß bei den Kindern viel
Guata Grund wird g'legt,
Eahr G'müath und Geist wird pflegt.


Daß rechtschaff'ne Mensch'n wer'n,
Aft ehrnö Kinda a so lern',
Ältan, Lehra thoan so denk'n,
Woll'n all's zum Guat'n lenk'n.


I bin a in d'Kircha ganga,
Mit demselb'n Valanga,
Han warm bitt', d'Händ' afg'hob'n,
G'richt Herz und Aug' nach ob'n.


Liaba Herrgott, sei so guat,
Schau in uns're Herzensgluat,
Um was mia Di' alle bitt'n,
Thua vabessern uns're Sitt'n.

# Dialectschreiberei.

Die Gedanken san zollfrei,
's Dialectschreib'n is verschieden,
Die Regeln san da nöt glei',
Geg'nseiti' wer'n's oft g'mieden.

Weil dö Mundart ist nöt glei',
Triafft 's Schreib'n koana gut,
Wollt ma's macha ganz treu,
Ma bracht wen'g untan Huat.

Betracht ma unsa Landl g'nau,
Wia da wird g'red't und deut',
Nöt weit geht's, is an and'ra Brau',
Und anders red'n dort d'Leut.

J moan, dös Schreib'n triafft Koana recht,
Will er für viel dös thoan,
Es gang eahm do a sicha schlecht.
Das is, was i do moan.

Nehma so als wias is g'schrieb'n
Js nur recht für's G'müath und Kopf,
Dass ma thuat nix schuldi bleib'n,
Und packt oan nöt beim Schopf.

Es hat mir z'nachst a Lehra g'sagt,
Mei Blatt wird Regeln bringa.
Lös'n wollt's a solche Frag?
Dös wird Enk nöt gelinga.

# Der Idealist und Realist.

A Idealist und Realist schaun sö an,
Da oane sagt zum andern: „Liaba Mann,
Du kennst ön Menschen, aba d'Menschheit nöt,
Hast a damit dei' b'ständigs G'frett."

Da Zweite sagt: „Was Du thuast klag'n,
Das Gleiche kunnt' i um'kehrt sag'n:
Kennst d'Menschheit, do ön Menschen nöt,
Du gehst g'rad den gleich'n Weg.

A Dritta hört den Streit und sagt:
„Hätt's mir Enka Uebel klagt,
A Ausweg laßt si' da finden,
Es braucht dabei si' koana schind'n.

Enka Kenna müaßt's misch'n kinna,
Sunst geht 's ganze Thoan in Trümma;
Und versteh'n das ganze Bräu,
Fahr'n werd's aft guat dabei,
Und dö Sach' bringt aft an Nutz'n,
Bei an niadn muaß ma stutz'n.

Dös führt zum richtig Mittelweg,
Zoagt han i Enk hin an Steg;
Thoats af dö richti' Straß'n kemma,
Wann's davon wollt's Nutza nehma.“

# Der Widerstreit.

An langen Frieden kann's nöt geb'n,
Der Menschensinn laßt's nöt zua;
Betracht't den Ganzeln und sei' Leb'n,
Aft d'Läng' gibt er koa Ruah.

Da eig'ne Kopf und das Herz
San mitanand oft ön Streit,
G'spürt das Oan a den Schmerz,
Und das Zweite oft 's Leid.

Weg'n was si' dö nöt vertrag'n
In eahn' eig'na Häus'l drin?
Wurd ma 's Schicksal drum frag'n:
Darf nöt gehn, sagats, nach eahn Sinn.

D'Schöpfung muass dös für guat hab'n,
Sunst hätt' sie's ja nöt so g'macht,
Denn, thät si' all's so guat vatrag'n,
Wurd z'weng g'stritten und mehr g'lacht.

Offenbar darf dös nöt sein,
Da Übamuath nahm z'viel zua.
Denk' d'rüber nach und siag's ein,
Aft tragst a 's Schlechte mit Ruah.

# Allerhand G'dicht'ln.

## I.

Als a junga denk' fürö,
D'erwirtschaft Da g'nua,
Sonst kannst als a dürrö,
Alt hungerleid'n gnua.

Bist du jung, hast an G'sund,
Da treib's na nöt z'bunt,
Thua für's Alta was spar'n,
Sunst machst di' zum Narr'n.

Wird dir narrisch dei' Hirn,
Werd'n's dö Glieder do g'spür'n;
Kannst nöt g'nua geb'n dein' Mag'n,
Kinnan's di' nöt datrag'n.

Sei geg'n 's Alta nöt hoart,
Denk dös braucht schon a Woart,
A für di' kimmt dö Zeit,
Sie is nöt gar so weit.

Im flugs vergeh'n d'Jahrl,
Wann wen'g weiß wer'n dö Haarl,
Mahnt's di an dei Sein,
Und dass All's thuat vagehn.

Wannst was anfangst, machs fertig,
Oder höb's erst nöt an;
G'wöhn's dem Kind, aft wird's wertig,
Und erlebst was guat's dran.

Ma lernt gar nia aus,
Und kimmt a nia d'raus,
Trifft's ön Kopf oda d'Händ',
Bei nix find' ma a End'.

A niada Stand hat a Schoarten,
Wollt's auf's Wegschleif'n woarten,
A frische kam wieder füa,
Ohne dera geht's nia,

Was da is d'rin,
Für d'Familie is g'schrieb'n,

Für's praktische Leb'n,
Das möcht i gern heb'n.

Dös Familienleb'n,
Soll Guats uns geb'n;
Alle Tag siacht ma gnua,
Was nöt g'hört dazua.

Zum Guat'n bered'n,
Das Üblö beheb'n,
Wer beitragt dazu,
Is a sakrischa Bua.

Den Frohsinn mehr'n,
Was dageg'n is, wehr'n,
Wer dös thut und acht'
Was Guat's hat er g'macht.

A niada thuat was macha,
San's a ganz verschied'ne Sacha,
Is a Pfluag oder d'Feda,
Macht ma nur das rechte Weda.

Ma kriagt frei nöt gnua,
Schaut ma' an die schön' Natur;
Die Schöpfung hat dös geb'n,
Das uns verschönert das Leb'n.

Wenns oan a verreißen,
So wia d'Hund herbeißen,
Weg'n solchö Sach'n
Thua dir nix drausmach'n,

Jn der Welt is schön,
Ma hat da guat z'sein;
Hat ma a g'rad koa Haus,
Für an niadn hat's an Strauß.

— — —

A Hauf'n Kinder schön frisch,
Brauch'n hübsch was af'n Tisch.
Geht aft 's Cerna erst an,
Was hängt da no all's d'ran.
Js a d'Sorg mehr wia d'Freud'
G'langt a 's erste oft weit,
Tauschert do a mit koan,
Der muattaseel steht alloan.

Wannst zum Tanz'n willst geh'n,
Bleib nöt sitzen, nöt steh'n,
Hau auf und spring drei'
Willst a Latschö nöt sei.
Zum Tanz'n g'hört Freud,
Dazua die recht' Schneid,
Diandl drah'n und guat führn,
Mentisch thoan dö das liab'n.

Mit an G'dicht thua i anruck'n,
Do' mi' dabei hübsch duck'n,
Und bitt' schön, do das z'lesen;
Aft wann's kennt's das Wesen
Mir das z'schreib'n oder z'sag'n,
Soll i hänga, kann i 's weiter wag'n,
J han mei' Hoamat gar so gern,
Für dö möcht i das Guatö mehr'n.

Für wen's a wirst g'hör'n,
Schau dajs d' kimmst zu Ehr'n,
Thua das Hoamg'fühl gut wecka,
Was guats thuast da aufstöcka.

Is ma von Sechz'ga nimma weit,
Und kriagt erst zum Reima Freud',
Wia kann denn das nur sei',
Dajs si' dös stellt nöt früher ein?
Dö Frag' wird erst sei' zu löf'n,
Wenn ma kennt von Hirn sei' Wesen,
Aft kann ma si' da d'rüber macha,
Anstaun' da Natur ihr' Wunderfacha.

Wenn ma's no a so draht
Und no a so wend't,
Es wird oan ganz schwer,
Wird oan was pfänd't.
Trifft's dei' Wiff'n, den Hof,
Oda goar alle zwoa,
Es packt oan beim Schopf,
Mocha kunnt ma an Schroa.
Vergiss ja nöt d'rauf,
Willst das nöt erleb'n,
Was d' hab'n muajst, nur kauf',
Sonst packt's di' mit Gröb'n,
Bist du do beständi',
Aft kimmt's nöt so weit,
Leicht is dös verständli',
Und den Deinig'n machst Freud'.

A starker Kinderseg'n,
Uns vom Herrgott geb'n,

So recht g'sund und frisch,
Einhau'n fest beim Tisch.
Hat ma so a Gab'
Und dazua die Hab',
Daß der Mag'n nöt klagt,
Und da Kopf guat tragt,
Kann ma z'frieden sein,
Denn wo dös is d'rein,
Kann's d'Familie g'freu'n,
Wen'g gibt's da aft Pein.
Viel Familienglück
Von an freundlö G'schick,
Is für 's Land a Schatz
Und ohne Bodensatz.

———

An der Zeit ihra Eil',
Wer da nähm' nöt Theil,
Oder wollt's gar aufhalt'n,
Zum Boden wurd' er fall'n.

———

Kannst da Muatta was geb'n,
Wen'g thoan dös erleb'n,
Dank' Gott für dö Gnad',
Dö er dir da geb'n hat.

———

Mit wen'g Wort' viel sag'n,
Das G'wand richti' trag'n,
Körpermode so mach'n,
Daß an G'schmack dö Sach'n,
Wer dös thuat z'sammbringa,
Kann gar viel erringa.

Mit an froh'n G'müath
Wird ma so g'führt,
Daß ma find't an Halt
In seiner inner'n G'walt.

Held hoaß'n is schön,
Thuast erst oana sein
Im Feld oder af der Bühn',
Adel is in beide drin.

So mischa und rühr'n,
Und so duriführ'n,
Daß all's klappt und habt,
Aft hast du's recht packt.

's Bäuschl, d' Füaß g'sund und Muath,
's Gwandl richtö sammt 'n Huat,
Willst Touristerei wag'n,
Dös Zeug muaßt du hab'n.
Bist hatschert, nöt lüfti',
Aft fehlt dir das Richti',
Willst an Versuch aber wag'n,
Kriagt's di' sicher beim Krag'n.

Man kann gar nöt widersteh'n,
In dö Alpenwelt hinz'geh'n,
Dort oben z'lob'n den Herrn,
Sei' Allmacht und Werk' z'ehr'n.

A guate Schneid, d' Hand fest,
Talent und 's Kenna auf's best',

's Hirn g'sund, guate Aug'n,
Zum Operateur thuat dös taug'n.

's Messer bei da Schneid',
's Könna recht weit,
's Talent aft dazua,
Zum operier'n gibt's da gnua.

Was 's Menschenherz hebt,
Und 's Hirnwerka belebt,
Was muaß denn das sein?
In Sang und Musi' is d'rein.
Mit dö zwoa hat ma Freud',
Denkt ma kurz oder weit,
Is ma dick oder dünn,
Vergnügen find't ma drin.
Wenn die Musi' nöt g'fallt,
Is er jung oder alt,
Der mit Sang hat ka Freud'
Om so Oan is ma leid.

Wann's thuat wiadawöll sein,
Es muaß oan do' g'freu'n,
Geht ma fort von oan Ort,
Die best'n Wünsch folg'n von dort.

Liabe Leut' und Ort' verlassen,
's Flenna kimmt da leicht an,
's Beste is, ma thuat sich fassen,
Wenn ma dö Sach' nöt ändern kann.
Das G'müathleb'n ist ja geisti',
D'rum thuat's d'Mensch'n so verbind'n,

Und wird a niamals schleißig,
Daß sie si' getrennt a finden.

———

Zum Schwimma und Tauch,a,
Glieder, Bäuschl thuast brauch,a,
Zum Ziffern recht führ'n,
Guate Aug'n, a g'sund's Hirn.

———

Mit g'sund'n Bäuschl, guat Pfnauf'n,
Mit'n richtig'n Rech,na gut hauf'n,
Daß dös all's z'samm thuat taug'n,
Brauchst a g'sund's Hirn, guate Aug'n.

———

Es that mi schon g'freu'n,
Wennst that'st mir's zuaschrei'n,
Wia du find'st den Sinn,
Der doda liegt d'rin.

———

Der beste Kitt, der nöt laßt,
Wann oan hat die Eh' g'faßt,
San d' Kinda und a off'nes G'müath,
Weil oan dös richti' führt.

———

Der Oan, der trifft's guat,
A anderer oft schlecht,
Wer verliert nöt ön Muath,
Bei den wird's wieda recht.

Verleger: Josef Teutl. — Druck von Carl Kolndorffer, Linz.

# Der
# neuche Patent-Thürschliaßa.

Na Wanz'nbau'rnlippl geht in d'Stodt,
Weil eahm g'sagt da Bader hot:
„Dein' Bau'rn thuast an Docta hol'n!" —
Und er thuat si' einitroll'n.

Als Zweit'n zum Concilium,
Sein Bau'rn is a Haxen krumm,
Leid't a no' an and're Sach'n,
Kinnen's glei mitsamma mach'n.

Den Auftrag hat er g'hobt:
Wenn er's hat ön Docta g'sagt,
Soll er'n a glei' mitnehma
Und bald wieder zubakemma.

Da Lipp fragt dort an Herrn:
„Sö, wiss'n möcht i gern
An Docta, der was kennt,
Und außi zum Bau'rn rennt."

(17)

Der Herr, der schaut 'n an,
Er sagt: „Mei' liaba Mann,
Was thuat Dein' Bau'rn faihl'n,
Daſs da Docta soll so eil'n?"

„Mei' Bau'r, der kann nöt hatschen,
Er hat a no' and're Latsch'n,
Zu an guat'n Concilium
Will da Bader a solch's Trumm."

„An Specialiſt'n muaſst do nehma,
Die thoan das beſſer kenna,
Der hat hiazt die Ordination,
Geh mit mir und komm'.

Geh' zu dera Thür dort hin,
Dort thuat ma wart'n d'rin,
Bis d'Reih' an di' thuat kemma.
Kannſt daweil Platz dort nehma."

Da Lipp klopft an die Thür,
Es kimmt eahm frei so für,
Als hätt' „Herein!" wer g'schrian,
Er kunnt ſi' do' a irr'n.

D'rum klopft er no'mal d'ran,
Die Thür packt er aft an,
Das Seine hat er ja thoan,
So guat als er's g'rad' kann.

„Herein!" laſst ſi' koan's hör'n,
Do' eini möcht' er gern,
Drinnat thoan Leut' lach'n.
Was san denn das für Sach'n?

Er packt halt an den Drucka,
Will d'Thür aft einirucka;
Do d'rin halt' oana zua.
Jn Cipp wird hiazt das gnua.

Antauch'n thuat er mehr,
Der d'rin is, so wia er,
Schau, wia die Zwoa thoan werka,
Wer wird denn sei' da stärka.

Da Cipp, a festa Knecht,
Denkt: Du kimmst mir g'rad recht,
Kraft nimmt er z'samm' a Mengö,
Die Thür, dö rennt er einö.

Nach da Längst fallt er zan Bod'n,
Er hat si' glei' aufg'hob'n,
Z'schund'n san d'Händ und d'Nas'n,
Damisch zorni' thuat er blas'n.

Wie er thuat das mach'n,
fangen d'Ceut d'rin an z'lachen:
„Kannst d'Thür denn nöt aufmacha?
Was machst denn du für Sacha?"

Da Cipp thuat glei' wegrenna:
„Den da wia i nöt nehma."
Er thuat an Andern suach'n;
Gar schändli' thuat er fluach'n.

Zu an Specialisten geht er nimma,
Der lasst eahm nöt in's Zimma;
Klopft bei an andern Docta an,
Besser is er dort nöt d'ran.

Mit dem Thüraufmacha
San wieder dieselb'n Sacha;
Wer halt do drinna zua?
Das is a starka Bua.

Da Lipp denkt: J mach's g'scheidta,
Sunst kam i ja nöt weita,
J pack' den Kerl d'rin,
Js er a g'rad glei' hin.

D'Thür thuat er aftaucha,
Länga thuat er do braucha,
G'langt umi hinter d'Thür.
Will glanga den herfür.

Üba sein Thoan und Macha,
Thoan dö drin san lacha.
„Wia bin i denn do d'ran?"
Denkt Lipp und rennt davon.

Hiazt kimmt er zu dem Dritt'n;
Do wia i mi nöt schinden.
Er packt die Thür glei an,
Und klopft a gar nöt d'ran.

Es is wieda dieselbe G'schicht,
Hiazt verziagt da Lipp sei' G'sicht;
Er gibt da Thür an Stoß,
Af da Höh' do geht was los.

Da Lipp, der is hiazt d'rin,
Da vergeht eahm frei da Sinn,
Oana packt 'n glei' beim Hals,
Schreit eahm zua: „Du, hiazt zahl's!"

„Was haſt denn du do thoan,
Geh, ſchau die G'ſchicht' dir an,
Du kimmſt af d'Polizei,
Und muaſst das macha neu!"

Da Lipp reißt aus und rennt,
Wenn eahm nur do neamt kennt;
Kimmt hoam und fallt frei um,
Sagt: „Dö G'ſchicht'n ſan ma z'dumm."

Da Bau'r und Bader frag'n:
„Was hab'n ſ' da denn auftrag'n?
Wird da Docta auſſakemma?
Hätt'ſt 'n ſoll'n glei mitnehma."

„O mei'," ſagt d'rauf da Lipp,
„Kriagt hätt' i d'rin bald Hieb,
Was dö Docta do drin hab'n,
Da wurd oan ja frei bang.

Bei drei han i's probiert,
Wia han i mi ang'ſchmiert,
Was dö Docta dort'n treib'n,
Dös is frei nöt zum b'ſchreib'n.

A Specialiſt wurd mir g'rath'n,
Da kann i Enk na das ſag'n,
Wia i eini will zur Thür,
Do halt' drinnat oana für.

J gib da Thür oan feſt'n Renna,
No' allerlängſt thua i einikemma,
Z'ſchunden han i Händ' und Naſ'n;
Vor Lachen thoan dö drin ſan blaſen.

(21)

I heb mi auf und renn' davon;
Beim Zweit'n han i anders than,
Weil a Thür is nöt afganga,
Af'n drinnan Taucha kriag i B'langa.

Han ma lassen da mehr Spaci,
Kriag'n möchtö den drinnan Nazi,
Wia i d'rin will das thoa',
Steh i bei da Thür alloa'.

Zua geht's nöt mit rechte Dinga,
So mach' is beim Dritten nimma,
Dort thua i dö Thür einrenna,
Dass dö drinnan san dakemma.

Die G'schicht macht so an Kracha,
Ang'fangt hab'n's drin zum Lacha,
Mi' hat oana packt beim Krag'n
Und an Renna geb'n af'n Mag'n.

Oana rennt um d'Polizei,
Und a Wei' schreit dabei:
,Thut's 'n do nur halt'n,
Die Sach'n muass er zahl'n.'

,A Narrischa wird's sei','
Schreit a ander's drei',
,In's Narr'nhaus g'hört er eino,
Solche gibt's dort a Menge.'

I gib do all'n an fest'n Renna,
Schau, dass i thua aussikemma;
G'rennt bin i her in an Trumm,
Dö G'schicht' is mir scho' z'dumm.

(22)

J sag' Enk, liabe Leut',
Drin san's scho' kemma weit,
Sö woll'n oan nimma einilass'n,
Kimmt ma eini, thoans oan fass'n.

J geh Enk nimmer einö,
Drin die ganze Doctamengö,
Muass jo sei' ganz verruckt,
Oda was dö sonst do' druckt.

Mia kemman's für wie d'Her'n,
Oda 's Hirn is eahr zaler'n;
Denn was i han drin erfahr'n,
Dös mach'n nur dö Narr'n."

Da Bau'r, der macht a G'sicht,
Das is a hoaglö G'schicht,
Was wer'n dö hab'n für Sach'n.
Dass dös dort drinnat mach'n?

Da Bader, der wird lachat,
Wird hint' und vorn krachat:
„Mei' Bua, du hast di' g'irrt,
Und jämmerlich blamiert.

Siagst, wenn ma' thuat nöt les'n,
Was da entsteht für Wes'n;
Das san die neuch'n Thürrucka.
Dö die Thür thoan zubidrucka.

An der Thür is do a Zettel,
Les'n kannst da auf den Brettl:
Thürschliaßa mit Patent
Wird das Ganze g'nennt.

Willſt einö, muaſst antauch'n,
Zuamach'n thuaſt nöt brauch'n,
Da Thürſchliaßa taucht ſcho' zua
Die Thür, mei liaba Bua.

Durch'n Luftdruck thuat dös geh'n
Wia a Spritzen thuat das ſei',
Zuadruckt langſam a Federn,
Thür kann aft nöt zuablödern.

Bei Stub'nthür'n geht 's no guat,
Da verliert ma nöt ön Muath,
Thuaſt zu a ſolch'n Hausthür kemma,
Da muaſst du feſt anrenna.

Denn willſt du do einikemma,
Muaſst an feſten Anlauf nehma,
Dazua brauchſt dö ganze G'walt,
Und acht geb'n, daſs d' nöt einifallſt.

So geht's mit dö neuch'n Sacha,
Bringa thoans oan oft zum Lacha;
D'rum ſiagſt wo an Thürdrucka,
Thua d'Thür langſam einörucka.

# Allerhand G'dicht'ln.

## II.

Was dö Deutſchen thuat verbinden,
Is off'ner Sinn und deutſche Treu',
Dö Markſtoan werd'n nia verſchwinden,
Den Stamm hal'ts ſtark und frei.

An das schöne Sachsnland
Schick ma von meina Hand
An Gruaß und an Enk
Die Bitt', kemmts a wen'g,
Steig'n ma wieda auf in d'Höh',
Unten wird uns scho' frei weh.
Möcht' lob'n gern dö herrlö Pracht,
Dort ob'n die große Schöpfungsmacht.

***

Steiraland mit deiner Pracht,
Ma' siagt di' scho' von der Weit',
D'Schöpfung hat das so g'macht,
Daß And're hab'n damit a Freud'.
Herzli' Grüaß von uns alle,
Thoan ma' a nöt viel schreib'n,
Das Vasäumte damit zahl' i,
Uns thoats ös liab bleib'n.

***

Was in Menschenhirn gibt für Sacha,
Ma' kann flenna d'rüber oder lacha,
Mit Sang, Musi', Dichta bringt ma's
        z'weg'n,
Dö 's kinnan thoan, was guat's uns geb'n.

***

's lateinischö Kocha,
Dauert glei' viel Wocha,
Je kürzer dö Zeit,
Umso größer dö Freud'.

***

### Für an Zech'narzt.

Huafeis'n flicka,
Oda verpicka,

Ma füagt ſi' d'rei',
Weil 's muaſs ſei'.

That 's do' ergründ'n,
Wia neuche z'find'n,
Gang 's ohne Schind'n,
Guat's that 's da gründ'n.

A recht's Herz ön da Bruſt,
Gibt zum Schaff'n a Luſt,
Solche Leut' wer'n nia alt,
Kopf und G'müath gibt an Halt.

Ön ſchön' Schweizaland,
find't ma all's beinand,
Was ön Geiſt und 's G'müath,
Zur Allmacht Werke führt.

Schön g'müathlö, do' reſch,
Hübſch molat, do' feſch,
's G'müath frei und ſchön,
Dö Stimm' feſt und rein.

Mit a Stimm', daſs a Freud',
A feſch und gnua Schneid',
Kimmt ma ſo unta d' Leut',
Aft bringt ma 's ſchon weit.

D' Liab' und 's Muataherz,
Is das gröſte Schöpfungswerk,
Dö Kraft, dö 's hat eahr geb'n,
Oft brauchan 's dö im Leb'n.

Übasätting di' nia,
Und denk' bei dir,
Ös gilt für 'n Leib und Geist,
Weilst du aft viel leist't.

———

Frische Aug'n, froh'n Muath,
's Herz voll Hoff'n, treu und guat,
Zum Schaff'n Lust, geg'n alle wahr,
Und so bleib'n bis wird goar.

———

Bis zu mein' 56ga Jahr,
Han i nia was 'dicht't,
Und jetzt schwind'n schon d' Haar,
Han dazua mi' erst g'richt't.

———

Ön Kopf und G'müath nöt gach,
Ön Lerna do' schön zach,
Da Jug'nd Frohsinn acht'n,
An guat'n Grund leg'n z'tracht'n,
Und so g'leit'n das G'müath,
Dass zur recht'n Bahn führt.

———

Was ön Mensch'nhirn is d'rin,
Wundabar is fürwahr,
Was oan kimmt all's ön Sinn,
Und niamals wird 's d'rin goar.

———

Is dö Jug'nd schon lang davon,
An di' denkt ma da gern d'ran,
Weil d'rin liegt a Schatz begrab'n,
An den si' 's Alta thuat gern lab'n.

———

(27)

Mit koana Sprach' kann ma' s geb'n,
Wia 's Mensch'nherz thuat heb'n,
Wann ma dö Schöpfungswerk' betracht,
Goar da Alp'nwelt ihr Wundapracht.

***

On Gebirg is a Pracht,
Der für uns hat dös g'macht,
Is do' a guata Mann,
Nimm mein Dank dafür an.

***

D' Natur treibt oft an G'spoaß,
Daß ma frei goar nöt woaß,
Weg'n was thuat oft verschwend'n,
Und wia 's Kloane thuat guat lenk'n.

***

A Bam mit a Kluft,
Das Vieh ohne Zucht,
Dö verstell'n nur ön Platz,
Und san für dö Katz.

***

Da Kern wachst ön Bod'n,
Kost't gnua Arbat und Lohn,
Den Stand soll ma ehr'n,
Weil er 's Volk thuat ernäh'rn.

***

Das Bürgavertrau'n,
Du kannst das glaub'n,
Wann di' dös ehrt,
Für 's Volk hast Wert.

(28)

Stehst goar ob'nan,
Guating bist du d'ran,
Hast a oft Verdruss,
Für dö Stell' is a Muass.

———

Lasst's Enk sag'n,
Thuat's mi' nöt vergrab'n,
Wollt's find'n häufig'n Sinn,
Aft thuat's les'n d'rin.

———

Geht na halbwegs dö G'schicht,
Aft verziag nöt dei' G'sicht,
Denn übaschütt di' das Glück,
War 's bald aus mit den Schick.

———

Thuast du wo was les'n,
Üba 's Jungg'sell'nwes'n,
Beacht ja dös guat,
Bring' oanö untan Huat,
Schau do' guat auf 's G'müath,
Weil di' dös richtö führt.

———

### Für 'n Specialarzt.

Da Rach'n und d' Nas'n,
Fangan an moast zum blas'n,
Wann ma hinkimmt zu Enk,
Und sitzt si' auf d' Bänk.

Wia verziagt oan das G'sicht,
Und wia graust dö G'schicht,
Goar wann g'spritzt wird und brennt,
Dass ma gern davon rennt.

———

(29)

G'funde Aug'n, off'ns Hirn,
Thoan oan richtö führ'n,
Wer si' gibt af dö acht,
Bei den wird 's nöt leicht Nacht.

———

A Docta für 's G'richt,
Hat a jakaröfch G'wicht,
Oft hängt joviel d'ran,
Daß er 's frei nöt trag'n kann.

———

Es kunnt ja taug'n,
Thuat's ma 's glaub'n,
Taufch'n ma dö Dichta,
Wer'n ma unf're Richta.

———

Der Frohfinn is recht,
Goar, wann er is echt,
Wannst dazua haft dö Schneid',
Thua den trag'n unta d' Leut'.

———

Wo a hoam hat da G'fang,
Mit Pfleg', Schutz und Treu',
Kriagt er jo an Klang,
Daß 's G'müath hebt oan frei.

———

Da Will'n alloa is nöt gnua,
Wannst untanehma was willst,
Sachkenntnis g'hört dazua,
Aft den Nutz'n recht fühlst.

Neamt hat so an Schmecka,
Daß er 's Kemmatö woaß,
Oft wurd ma daschrecka,
Wia nah is dö groß' Roas.

---

Den Parteihoda wehr'n,
Sinn zur Einigkeit mehr'n,
Wer dös guat bringt z'weg'n,
Mein' Huat thua i da heb'n.

---

Wann ma singt wird d' Kehl trucka,
Ang'feucht muaß aft wer'n,
Sunst kriagt d' Stimm' a Lucka,
Daß nöt wird zum Anhör'n.

Das Anfeucht'n thua so mocha,
Daß 's dir nöt steigt ön Kopf,
Und trink' koane solch'n Sacha,
Daß di' packan beim Schopf.

Was nutzt da Will'n zum Singa,
Wann dir Stimm' dazua faihlt,
Dös laßt si' nöt zwinga,
Wann 's dö Kehl nöt daleit.

Wer zum Singa hat Freud',
Der taugt unta d' Leut',
Weil er mithilft zu pfleg'n,
Was den Frohsinn thuat heb'n.

---

Zwida is 's Kindag'schroa,
Ursacha gibt 's allaloa,
Schau, wo hat d' Schuld dö Kost,
Oda sunst wo was glost.

Is dö erste Kost richtö,
Wachst 's Kind a tüchtö,
's Schrei lasst 's hübsch bleib'n,
Es thuat gern umtreib'n.

Viel schrei'n und wen'g schlaf'n
Halt d' Muata viel wach,
In da Kost thuat 's da faihl'n,
Zur richtig'n thua eil'n.

Sein' Sohn verstoß'n,
Das mag was kost'n,
So a Altanherz
B'steht nur mehr aus Erz.

Verleger: Josef Deutl. — Druck von Carl Rohrdorffer, Linz.

# A schöner Brauch.

Thuat ma' die Bräuch betracht'n
Und auf dieselben acht'n,
Ma' kann si' da aussanehma,
Was man für gut thuat kenna,
Das Schlechte kann ma' meid'n
Vahüat do' oft die Leid'n.

Die Schweizer hab'n an Brau',
Sie nehman na nöt flau,
Wann die Schul'n wer'n g'schlossen,
Geh'n dö Kloan und Großen
Hin in ehrnerö Kircha
Wo brennan vielö Lichta.

Mia thoans a so mach'n,
Bei dö gleichen Sach'n,
Mehr wird do' dort thoan,
Und da liegt viel d'ran:
Da Pforra macht a Lehr',
Erklärt der Schweizer Wehr.

Erklär'n thuat er den Sinn,
Der im Votaland liegt d'rin,
**Und den großen, hoch'n Werk**
**Wenn ma' fei' Hoamat ehrt.**
Alloan liegt da der Grund,
Dass g'word'n der Schweizerbund.

Zum Nächsten und zum Land,
Wenn innig is das Band,
Uns're Väter hab'n d'rauf g'acht,
D'rum hab'n erlangt mia d'Macht;
G'recht, einig innen außen,
D'Feind, dö bleib'n da d'raußen.

Wo ma hat an einig'n Sinn,
Wia herrlich is do d'rin;
Wo d'Muattaliab hoch g'halt'n,
Dort is ja a guat's Walten.
Und gibt dem Vater d'Ehr,
Für 's Land die beste Wehr.

Den häuslich'n Sinn zu pfleg'n,
Das Herz thuat das erheb'n,
Und ebenso das G'müath,
Dass guat wird und nöt irrt.
Wo ma' den Geist thuat so pfleg'n,
Zur edlen That thuat das erheb'n.

„Seid einig!" sagt da Pfarrer,
„Wir san ja die Bewahrer,
Den Kindern mit ins Leben,
All's das wieder z'geben,
Was wir hab'n erhalt'n;
Drum, einig, häusli' thoan ma walten."

Wenn Bürgasinn und Tugend,
G'pflegt wird bei da Jugend,
Und Kopf, Herz und Denk'n,
Thuat dort richti' lenk'n,
Ältau, Pfarrer und die Lehrer,
San dazua die Mehrer.

„Uns're Vordern hab'n das g'ehrt,
Den Bürgersinn da g'mehrt.
D'rum Schweizer, schaut's nach oben,
Thoau wir den Schöpfer loben,
Dass er geb'n uns solch'n Sinn,
Unser Macht und Glück liegt d'rin."

Thuat ma' so was hör'n,
Ma' kann da d'raus viel lern':
Will erlangen dö Macht
A Volk, a solche Kraft
**'s Vaterland muss hoch halten,
Und so wia d'Schweizer walten.**

## Ess'n und Schmaus'n.

In Turna, Tanz'n und Renna,
Wannst da weit willst kemma,
Muaist recht kenna dei' Schnau'n,
Und wia das soll daur'n.
Aft was Maul soll macha
Mit dö Zähn' für Sacha,
· Wia dö zwoa san wichtö,
Wanns soll'n nutz'n tüchtö.

(35)

Soll richtö sein das Schnau'n,
Lang muaſs 's Einziag'n dau'rn,
Mit tiaf'n Zug oft g'miſcht,
Wird 's Bäuſchl afg'richt.
Das Ausſchnau'n nöt z'gach,
Alle zwoa ſo ſchön zach,
's Bluat wird aft afg'friſcht,
Und für'n Körper guat g'richt.

Da recht' Weg für die Luft,
Soll 's wer'n nöt zur Gruft,
Durch d'Naſen muaſs geh'n,
Durch's Maul darf's nöt ſein,
Das war für dö Kehl'
Und für's Bäuſchl a Dell.
Af das gib recht guat acht,
D'Naſen ſteht desweg'n Wacht.

D'Luft thuats warma, ön Staub nehma,
Reiner thuat's aft in's Bäuſchl kemma,
Das Ausſperr'n verhüat's von Rach'n,
Und no' ander's Guat's thuat's mach'n,
A beim Flemma und beim Lach'n,
Verricht's da die nöthigen Sach'n.

Richti' Schnau'n und Beiß'n,
Was dö zwoa thoan leiſten,
Wird a niada g'ſpür'n,
Der ſi' von den laſst führ'n.
Erſt beim Turna, Stemma,
Thuat ma auf dös kemma,
Daſs ma' mit'n tiaf'n Schnau'n
Recht lang ausdau'rn kann.

(36)

A wannst di thuast schröcka,
Sollst dö Lung'l wöcka,
An tiaf'n Schnaufa mach',
Aft gibst nöt glei' nach,
Mehr Bluat kimmt ins Hirn
Dös wird di' so führ'n,
Daß d' guat kimmst davon,
Dir hat koan Schad'n thoan.

Willst beim Geh'n und Renna,
G'schwind an dei' Ziel kemma,
Muaß dei' Mag'n so sei'
Daß nöt z'viel is drei';
Lange Schritt thua macha,
Weil das g'hört zur Sacha,
Mach dö a nöt z'gschwind,
Weil's di' aft nöt schind'.

Thuast a nöt turna, renna,
's G'sagte thua anerkenna,
Weil's im g'wöhnlich'n Leb'n
Dir wird Nutz'n geb'n.
Drum thua mit da Nas'n,
Nix wia schnauf'n, blas'n.
Nur wanns verstopft bei Strauka,
Aft laß beim Maul ausrauka.

für's Maul und 's G'biß
Und was sunst d'rin is
Thuat Nahrung sei',
Do beiß recht fei',
Aft wird's so b'schaffen,

Dafs der Magen kann lachen,
Thuast für'n Mag'n und Lungl recht,
Es geht dir aft nöt schlecht.

Es gab no' mehr zu sag'n,
Z'weit that's mi do trag'n,
Nur das Oanö führ i an,
Dös hab'n schon d'Griechen thoan;
Das war'n do' starke Leut',
Die's hab'n bracht gar weit,
Durch Z'sammhalt, Wiff'n und Kraft,
Hab'n's das große Reich eahr g'schafft.

# Allerhand G'dicht'ln.

## III.

Thua schaff'n und streb'n,
Verbesser' dei' Gmüath,
Das wird di erheb'n,
Weil's zum Guat'n di' führt.

---

Wer'n oan Kinder verfagt,
Is ma nöt damit plagt,
Do' i tauschert mit koan,
Der so dasteht alloan.

---

Wer kennt das Erbarmen
Geht den richtig'n Weg,
Guat is er geg'n die Armen.
's Herz is am rechten Fleck.

---

D'Furcht vor Strafen taugt nöt viel,
Streb' mehr zu an bessern Ziel:
Such' das Mitgefühl guat zu pfleg'n,
An guat'n Grund in's Herz wirst legen,
Für d'Leut' und a für d'Thier,
Dö beste Schutzkraft schafft dafür.

Wer für Leut' und für's Vieh,
Hat er das richtigö G'fühl,
Wird für'n Thierschutzverein
G'wiß thoan a das Sein'.

Durch Schadlingfraß und Sang,
Thoan d'Vögel uns Nutz'n schaff'n,
Hilf mehr'n die Zahl a für'n Klang,
Thuas nöt grausam wegraffen.

———

Thuat was no' so dumm sei',
Leut' gibt's, dö das glaub'n,
In eahr Natur liegt's drei',
Zum Anschmier'n thoans guat taug'n.

———

Guats Schaff'n und Streb'n,
Thuat Thatkraft beleben,
Macht für's Mitgefühl an Boden,
Das Thoan wird man loben.

———

Das Schlicht'n und Abwehr'n
Thuat ma allgemein ehr'n,
's gilt für d'Familie, für's Land,
An Nutzen bringt's allesand.

———

Schau an Hund in die Aug'n,
Das kann geb'n dir den Glaub'n,
Daſs da d'rin is a Treu,
Wo koa Falſchheit dabei.

Mit koana Sprach' kann ma's geb'n,
Wie's thuat's Menſch'nherz heb'n,
Schaut ma' in die Alpennatur,
Kriag'n kann ma da nia gnua.

Treu dem Kaiſer und ſein Haus,
D'Hoamatliab wachſt da d'raus,
Thuat 's Muattaherz das pfleg'n,
Guat's ſchafft's für 's Reich und Leb'n.

Da allergrößte Schatz
Auf dem richtig'n Platz,
Is da Muattaherz ihr Sinn,
Da Himmel liegt da drin,

Das größte Werk im Schöpfungsreich,
Das hab'n alle Stände gleich,
Liegt im Muattaherz ihr'm Schaff'n,
's Beſte thuat's für d'Menſchen mach'n.

's Recenſier'n
Und 's Irrführ'n
Kimmt leicht an,
Denk' da d'ran.

Schau nöt z'viel af d'Recenſion,
Laſs di' davon nöt irrführ'n.
A niada hat an andern G'ſchmach,
Dein Kenna richt darnach,

Schau dein'n Kindern in d'Aug'n,
Guat wird dir das taug'n,
Weilst ön Himmel siagst d'rin,
In dein Herz thuast das fühl'n.

Der häuslö Sinn hat an Wert,
Wia d'Erfahrung uns lehrt,
Merk dir das für dein Leb'n,
Bessers kann's nimmer geb'n.

Der Jugend ihr froher Sinn,
Der im guat'n G'müath is drin,
Wer den kennt und richti' acht't,
Der preist a da Schöpfung Macht.

Das is a sakrische G'schicht,
Wenn's oan vaziagt so das G'sicht,
Und an Docta muaß hab'n,
Der oan ausramt den Mag'n.

Bei da Doctorei
Gibts oft a Säuerei,
Wannst dazua hast den Mag'n,
Kannst dös a vertrag'n.

Den Sinn für's Vaterland mehr'n,
Was dagegen is, guat wehr'n,
Wer das macht is am Fleck,
Er geht den richtig'n Weg.
Ins junge G'müath leg' den Sam'
Daß er wachst zu an Baum,
Weil er a solchö Frucht bringt,
Die in's Stammg'müathleb'n dringt.

Das junge Herz pfleg' so richti',
Daß für d'Nächstenlieb wird tüchti',
Und zum Häuslich'n kriagt a Freud',
Macha wird's aft wenig Leid'.

———

Guatig, brav is und schön,
Hat ma a Stimm zum Schrei'n,
Mit an Klang und a Kraft,
Daß man Furore macht.
Fehlt do dazua der Bod'n,
Und ma soll's dernat lob'n,
Das is a z'wid're Sach',
J möcht koa so a Fach.

Was wird do drin steh'n,
Js grob oder fei'?
Z'sammg'mischt san dö Zwoa,
D'rin find'st allerloa.

Nutzt ka Schmeich'ln, koa Flen',
Hat ma nöt 's rechte Maß,
Richti' muaß d'Sach' sein,
Die recht' Liab kennt koan Haß.

———

Lernst kenna da Natur Walt'n,
Af ön G'müath geht da Knopf,
Siagst die viel'n g'hoamen Falt'n,
's Herz wird warm, hell der Kopf.

———

Was oan mit da Hoamat thuat verbinden,
Was ma in dera all's thuat find'n,
Ma' vergißt's nöt 's ganze Leb'n,
Weil's was schöner's thuat nöt geb'n.

Die off'ne Liab in der Eh',
A Schübl Kinder dazua,
Thuat d'Sorg' a oft weh,
Freud hat ma' a gnua.

———

Mit'n Muattaherz und Hoamatg'fühl,
Hat d'Schöpfung erreicht 's höchste Ziel;
Weg'n den hat's uns geb'n,
Dass uns leit'n 's ganze Leb'n.

———

Ka' Berg is so hoch,
Ka Weg is so weit,
Den d'Muattaliab doch
Für ihre Lieb'n erreicht.

— — —

Wo Liab' und Treu thuat haus'n,
Thuat g'wiss nix verlauf'n,
Kinder thoan das Guate hör'n,
Und wer'n rechte Mensch'n wer'n.

———

Zum häuslich'n Sinn pfleg'n,
D'Kinder thoan den Kitt geb'n,
D'Muattaliab und ihr Treu,
's Vaterherz gibt die Weih'.

———

A Kitt, der fest halt,
A Mühl, die guat mahlt,
A Hund, der guat jagt,
Nach dem wird gern g'fragt.

— — —

A feste Hand, guate Aug'n,
A g'sund's Bäuschl, Füaß, die taug'n,
Willst jag'n, muaßt das hab'n,
Sunst kummt's koften dein Krag'n.

———

Dö Sonntagschütz'n
Thoan viel verblitz'n,
Thua eahr ausweich'n,
So weit a Schuß thuat reich'n.

———

's Jagalatein,
Wia is dös fein,
Und als is wahr,
Das hebt a d'Haar.
Is koa Haar am Kopf,
So wachst a Schopf,
Do' halt er nöt lang,
Weil eahm is bang.

———

Wird von Kopf und G'müath,
Richti' d'Federn g'führt,
Aft klappt die G'schicht
Und hat a G'wicht.
Will a niads alloa,
Nur das Seine thoa,
Von erst'n wird's oft trucka,
s' Zweite kriagt an Ruka.
Drum thua's richti' misch'n
Mit da richtig'n Frisch'n,
's Gmüath will's so hab'n,
Daß mit'n Kopf wird trag'n.

———

Wann a einiger Sinn
Is schön fest und guat d'rin
In Landwirt sein Kopf,
Den packt neamd beim Schopf.
Hat a Stand das Begehr'n,
Sei' Einigkeit z'mehren,
Der Bod'n is dort fest,
's Werka geht da afs Best'.

———

Den g'sellig'n Sinn pfleg'n,
Das G'müathlisein heb'n,
So a Thoan is halt guat,
Vor den heb' i mein Huat.

———

Hast a Stimm' in dein Krag'n,
Lass für And're a hör'n,
Du brauchst di nöt z'plagen,
Und den Frohsinn thuast mehr'n.

———

Wenn ma' das kunnt,
Und wär' oan vergunnt,
Dass d'Frucht alsa schön'
In Stadl einikäm'.
Unsicher ist d'G'schicht'
Wann si's Wetta nöt richt.
Solang's nöt is dahoam,
Is a unsicher's Thoan.

———

Nöt z'hassen, z'liab'n bin i kemma,
So kunnt ma' bei deina erst'n Red' vernehma;
Do das Vermitteln und Fried'nstift'n

Js aba nöt so leicht zu richt'n.
Wer das Herz mit da richtig'n Liab' hat voll,
Der weiß wia er dös anpacka soll.

————

Den religiös'n Sinn pfleg'n,
Thuat den Hausfried'n heb'n,
Nutzt für Jung und für Alt,
Allen gibt er gut'n Halt.
Do' muaßt dös recht vasteh'n,
Dei' Werk'n muaß darnach sei',
Thast nur bet'n und kniern,
Faihlats dir schon im Hirn.

————

Die Ärmsten unter den Armen,
Dö an niad'n soll'n erbarmen,
San d'verlaff'nen Kinda af der Welt,
Weil Vata· und Muattaliab' eahr fehlt.
Wer erleichtern kann eahr Los,
Von sein G'wiss'n der Lohn is groß,
Weil's eahm thuat oft gnua sag'n:
Dei' Thoa wird di' ön Himmel trag'n.
Thuast af dei' Gwiss'n richti' acht'n,
Fühlst a, wia das thuat tracht'n
Dein Leb'n dir zu versüaß'n,
O Götterfunken, di' thua i grüaß'n.

————

A voll's Herz, a tiaf's G'müath,
An sicher'n Kopf, der all's führt,
Dö treu'n Aug'n offen, hell,
Nöt leicht geht da was fehl.

————

A Stimm, dö an fest packt,
Da Klang rein, der weit tragt,
Die Kehl' b'ständi' recht feucht,
Schafft uns a lust'ge Eucht.

Was oan mach'n kann Freud',
Und deck'n kann Leid,
Sang und Musi' thuat's geb'n,
Kopf und Herz thuat's erheb'n.

---

A Feucht braucht's Leb'n
D'rum sorg' guat dafür,
Dass d' eahms kannst geb'n,
Sonst wird's trock'n und dürr.

In gesellig' froh'n Sinn,
Thuast den guat nähr'n,
Find'st di' recht feucht d'rin,
D'rum thua'n pfleg'n und hoch ehr'n.

Hat 's Leb'n die recht' Feucht'n
Aft tragt's guate Eucht'n,
Schau d'rauf, sorg' dafür,
Sonst wird's trock'n und dürr.
Die Feucht' thua mehr'n,
Das Trock'nsein wehr'n,
Dass guat wachst der Baum,
Und g'sund bleibt im Stamm.

Der liabe Zithernklang
Macht oft oan 's Herz bang,
Do hört ma'n schon so gern.
Halt'n a hoch in Ehr'n.

---

Bei so an Telephon,
Tragt ma' oft was davon,
Was ma' da all's hört,
Is schon da Müh' wert.

---

Für wemst a wirst g'hör'n,
Thua das Guate dort mehr'n.
Mit da Muattaliab pack fest an,
Mit da Hoamatliab häng' di d'ran,
Mit da Muattaliab thua heb'n,
Mit da Dataliab fest wäg'n,
Den häuslich'n Sinn halt z'samm',
Faihl'n kann's dir aft kaum.

---

Is d'Studie oft hitzi',
Das Lerna oft spießi',
Wannst nöt lasst aus,
Aft kommst du guat d'raus.

Verleger: Josef Deutl. — Druck von Carl Kolndorffer, Linz.

# Erlebnisse bei a nobl'n Tafel.

Is ma' in sein Wirkungskroas,
Kimmt ma' nöt leicht aus 'n Gloas;
Thuat ma in was and'res kemma,
Kimmt ma' oft so in d' Klemma,
Daß ma' gibt viel Stoff zum Lacha,
Weil ma' macht vakehrte Sacha.

A Landmann wird zu a Tafel g'lad'n,
B'sonders Verdienst hat die Ehr' eahm trag'n,
Zu so was is er no nia kemma,
Er waß nöt wia dort is 's Benehma,
D'rum thuat er sein Tischnachbarn frag'n,
Wia er si' soll bei der G'schicht' betrag'n.

Der Nachbar thuat eahm so belehr'n:
„Zum Essen thuat nur dös g'hör'n,
Was thuat ob'n auf da Schüssel sei',
Do' tiaf greift ma' do a nöt drei',
Weil af da Schüss'l da Afputz liegt,
Den ma nöt zum Ess'n gibt.

(49)

Bei dö Nobling is so da Brau',
A niad's G'richt hat an schön' Untabau,
Af d'Schüss'l thoans den geb'n
Und ob'nauf das G'richt d'raf leg'n.
Das thoans so schön do mach'n,
Dass beim Anschau'n 's Herz thuat lach'n.

Viel G'richta wer'n da umakemma,
Von an niad'n thuat ma a biss'l nehma,
Weil sunst bei dö viel'n Gäng'
Da Mag'n kunnt oan wer'n z'eng,
Zum Schluss kimmt was zum Maulausspül'n,
Weil's moan, ma thuat si' wohla fühl'n."

Da bin i amal guat ankemma,
Von All'n will i ma 's Beste nehma,
A so thuat da Landmann roat'n.
Er braucht a nöt lang zu wart'n,
Wird schon d'Supp'n umatrag'n,
Von dera will er do' nix hab'n.

Aft kemman d'ran dö and'ren Sach'n,
's Herz thuat eahm da frei lach'n,
Weil das is putzt gar so schön,
Was thuat af da Schüss'l sei',
Von schönst'n thuat er si' nehma,
Vor Härt'n is frei nöt durchöz'kemma.

Wia er thuat das Schöne ess'n,
Denkt er si', is das a Fress'n,
Zaunsperr is und hat so a Rauch'n,
Frei is nöt zum Obitauch'n,
Was do hab'n dö Leut' für'n Mag'n,
Der so was scheußlich's kann vertrag'n.

Er macht's so bei dö weiter'n G'richt,
Bei an niad'n verziagts eahm 's G'sicht;
Von Stearinafputz hat er si' g'numma,
Dö Gäst' sein schon zum Lach'n kumma,
Da Landmann traut si' nix mehr z'mach'n,
Er denkt si', das san schöne Sach'n.

Alle thoan ess'n, trink'n und lach'n,
Zum Schluß kimmt das zum Maulauswasch'n,
Er moant Schampania thuat das sein,
Und denkt: So, hiazt bring' is ein,
A voll's Glas thuat er umibuck'n,
Sein G'sicht fangt oba an zum zuck'n.

Wia er macht so verkehrte Sach'n,
Packt's mit G'walt dö Gäst' zum lach'n,
Da Landmann thuat davon hiazt renna,
Er thuat si' frei nöt mehr auskenna,
Zu so a noble Tafel kriagt's mi nimma,
Mei' g'funder Mag'n gang da in Trümma.

Mit Salz und Zucka thoan dö spar'n,
Guating han is heut' erfahr'n,
Wias thoan z'famm' 's Maul verreiß'n,
Aft beim Ess'n da umabeiß'n,
Und was no' für Sach'n mach'n,
Der g'moane Mensch muaß da lach'n.

Koan Saft und G'schmack hat 's ganze Ess'n,
Bessers hat mei' Hund zum fress'n,
Nix will i vom Schampania red'n,
Schlechtas kann's frei nimmer geb'n.
Den Bedöanten hat er 's zuag'schrian:
Nimma werd's mi' so d'rankriag'n!

(51)

# Allerhand G'dicht'ln.

## IV.

's Rechna, Schreib'n und Les'n,
Was no' dazua g'hört für Wes'n,
Das ma' in da Schul lernt kenna.
Wann ma's nöt thuat üb'n,
's Richti' thuat ma verlier'n,
Als richti' wird ma' das annehma.

Do' jeda B'ruf is so b'schaff'n,
Daß er hat ganz eig'ne Sach'n,
's Rechna' Schreib'n und Les'n,
Thuat er oft wen'g braucha,
Aft thoans eahm ausraucha,
Das liegt schon so im Wes'n.

Wia ma' thuat a 's Lerna nehma,
Wird nix anders aussakemma,
J moan an guat'n Grund that geb'n,
Pfleg' für'n Beruaf und häuslich'n Sinn,
Hoamatliab liegt a do d'rin,
Zufried'ne wurd'n mehr und 's Leb'n.

---

Thuat a G'müath für das Schön'
Und für's Edle recht sein,
Viel Guat's thuat das geb'n,
Suach's ins Kinderherz z'leg'n.

---

Mit da Zeit is a Rand,
Es is frei a Schand',
Wenn ma so af was wart',
Daß oan selber wird hart.

(52)

Denn a niade Eucht verkürzt 's Leb'n,
Und d'Schöpfung hat uns do geb'n,
Dass ma soll damit spar'n
Und langsam damit fahr'n.

---

A niada hat's in sein G'müath,
Ma kann's fühl'n, nöt beschreib'n,
Was a solchö Macht übt,
Dass oan an Ort thuat zuatreib'n.
Sehnsucht hoaßt das kloane Wort,
Wer das hat schon empfund'n,
O, wia wird oan da so hart,
Hat 's Verlangte ma' nöt g'funden.

---

Der Mensch is wia a Tagmuck'n,
Kennt nöt sei' oft nahes End',
Kunnt ma' da oft einiguck'n,
Wurd ma' mit sein Werk'n Lend.

A Wort, was nöt is lang,
Es kann oan oft guat heb'n,
A macht's oan oft frei bang,
Is nöt richtö danach 's Leb'n.
Das Anpass'nkinna thuat's sei',
D'rauf thua du richti' acht'n,
Do thua den richtig'n Weg geh'n,
Und dös vasteh'n lerna tracht'n.

---

Guat roat'n, gut werk'n,
Triafft's di' oda d'Gmoa',
Thuat a recht guat stärk'n,
Nöt nur Enk zwoa alloan.

Stärkst du dei' Haus,
Dei Gmoa' und was d'rin,
Für's Land wird guat's d'raus,
Sagt dir da rechtliche Sinn.

———

Liab's Kind, merk dir die Lehr',
Mach' dein' Ältan koa Leid,
Dir macht dös guua Ehr',
Und alle hab'n mit dir Freud'.

Zoag bei All'm guat'n Willen,
Thua lerna recht viel,
Hab'n s' a Load, hilf das stillen,
Gar schön wär' dös Ziel.

Kannst eahr was z'ruckgeb'n,
Dank Gott für dö Gnad',
Was hab'n dir geb'n im Leb'n,
Dank' eahr dafür bis ins Grab.

Kinda merkt's Enk die Lehr',
Ast kann's nöt wer'n schlecht,
Erleb'n werd's viel Ehr',
Und nia abweich'n vom Recht.

———

Was da liab Herrgott hat geb'n,
Dass uns erleichtern soll 's Leb'n,
In da Natur liegt das d'rin,
D'rum lern' kenna ihr'n Sinn.

Wer für's Nützlö hat Sinn,
Und a Freud' find't a d'rin,
A si' fleißi' d'rum schert,
Lernt erst kenna den Wert.

———

(54)

's G'müath froh, der Kopf hell.
Die Luft rein ohne Dell,
Betracht ma so die Natur,
Gibt's an guat'n Hamur.

Hat oam 's liabe G'schick,
Geb'n an G'sund und Glück,
Und a häuslich's Hoam,
's Best' is, was i moan.

Die Hoffnung is a Ding,
Wo gar viel liegt d'rin,
Es ist die Würz' für's Leb'n,
D'Lust dazua thuat heb'n.

Gang all's nach'n Will'n,
Bald wurd' ma' dös fühl'n,
Dass a Leb'n ohne Kampf,
Wär' a Maschin' ohne Dampf.

Recht lab und ganz schleißi',
D'Arbeit fad, nöt fleißi',
A Liab ohne G'schmach,
Dem fragt ma' nöt nach.

A Streithansl ohne Grenz'n,
Dazua a viel trenz'n,
Wer hat so an Brau',
Den wirf auffi af'n Bau'.

Is do oana recht g'schmoch,
Und sei' Thoan a darnoch,

(55)

Und hat Kinda a gern,
An solch'n thua ehr'n.

---

Bei dem hoamatlich'n Klang,
Den i han einig'schrieb'n,
Braucht Enk wer'n nöt bang,
Seid's die Alten g'wiß blieb'n.

Willst recht was guats mach'n,
Nöt für di' nur alloan,
Zum Fried'nstift'n suach Sach'n,
Besser's kannst nöt leicht thoan.

---

Dem Landwirt sei' Thoa',
Is oft hart wia a Stoan,
Muaß si' rackern und plag'n,
Will vom Bod'n er was hab'n.

---

Thua nöt z'viel wählerisch sei',
All's find'st nöt richti' d'rei',
Sunst'n kriagst nia das Recht,
Z'letzt gang's dir schlecht.

---

Den Fried'n soll ma' stärk'n,
So viel 's nur sei' kann,
Das thua dir guat merk'n,
Und beim Guat'n pack' an.

---

Was d'Schöpfung hat g'macht,
Muaß recht sei', d'rauf acht',
Thuast du 's besser versteh'n,
Laß zu dir in d'Lehr geh'n.

Wer am best'n thuat mahl'n,
Zur richtig'n Zeit zahl'n,
Dort kannst schon hingeh'n,
Bei den kannst du b'steh'n.

_____

So dick ruckt's oft an,
Daß ma frei nimmer kann,
's ganze Schind'n und Plag'n
G'schiaht do' nur für'n Mag'n.

Is er g'sund, is no' recht,
Denn da geht's no' nöt schlecht,
Is er oba nix nutz,
Bist a Haus ohne Putz'.

_____

Wer so thuat regieren,
Das thuat dazua führ'n,
Daß g'ringer wird 's Zahl'n,
Zu den soll ma' halt'n.

_____

Gibt's beim Lerna z'trock'ne Sach'n,
Zum Lehra Furcht ohne Liab',
D'Schüler kanns warm nöt mach'n,
Da Lehra is a schlechta Wirt.

Wer lerna will, soll nia vergess'n,
Daß er zum Kopf braucht's Herz dazua,
Daß er selbst jung is g'wes'n,
Und Nachsicht braucht hat gnua.

_____

Is dir verlass'n frei schier,
Wend' si' all's weg von dir,

So lang du 's Muattaherz haſt,
Sicher find'ſt dort a Raſt.

———

Schau was i thua mach'n,
Was da find'ſt für Sach'n,
Verſtehſt das recht z'löſ'n,
Begreifſt a das Weſ'n.

———

Wer hat ſo a Glück,
Von an freundlich'n G'ſchick,
A froh's G'müath und an G'ſund,
Der kann wer'n kugelrund.
Is dabei da Kopf hell,
In G'müath a koa Dell,
Wird dabei a nöt dick,
Aſt is dös a koa Unglück.

———

Hat dir 's G'ſchick geb'n
Z'viel Glück im Leb'n,
Aſt derfſt das ſchon glaub'n,
Af d'Läng' thuats nöt dau'rn.

———

Thuaſt ander'n gern helf'n,
Zoagſt an edl'n Herzenszug,
Kannſt a All's nöt recht treff'n,
Zu Freund machſt dir a Bruck'.

———

Biſt frei ganz verlaſſ'n,
Wend' ſi' all's weg von dir,
Findſt nur du die recht' Gaſſen,
Haſt Muath, is nöt ſchia'

(58)

O Muattaherz, du Stern,
Hoch halt i di' in Ehr'n.
All's in dir d'rin
Is guat und Edelsinn.

Das Beste, was uns is geb'n,
Was den häuslich'n Sinn thuat heb'n,
In da Muattabrust is beinand,
Es hoaßt: Familienband.

O Mensch, bedenk' den Sinn,
Der in den Wort liegt d'rin,
So lang du den thuast ehr'n,
Dein innern Fried'n thuast da mehr'n.

———

Beim Klang, wias in der Hoamat red'n,
Wia wird oan da so wohl,
Weil's was schöners kann nöt geb'n,
Was 's Herz mehr machat voll.

O liabe Hoamatkläng,
Wia wohl is bei Enk,
Wann ma' nach langer Zeit
Wieda hat so a Freud'.

———

Kannst die Geg'nsätz vermindern,
Thua nöt damit spar'n,
Gar viel kannst verhindern,
Freud' wirst oft erfahr'n.
Geg'nsätz schaff'n Unfried'n,
Für's Haus und für's Land,
Wias da oft wird umtrieb'n,
Schafft Unheil und Schand'.

A niada Mensch hat was z'schlepp'n
Der liabe Schöpfer hat's so g'macht,
Es triafft dö Gscheidt'n und dö Depp'n,
Is hiazt Tag oder Nacht.

---

Den Ältan eahr Haus'n,
Für d'Kinda is g'richt,
Thuat eahr Kopf a oft sauf'n,
Thoans do eahrnö Pflicht.

---

All's was ma braucht im Leb'n,
Die Natur hat uns das geb'n,
A niada muaß si's suach'n,
Soll dabei do nöt fluach'n.

---

Nia soll ma vergess'n,
Daß das Lerna is Pflicht,
Es is so zuag'mess'n,
Daß ma's Seine guat richt'.
Der Oan waß wen'g, ooana viel,
Wer'n wen'g und viel g'ehrt;
Hab'ns nur das recht' Ziel,
Hat a niada an Wert.

---

So a Beruaf ist gar schön,
Der uns thuat Fried'n spend'n,
Glück und Seg'n liegt do d'rin.
All's will er zum Guat'n wenden.
Is 's mit guat'n Beispiel verbund'n,
Aft heilt's oft tiafe Wund'n.

Ma' kann's frei nöt glaub'n,
Wia g'schwind a Krank is da,
Und wia guat's oam thuat taug'n,
Hat ma' an Docta schön nah.

Dö lateinische Kocherei,
Thuat koana gern hab'n,
Do' valiert ma' die Scheu,
Wann's oan geht um an Krag'n.

———

A alta Spezi von dem Verein,
Grüaßt Enk herzli' und guat,
Woarme G'müathli'keit habt's d'rein,
Denk z'ruck und heb' mein Huat.

———

In guat'n G'müath is gar hell,
Es haust d'rin a edle Seel,
Glaube, Hoffnung und aft d'Liab,
Nöt leicht wird's dort'n trüab.

———

Das best' Fuatta für d'Seel,
D'Nächstenliab is, 's Hoff'n und Glaub'n,
In so an G'müath is b'ständi' hell,
Die Kost thuat an niad'n taug'n.

———

B'ständige Liab,
's Leb'n nia trüab,
Beim guat'n G'sund,
Wen'g san solche Bund.
Hat oan's Schicksal das geb'n,
Guat is aft'n z'leb'n,
Dem Schöpfer dank' dafür,
Und vergiß d'rauf ja nia.

(61)

Steht ma' a nöt hoch ob'n,
Ma' wird do selbst g'hob'n,
Wann ma' si' nach den richt',
Was oan sag'n thuat die Pflicht.

———

Wer beacht' die Natur,
Der kimmt bald dazua,
Daß er vor die Bam
D'Schöpfungswunder bet' an.

———

Nach dem Amt thua di' richt'n
Is dös niada oder hoch,
Thuast guat deine Pflichten,
Kriagt dei G'wiss'n koa Loch'.

———

Da Verkehr mit den Kindern,
Erhebt oan 's ganze G'müath,
Kummer thuat oan dös lindern,
Weil's zur eig'na Jugend führt.

———

Der Kinda frohe, liabe Aug'n,
Wia sag'n die all's so schön,
Guat thuat's dir g'wiß taug'n,
Kennst den Sinn, der liegt drein.

———

Bringt da Beruaf am solche Sach'n,
Daß ma' kann in Gold und Silber wühl'n,
Kann ma's ja do' a so mach'n,
Daß ma' thuat für Arme fühl'n.

Macht a Kind so viel Kumma,
Dass oan 's Herz frei abdruckt,
D'Ältanliab kann eahm nöt wer'n g'numma,
Weil's von Herz außa gibt koa Bruck'.

Die bleibt allöweil drei',
Außa kann ma's nöt kriag'n,
Wer moant, dös thuat nöt sei',
Wurd' si' g'walti' anschmier'n.

Zu den Ältan eahr Herz'n,
Thuat's oan Hinweg nur gebn,
Macht's eahr no' so viel Schmerzen,
Eahr Liab end nur mit'n Leb'n.

O Kinda, thoats das bedenk'n,
Wia dö Ältan Enk liab'n,
All's woll'ns zum Guat'n wend'n,
Thoats ös niamals betrüab'n.

Bei manch'n Ständ is so truck'n,
Dass frei 's Gmüath kriagt an Riß,
Lafst si' oana da muck'n,
Glei' kriagt er an Schmiß.

---

Hund, die recht beiß'n,
Leut', die si' reiß'n,
Roß, die recht schlag'n,
Nöt dorthin thua di' wag'n.

---

Für a Kind is so schön,
Wenns thuat folgsam sein,
Und der Ältan eahr Lehr,
Allöweil halt in Ehr'.

Schau um di' und in d'Weit,
Was all's sagst bei dö Leut',
Das Schlecht' und das Schön',
Laſs an Spiagel dir sein.
Du kannst vabessern dei' G'müath,
Daſs di' dös sicha führt,
Das Guat' laſs nöt aus,
Beim Schlecht'n geh' d'raus.

———

Für d'Eh' da beste Kitt,
Und um was ma' halt bitt',
Thuan die Kinda nur sein,
Sie thoan am best'n do' g'freu'n,
Wer'n's guat, hab'n's an G'sund,
San s' schön frisch, kugelrund,
Besser's kann's nimma geb'n,
Für die Ältan eahr Leb'n.

———

A Sprichwort thuat uns sag'n,
Oan Aug' taugt mehr als zehn Ohr'n,
Wer si' von den laſst trag'n,
Nöt viel geht dem valor'n.

Verleger: Josef Deut'. — D.uf von Carl Kolndorffer, Linz.

# Die Linzer Volkskuchl.

I sag' Enks, liabe Leut',
Wollt's bleib'n bei der Schneid,
Dem Mag'n müaßt's gnua geb'n,
Kraft gibt dös zum Leb'n.

Da hat mi' oana g'fragt:
Dös is ja leicht g'sagt,
Hat ma' da wen'g Geld,
Wia machst denn das, Held?

„Wiast du da sollst thoan,
Is so, daß i moan,
Thua in d'Volkskuchl geh'n,
Dort isst ma' ganz schön.“

„D'Volkskuchl is schon recht,
Dort geht's oan nöt schlecht,
Bist do' weit weg davon,
Wia stellst dann dös an?

Hast z'Mittag nur oa Stund',
Aft is dir's nöt vergunnt,
Rennst a hin dö halbe Zeit,
Z'spat kimmst z'ruck, es is z'weit."

„Darnachst halt wo bist,
Kannst anwend'n a List:
Setz' di' hint' af an Wag'n,
Und lass di' dorthin trag'n.

Z'ruck muaßt a so thoan,
Aft kimmst, wia i moan,
No' z'recht af dei' Ziel;
Hast no' fahr'n kinna viel."

„Das war' ja ganz recht,
Und war' a nöt schlecht,
Du kannst dös leicht sag'n,
Sorgst du für den Wag'n?

Sag, woarst du schon dort,
In den Volksküchlort?
Wer hat denn dö g'macht,
Oder her z'schaffen tracht?"

„Ja schau, liaba Mann,
Was da all's hängt d'ran;
Weg'n dem wird's hergeb'n,
Daß ma' billig kann leb'n.

Das Volksküchl-Entsteh'n,
Wo oarme Leut' thoan hingeh'n,
Der dazu g'legt den Grund,
Der is nimma unter uns.

(66)

Der dös hat z'erst than,
War so a edler Mann,
Hat g'fühlt der Mensch'n Noth,
Der is hiazt schon todt.

Karl Keesbacher is der Nam',
J führ eahm desweg'n an,
Für solche, die dort ess'n,
Dass thoan seiner nöt vergess'n.

K. k. Postrath is er g'wes'n;
Dö was dös thoan les'n,
Kann i a ganz sicher sag'n,
Für alle hat sei Herz warm g'schlag'n.

Mit sein Tracht'n und Werk'n,
Wollt' er die Ansicht stärk'n,
Dass ma' mit an billig'n Ess'n,
Den Socialismus mithilft z'lös'n.

Mia hab'n da viel guate Leut',
Die's g'bracht hab'n so weit;
Die Frau'nherz'n da voran,
Hab'n dazua recht viel g'than.

Im Groß'n thoans einkauf'n,
Damit dö was einilauf'n,
Guats kriag'n und a viel,
Das hab'ns g'macht zu eahn Ziel.

Denn ist d'Kost guat und billig,
Die's kriagn wer'n mehr willig,
Wen'g Geld brauch'ns z'hab'n,
Do gnua Sach' kriagt eahr Mag'n.

Supp'n, fleisch und G'muas',
Und Mehlspeis' a guua süaß,
Kannst um 24 Kreuzer hab'n,
Wohlfeiler kannst nix dafrag'n.

A kriagst Kost über d'Gassen,
Wannst dir's hol'n willst lassen,
Für's Geld muasst du sorgen,
Weil's dort nix than borgen.

Do' kriagst dort koa Bier,
An Wasser fuihlt's dir niar,
A kräftig's Ess'n kannst dort hab'n,
Wirst di' d'rüber nöt beklag'n.

Wia dö dort thoan hauf'n,
Davon wird dir nöt grauf'n,
Af an G'winn thoans verzicht'n,
Besser thoans das Ess'n richt'n,

A Wohlthat thuat dös sei',
Was da Guat's liegt drei',
Wia der Frauen guata Sinn,
So nützli' wirkt da d'rin.

Siagst, so mein liaba Mann,
Sau's da ganga d'ran,
Dass dös z'stand' is kemma,
Den Nutz'n muasst do' kenna."

„Was du thuast da red'n,
Dass uns woll'n Guat's geb'n,
Is schon recht und a schön,
Do' besser kunnt's no' sein.

A zweite Kuchl that ma' brauch'n,
Daß ma nöt so weit muaß lauf'n,
Dö sollt halt so sein g'leg'n,
Wo 's viel Arbeita thuat geb'n.

Einz soll a zweite Kuchl hab'n,
Urfahr soll si' a d'ran wag'n,
Dös sollt's halt no' z'sammbringa,
Bei guat'n Will'n kanns g'linga."

„Was du thuast hiazt sag'n,
Vom Bedürfnis wird's trag'n,
I find das a ganz richti',
Geld braucht ma' dazua tüchti'.

Es wird scho' dazua no' kemma,
Weil ma' wird den Nutz'n kenna,
Denn thuat ma' den Körper stärk'n,
Mit mehr Nutz'n kann ma' werk'n.

Was die Arbeitskraft thuat heb'n,
Bringt viel Nutz'n uns im Leb'n,
Wer dazua hilft das zu schaff'n,
Guat's thuat er für alle mach'n.

Weil's dö Geg'nsätz thuat mindern,
Weil's viel Noth thuat lindern,
Und a niads guat's schaff'n,
Thuat d'Mensch'n besser mach'n.

Den Frauen und den Herr'n,
Dö dort guat's thoan mehr'n,
Soll der liab' Herrgott geb'n
Viel Seg'n und a g'sund's Leben.

Was i mit den will hab'n,
Soll dö zweit' Volksstuhl trag'n,
Durch dö Frau'n eahr guat's Walten,
Wer'n mir's sicha a erhalt'n.

Denn dö packen's ja recht an,
Sö werk'n so beim Mann,
Daß durchsetzen thoan eahrn Will'n,
Thuat's da Mann a g'rad' nöt fühl'n.

# Das zuag'meſſene Pfund.

Der Erfolg thuat oan heb'n,
Wo dös faihlt trüabt er's Leb'n,
Koa Talent kimmt zu Ehr'n,
Wann ma' den thuat wehr'n.

Viel Talente geh'n z'grund,
Oda kemman af'n Hund,
Wann eahr Thoa wird verkannt,
Oda da Weg wird verrammt.

Goar viel thoan a sterb'n,
Sö hab'n g'macht z'wenig Lärm,
Oda nöt auskramt eahr War',
Nehman's wieda mit in d' Bahr'.

A solche thuats oft geb'n,
Dö 's nöt g'wußt in eahr Leb'n,
Daß kriagt hätt'n an Nam',
Wann's hätt'n auspackt eahr Kram.

A niada Mensch hat Talent,
Wann ma's nur recht erkennt,
Zu was ma' b'stimmt war im Leb'n,
Dazua kunnt ma's aft heb'n.

Wen'g lernen eahr's kenna,
Manche san in da Klemma,
Oda kemman z'spät d'ran,
Dö hab'n aft nix davon.

A niada Mensch hat sei' Pfund,
In sein Hirn liegt da Grund,
Lafst er sein Herz a mit red'n,
Nützlich's wird aft dös geb'n.

Is 's Pfund kloan oder groß,
Hat's was da will für a Los,
Sein ganz' Werk'n und Thoan,
Soll nöt g'hörn eahm alloan.

Was er leist'n kann im Leb'n,
Da Herrgott hat eahms ja geb'n,
Dafs Nutz'n soll für alle hab'n,
D'rum lafs di' a von dem trag'n.

## Die Mittelstraße.

Wird a Volk gar z'viel g'scheidt,
Is nöt leicht zu regieren,
Je dumma bleib'n dö Leut',
Leichta san's aft Anz'schmier'n.

Für alles trifft dös zua,
Glaub' mir das af's Wort,
Seh'n kannst das oft gnua,
Wann wird packt der recht Ort.

Wird a Volk goa z'viel afklärt,
Thuat viel Uebel entsteh'n,
Der Nächst' wird da z'wen'g g'ehrt,
Mehr mitanand thoan nöt geh'n.

Geh' die gold'ne Mitt'lstraß'n,
So alt is als wia 's Menscheng'schlecht,
Kannst den Sinn richti' fass'n,
Gehst an Weg, der nöt is schlecht.

Verlangst vom Landmann viel Studie,
Soll a Docta den Pflug führ'n,
War das nöt dö rechte Mode,
Dö Beid'n wurd'n si' oft irr'n.

A niada Stand hat sei' Pflicht,
's richti' Kenna muass dort sei',
Weil's oft a das Recht gibt,
Fremd's g'hört da nöt drei'.

G'sunde Kraft braucht da Landwirt,
An g'sund'n Kopf brauch'n d'Herrn,
Und 's Handwerk, dass 's nöt irrt,
Muass das Richtige a lern'n.

Aft da Verkehr mit'n Handel,
Und was da g'hört dazua,
Soll do' sei' da rechte Wandel,
Wiss'n brauch'n dö gnua,

Thuat a niada sein Theil,
Es hängt ja all's inanand,
Bringt's für alle guat's Heil,
Guat umschliaßat dös Band.

## A Tyrann.

Den ärgst'n Tyrann, den 's thuat geb'n,
Der a koa Mitload dakennt,
Der uns oft macht bitter 's Leb'n,
Wo ma sitzt, geht oder rennt.
Mensch'n und Viech tragt den um,
Neamt kann si' davon losmach'n,
Is ma' no' so g'scheidt oder dumm,
Mag ma flenna oder lach'n.

Der lasst oan a niemals aus,
Is ma' af'n Wasser oder Land,
Hat ma' an Gusta oder Graus,
Fest halt der oan in sein Band.
I will Enk das sag'n, o mei',
Ma' braucht den das ganze Leben,
Da oag'ne Mag'n thuat das sei',
Allweil muaß ma' den was geb'n.

Frei all's, was ma' thuat mach'n,
Oder wasdawöll a thuat treib'n,
Thuat ma' schlaf'n oder wach'n,
Für den muaß das Moast' da bleib'n.

Zu dem ganz'n Tracht'n und Thoa,
Er zwingt uns so dazua,
O Mag'n, weg'n dir moast alloan
G'schiehts, dafs do' kriagst gnua.


Da is ma' no ganz guat d'ran,
Thuat er nur richti' umagrab'n,
Weil ma' aft do werka kann,
Und an G'sund thuat do' hab'n.
G'freut 'n nöt sei' Arbeit recht,
Wurd' er hübsch truck'n und dick,
Da gang's oan oft gar schlecht,
Nutz'n that da a koa Bitt'.
Sei d'rum froh, wenn er schreit,
Weil er legt dir do ön Grund,
Dafs d' kimmst mit da Arbeit weit,
Er halt dir her den G'sund.


Is 's Bäuschl g'sund und da Mag'n,
Und thuast dir auf das schau'n,
Aft kannst du gar viel ertrag'n,
Und fest sei' wia a Baum.
Nutz'n kannst mit Kopf und Hand,
Den Deinig'n kannst gnua geb'n,
Guat's schaffst du für's Vaterland,
G'freu'n kann di' aft dei' Leb'n.

# Allerhand G'dicht'ln.

## V.

A Hütt'n wird zum Palast,
Wannst a warme Liab du hast,
Is die Liab nur a G'schäft,
In Palast geht's ihr a schlecht.

———

Dö Kinda thua guat beacht'n
Da künft'ge Stamm thuat's sei',
So wia du's thuast erziag'n,
So werd'ns eahr G'schick lenk'n;
Desweg'n thua ja tracht'n,
Dass d' 's Richt'ge bringst drei',
Aft werd'ns all's so dirigir'n,
Dass thuat zum Guat'n wenden.

———

Schaut ma's Linzerstadtl an,
Und was auß'n umhängt d'ran,
Wia dö liabliche G'stalt,
Hinziagt oan mit G'walt.

———

Was möcht' ma' do all's mach'n,
Mit da Zeit für dumme Sach'n,
Hätt' ma' dö in seiner G'walt,
In Kinderjahr'n wär ma' scho' alt,
So a Verschwendung thät ma' treib'n,
D'rum is guat, beim Alten z'bleib'n.

(75)

A niada Mensch hat sei' Schwäch'n.
Wann's thät oana nöt glaub'n,
Das thuat si' aft bitter räch'n,
Mehr als wia 's oam thuat taug'n.

———

In dö Aug'n sitzt dö Seel,
Is sie trüab oder hell,
Der ihr Spiag'l thoan's sei',
Is hiazt grob oda fei'.

———

Da weise Solon hat g'sagt,
Preis' koan glückli' vor sein End',
Und das is nöt z'viel g'wagt,
Weil ma' wird so leicht lend.

———

Da wahre Adel liegt nöt in Bluat,
In Kopf und Herz thuat er sei',
Merk' dir das für's Leb'n guat,
Versteh's, richt' di' darnach ei'.

———

A Wohlthat, thuat ma' sag'n,
Verlor'n kann's niamals geh'n,
Was guat's wird's do' eintrag'n,
Thuat's für'n Geba a nöt sei'.

———

Triafft dir was bei dein'·Kindern,
Was dir frei 's Herz druckt oa,
Dein Schmerz thuat's dir lindern,
Wann bei dir Thränen san no' doa.
Kannst du dö nimmer find'n,
Da thuats schon gar weit faihl'n,

Weg'n was kannst du leicht ergründen,
D'Ältanliab thuat schon z'viel leid'n.

———

Schau a G'sicht von an Protz'n an,
In Stolz siagst an seiner Stirn
Aft wia sei' G'schau is d'ran,
Hab' Mitleid mit sein lax'n Hirn.

———

Mit den mein' Precept'n,
Möcht' i gern danet'n,
Für's G'müath a warm's G'fühl,
Aft erreich' i mein Ziel.
D'rum thoat's dös fein les'n,
Und versteht's recht das Wesen,
Es is da nix übertrieb'n,
Es gilt für'n häuslich'n Sinn.

———

Leb'n und leb'n lass'n,
Bekannt is der Spruch,
Geb'n thua und a fass'n,
Geht dei' Choan nöt in Bruch.

———

A niads Ding hat zwoa Seiten,
Wann wa's wiadawill wend't,
Thuat ma' geh'n oder reiten,
Schaust 's herent oder d'rent.

———

Von oan Extrem zum andern,
Gleicht an unstät'n Wand'rer,
Friede is da nöt z'finden,
Häuslich's Glück a nöt z'gründen,

Da häusliche Fried'n is a Stern,
Der oan Schutz gibt und Ehr'n
Und wo das triafft zua,
In Sturm find' ma' dort Ruah.

———

Verzag nia bei dem größt'n Weh',
Af dein Schöpfer fest vertrau,
Dei' Herz heb zu Eahm in d'Höh',
Fest steht aft a solcha Bau.

———

Treibt ma' d'Mode z'weit,
Kunnt' si' das wohl schick'n,
Dass bald kam dö Zeit,
Wo's nix mehr gab zum schlick'n.
D'Mode is a wichtig's Ding,
Thuat ma's recht begreif'n,
A Culturbild siagt ma d'rin,
Modeärger thuats ausgleich'n.

———

Hab Nachsicht mit Schwäch'n,
Bist ja selba nöt frei,
Thua du di' nöt räch'n,
Sonst packt di' dö Reu.

———

B'ständige Liab' und Treu,
Wünsch i a niada Eh',
Weil da bleibt all's neu,
Und gibt wen'g Weh'.
Dazua den recht'n Kinderseg'n,
Bei all'n dazua an G'sund,
Und a gnua hab'n zum Leb'n.
Schön is a solcha Bund.

Willſt an Menſch'n gern kenna,
Wia b'ſchaffen is ſei' G'müath,
Was er will, laſſ' eahm nehma,
Was in ſei' Inner's di' führt.

---

Mit viel G'ſcheidt, do' wen'g Schick,
Biſt du nöt ſo guat d'ran,
Als wia da Dumme mit Glück,
Der's recht anpack'n kann.
Kannſt di' in d'Sach' ſchick'n,
Faſs't dos richti' End' an,
Viel wird dir da glück'n,
Mit dein Theil biſt guat d'ran.
Biſt a no ſo viel g'ſcheidt,
Ohne Schick do dazua,
Paſst du nöt unter d'Leut',
Anrennſt di' da aft gnua.

---

Zu der recht'n Zeit anheb'n,
Richti' anpack'n dö Sach',
Wann's notthuat afhänga;
Triafft dös recht im Leb'n,
All's kriagt aft an G'ſchmoch,
Brauchſt di' füri nöt dräng'n.

---

Willſt recht viel Aufſeh'n mach'n,
Natürlich's und Geg'ntheil thua verbind'n,
Aft richſt ſo was her zum lach'n,
Anbrennt wird ma di' do' find'n.

(79)

Der Schatz, der im Menjch'nhirn,
Und im Herz'n das G'fühl,
Wia dö zuastreb'n ön Ziel,
Siagt ma in eahn Werk'n;
Thoans di' richti' führ'n,
Bringt's uns viel Seg'n.
Die Schöpfung hat's ja geb'n,
Dajs 's guate Schaff'n stärk'n.

— — —

Wer die erste Liab hat empfund'n,
Hat da viel jchwere Seufzer thoan,
Z'ruck denkt ma, wann bund'n
Und jchon is a alter Mann.
Hat's a g'macht oft viel Schmerzen.
An d'Jugend denkt ma gern z'ruck,
B'jtändi' bleibt oan das im Herz'n,
Das erste Liab· und Jugendglück;
Wia ma da hat kinna dicht'n,
Wia ma tramt von Liebeglück,
Wia da 's Leb'n war voll Licht'n,
Und was 'bracht hat das G'jchick.

Verleger: Josef Deutl. — Druck von Carl Kolndorffer, Linz.

# Da erſte Gang in d'Fremd'.

Gibt was no' ſo viel Freud',
Hat ma's wiadawöll gern,
Trag'n thuat's in eahm 's Leid,
B'ſtändi' thuat's oan nöt g'hör'n.

So han i mir a denkt,
Wia mei Suhn is in d'Weit'
Han's draht und han's g'wend't,
Blieb'n is uns do' 's Leid.

Af da Welt hat's koa Dauer,
Frei nix hat an B'ſtand,
So feſt gibt's koa Mauer,
Dö nöt gang ausanand.

Wia i eahm die Hand geb'n
Und buſst han af d'Stirn,
Aft mein väterlich'n Seg'n,
Han i gmoant, mir z'ſpringt 's Hirn.

(81)

„Pfüat di' Gott," han i g'jagt,
„Leb' wohl, mei liab's Kind,
Was d'Fremd oan eintragt,
Mehr is bitter, wen'g lind.

Vergiss mia af's Bet'n,
Deinen Ältan eahr Liab,
Lass zum ersten di nia nett'n,
Wird 's Zweite nöt trüab.

Bleib' redli', bleib' brav,
Acht' heili' fremd's Guat,
Beginn so dein Lauf,
Heb' vor'm Alter dein Huat.

Sechzehn Jahrl bist vorbei,
Weil's dahoam di' nöt leid't,
Sei mei' Seg'n dir a Weib'
Weilst hiazt gehst in d'Weit.

Thua dir das guat merk'n,
Sei höfli', liab Fleiß,
Dein Kinna thua stärk'n,
Acht'n wer'n di' aft d'Leut'.

Die Welt steht dir off'n,
Do' geh nöt z'gach drein,
Nöt z'viel glaub'n, wen'g hoff'n,
Trüag'n thut oft da Schein.

Den Bekannt'n vom Freund
Thua guat untajcheid'n,
Da machst dir wen'g Feind.
Viel Übligs thuast meid'n.

Geh' die golda Mittelstraß'n,
Weich' nia ab vom Recht,
Thua den Müaßigang haff'n,
Aft geht's dir nia schlecht.

Lerna muaßt in da Jug'nd,
Verlier' dazua nia den Muath,
Gar schön is dö Tug'nd,
Im Alta geht's dir aft guat.

Recht handl', thua afmerka,
Was dei' G'wiff'n dir sagt,
Folgst dem, thuast guat werka,
Weil's das Schlechte verjagt.

Junge Leut soll'n in d'Weit',
Eahr Charakter wird fest,
D'Fremd' ziagt richtö Leut',
Is eahr hand'ln recht g'west.

Af d'Natur gib guat acht,
All's was thuat dort geb'n,
Siagst der Schöpfung ihr Macht,
's wird dein Herz zu ihr heb'n.

In der Schöpfung ihr'n Werk'n,
Les'n lern du guat d'rin,
Dein G'müath thuat's dir stärk'n,
Edel und rein halt's dein Sinn.

Da Natur ihr ganz Walt'n,
Nach an G'setz g'schiaht sei' Lauf,
Der's g'macht und thuat erhalt'n,
Dein Blick richt' oft hinauf.

Siagst an Wildbach, pass' auf,
Der thuat si' an nix kehr'n,
Reißt all's mit in sein Lauf,
Sei' Thoa is nur — verheer'n.

Aus dem Beispiel ziag a Lehr',
Nicht' dein Thoa a so ein,
Guat's schaff', nöt verheer',
Zu aller Nutz'n thuat's sein.

A miads Käferl und Graserl,
Acht', dass dö hab'n a Leb'n,
Und von wem dös is kemma,
Und weg'n was Er eahr's geb'n.

Um All'n Nutz'n zu bringa,
Is erschaff'n wor'n d'Natur,
Thua in sie guat eindringa,
Nutzen bringt's a dir gnua,

Kopf und Herz thuat's dir stärk'n,
A freudig's Schaffen thuat's geb'n,
Zur Allmacht Thoa und ihr Werk'n,
Auf in d'Höh' wird's di' heb'n.

Im Groß'n wia im Kloan,
Bet' an der Schöpfung Allmacht,
Wirst du a so thoan,
Hast nur Liacht, nia a Nacht.

Liab's Kind, thua das glaub'n,
Thua die Natur herzli' liab'n,
Für dei' Wandern wird's taug'n,
Zum künftig'n Glück wird's di' führ'n."

D'Muatta is aft kemma.
Ihr'n Seg'n hat i' cahm geb'n,
A Abschiad thuat i' nehma:
„Liab's Kind, bist mei' Leb'n.

Dein Votan sei' Lehr',
Die enthalt schon All's d'rin,
Was dir gibt a Wehr
Und recht halt dein' Sinn.

Zum Wandern hast Lust,
Dei' Hoam is dir z'eng."
Hat 'n g'herzt und abbußt,
Dös gang nöt af d'Läng'.

„Du kannst's no' nöt fass'n,
Was a Muattaherz leid't,
Wann's a Kind thuat verlass'n,
Und fortziagt in d'Weit'.

Das Best' was thuat geb'n,
A rein's Herz erhalt' dir,
Thua's zu Gott oft erheb'n,
Nöt leicht gehst aft irr'.

Was b'stimmt hat dir 's G'schick,
Is dös grob oder fei',
Bringt's dir nöt viel Glück,
Trag's und füag di' drei'.

Um 's Dasein hoaßt's kämpf'n,
Willst dir schaff'n an Bod'n,
Richti' muast da all's dämpf'n,
Nöt z'fruah a was lob'n.

Dein Koffa für d'Roaſ',
Was d' brauchſt, find'ſt da drin,
Geh' af'n richtig'n G'loaſ',
Guat und rein halt dein Sinn.

Dein Hoamſtall ſein Wert,
No nöt kenna kannſt dös,
In da Fremd' wird's dir g'lehrt,
Daſs drin weilt das Beſt'."

A Schweſter kimmt aft d'ran,
Steckt eahm a Röſal af'n Huat.
„Aſ Gott, ſagt ſ', thua bau'n,
Und bleib' uns ſtets guat.

Denk' oft af uns z'ruck,
Viel Glück dir und Seg'n,
Bet' gern, haſt a Bruck',
Daſs recht wird dei' Leb'n.

Leb' wohl, liaba Bruada,
Gehſt hiazt außi in d'Weit,
Lern viel in da Jugend,
A niade Sach' hat ihr Zeit."

's kloane Schweſterl is aft kemma,
A Vergiſsmeinnicht hat ſ' eahm geb'n.
„Liaba Bruada, thua das nehma,
Sein Sinn vergiſs nia im Leb'n.

Das kloane Blumal, dös zart,
Voller Unſchuld thuat's ſei',
Bleib' guat, werd' nia hart,
Zufried'nheit find'ſt da drei'.

Liaba Bruada, bleib' guat,
Gehst fort hiazt in d' Weit,
Dein Schutzengel sei' Huat,
Begleit' di' zu fremd' Leut'."

Fest Stand hat er g'halt'n,
Af All's, was er g'hört,
Soll sei' G'schick a so walten,
Dass er acht af den Wert.

„Mi' ziagt's so in d'Weit',
Han an inner'n Drang,
Möcht' seh'n fremde Leut',"
Sagt er, „habt's do' koa Bang."

Dei' Roas is no' kloan,
So han i mir denkt,
Ma kunnt a nix thoan,
Kam dö, was 's Leb'n end.

Ums Dasei' hoaßt's kämpf'n,
Bei oan wen'g, bei oan viel,
Dös laßt si' nöt dämpf'n,
's G'schick hat g'setzt das Ziel.

Die letzt' Roas' wird kemma,
Ma woaß ja das eh,
Dein Lauf schau so z'nehma,
Dass d' aufsteigst in d'Höh'.

# Da Hoamstall.

Willst du kenna den Wert,
Den da Hoamstall thuat hab'n,
Guat wird dir das g'lehrt,
Thua in da Weit di' umschlag'n.

Da lernst du's erst kenna,
Wer drin so guat haust,
Wo das Guat' thuat herkemma,
Von dort drin oder draußt.

Bleib ja koa Stub'nhocka,
Geh nur außi in d'Weit,
Laß di' do' nöt verlocka,
Schau dir z'erst an die Leut'.

Wirst das Richt'ge aft find'n,
Fest'n Charakta wirst kriag'n,
Brauchst dabei di nöt z'schind'n,
Laß von dein G'wissen di führ'n.

Hast di' viel umag'schlag'n,
Thuat's di in d'Hoam ziag'n,
Darfst drüber nöt klag'n,
Thuat di' d'Sehnsucht hinführ'n.

Und thuast in's Hoam kemma,
Kennst den Wert, der is drei',
Magst das wiadawöll nehma,
Nindast is do' so schea.

A miads Rejal und Platzl,
Wost dei Jugend verlebt,
Kimmt da für wia als Schatzl,
Was zur Schöpfung di' hebt.

Den Vögla eahr Singa,
Is nindast so schea,
Gar liebli' thuat's klinga,
In da liab'n Hoamat drei'.

A miads Wegerl und Bankerl,
Erst d'Kircha dort ob'n,
Wost oft warst mit 'n Mamal,
Wo's dei' Gmüat oft hat g'hob'n.

Wo da Muatta ihr Lehr'
In dein Herz g'legt den Sam',
Der gegen 's Schlechte als Wehr,
Aufganga is zu an Bam.

Triaffst dö du verlassen,
Am Leb'n nimmer an,
So thua di' do' fass'n,
Dei' Schöpfer hat's than.

Denn leicht kann's ja sein,
Daß du f' g'sunda verlaßt,
Kehrst in d'Hoamat du ein,
Daß d' koane Ältan mehr hast.

Is dei' guats Muattal hoam ganga,
Is dei' liaba Vater a fort,
Wohin dei' Herz hat Verlanga,
Suach dirs af, sie lieg'n dort.

Wenn di' das hat troff'n.
D'Ältanliab geht nia aus,
Thua fest glaub'n und hoff'n,
Triaffst's im himmlisch'n Haus.

Eahrn Seg'n, den s' z'rucklaff'n,
Vergißt a Kind nia,
Der zeigt eahm ja d'Gaff'n,
Daß nöt leicht geht irr.

Triaffst Alle g'sund beim Kemma,
So dank' Gott für das Glück,
Zur Kirch'n thua den Weg nehma,
Daß so liab g'woalt dei' G'schick.

So a Hoamkehr, o mei',
Wia da 's Muattaherz schlagt,
Siagst du a nöt do drei',
Fühlst du mit, weil's di' packt.

Dei' Vota wischt si' d'Aug'n:
„Kimm her mei' liab's Kind,
Han g'habt Gottvertrau'n,
Daß i di' wieder find't."

Sie seg'n di' hiazt wieda,
Druck'n di' an eahr Brust,
So a Hoamkehr der Kinda,
Schwellt eahr Herz volla Lust.

Hast a Schwestan und Brüda,
Dö bleib'n a nöt hint.
Fühl'n thuat's ja a niada,
Was für Freud Enk verbind't.

Wia da Hoamstall is guat,
Das lernst erst versteh'n,
Fühlst du nimma sei' Huat,
Muaßt unter fremde Leut sei'.

# Allahand G'stanz'l.

## 1.

Zwoa ganz gleiche Leut'
Findst nöt in dein Leb'n,
Kannst roas'n a weit,
Das thut's halt nöt geb'n.

Betracht' d'Körpamodö,
Wia dö is verschied'n.
Reich sei', dabei nothi',
Is z'viel übertrieb'n.

Bist du dünn oda dick,
Hast koa Haar mehr af'n Kopf,
Kannst a sag'n von Glück,
Will neamt beuteln dein Schopf.

Da Dicke soll renna,
Wen'g da Dünne si' beweg'n,
Den Oan thua wegnehma,
Den andern thua's geb'n.

––––––

Thuast d'Soat'n z'fest spanna,
Halts dir nöt lang aus,
Laß dazua dir nöt blanga,
Nutz'n ziag für's Leb'n d'raus.

Feine Schneid kriagt leicht Schart'n,
Af glatt'n Bod'n thuast leicht fall'n,
Hast koa Geduld nöt zum Wart'n,
Bitta muaßt das oft zahl'n.

A guate Kuah suach in Stall;
Willst kriag'n a recht's Wei',
Thuast anwend'n den Fall,
Triafft di' nöt leicht die Reu.

Da Wassertropf'n is rund,
Viel solche thuat a Strom hab'n,
Willst dir leg'n an guat'n Grund,
Dei' Sach' thua kloan z'sammtrag'n.

Aus 'n Tropf'n werd'n Quell'n,
Da Strom und a 's Meer,
Es wird dir nöt fehl'n,
Haltst beim Spar'n auf die Lehr'.

Die Muck'n liabt d'Sunn,
Wasser muaß da Fisch hab'n,
Und a solcha bleibt dumm,
Der si' nix laßt dasag'n.

Thua di' kehr'n an die Leut,
Und acht' a eahr Brau',

Dalebſt da mehr Freud',
Fallſt nöt leicht af'n Bau'.

Haſt Durſt, ſo thua trinka,
Find'ſt du d'ran ka End,
Sauf Waſſer, wird's g'linga,
Mit dö Dein wirſt nöt lend.

Haſt a Stimm', ſo thua ſinga,
Dabei derfſt do' nöt krah'n,
Bild'ſt dirs ei', da gibt's Crümma,
Weil's di' thuan außidrah'n.

An a treue, feſte Liab,
Haſt dazua du den Glaub'n,
Laſs das von koan trüab'n,
Guat wird dir das taug'n.

Ohne Liab' kann die Creu'
A wohl guat beſteh',
J möcht do koa Wei',
Wo die Liab nöt thuat ſei'.

Dö Liab leid't koan Zwang,
Wo das thuat do' ſei',
Hat's an unſicher'n Gang,
Jn das miſch' di' nöt drei'.

Will di' oanö nöt hab'n,
Möchſt ausüb'n an Zwang,
Sie wurd' dir's nachtrag'n,
Mach' koan ſolchen Gang.

Willst an Fried'n in Haus,
Thua dir merk'n dö Lehr',
Lass im Vertrau'n nia aus,
Dazua is die best' Wehr.

Den besten Fried' thuats geb'n,
's gilt für Unt' und für Ob'n,
Weil's so is 's Mensch'nleb'n.
Dass durch's Edle wird g'hob'n.

———

S'erst lern di' selbst kenna,
Hart kimmt's di' nöt an,
Wia die Leut' di' thoan nehma,
Deine Faihla siagst d'ran.

Hast das in dein Sinn,
Bist geg'n and're nöt hart,
Im Gmüath hast das drin,
Wias hab'n will die Art.

———

A niade Arbeit thua acht'n,
G'schiachts mit Kopf oda Hand,
Dem thua nur zuatracht'n,
Das Nixthoan is a Schand.

Je mehr Fleiß in an Haus,
Je mehr Friede is drin,
Geht das Erste nöt aus,
Gibt's an häuslich'n Sinn.

Hoffnung und da Glaube,
Und d'Liab, dös san drei,
Wia guat thuat's oan taug'n,
Fund't ma si' 's rechte Wei'.

Haſt in dir Adlerbluat,
Wird's dahoam dir nöt taug'n,
Ueberleg' dir's do guat,
Bei wem d' anfangſt zum raub'n.

Raubſt dir Wiſſen, haſt recht,
Thuaſt nix anders anrühr'n,
Wirſt a Herr, bleibſt koa Knecht,
Laſs di' von dem führ'n.

Da geh' nur auſſi in d'Welt,
Weil's dahoam dir war z'kloan,
Brauch'n thuaſt a groß Feld,
Für dein künftiges Thoa.

Haſt du Taub'nbluat in dir,
Beſſer is, bleibſt dahoam,
Sunſt kimmt dir was für,
Weil z'wen'g feſt iſt dei' Koam.

Es faihlt dir da Muath,
Kannſt wohl nix dafür,
Für dei' Leb'n is ſo guat,
Gehſt nöt weit von da Thür.

———

Willſt du viel prahl'n,
Deine Blöß'n deck' zua,
Deine Schulden thua zahl'n,
Spott trifft di' ſunſt gnua.

— —

Um zwoa Köpf biſt größer,
Und i bin do' nöt kloa,
Kamſt no' mit zwoa Röſſa,
Kunnſt mir do' nix thoa.

Wen'g wiff'n, wen'g glaub'n
Bift nöt fo guat d'ran,
Beffa wird's dir taug'n,
Bift in Glaub'n guat an.

Nöt z'wen'g und nöt z'viel,
In da Mitt'n bleib' d'rin,
Aft haft das recht' Ziel,
Dei' Thoa hat an Sinn.

Derleger: Jofef Deutl. — Druck von Carl Kolndorffer, Linz.

# 's Chriſtkindl.

Den Chriſtbaum anzünd'n,
Volla Freud' auf das Feſt,
Alle hab'n ſi' eing'fund'n
Und ſan verſammelt da g'weſt.

A Schübal Kinda voran,
Nocha d'Großältan dazua,
D'Ältan kemman aft d'ran,
Aft Döanſtleut a Fuhr.

A Töchtal, bagſchirli',
Möcht gern um was frag'n,
Es thuat gar manierli'
Sein liab'n Muatta das ſag'n.

„Ha Muatta, i bitt' ſchön,
Thua uns do' hiazt ſag'n,
Thuat 's Chriſtkindl da ſein,
Möcht's gern um was frag'n.

Wia's denn thuat bei sein Werk,
Dass bei sein Schlepp'n nix bricht,
Wo s' denn hernimmt sei' Stärk',
Und wer eahm trag'n hilft.

Ob 's denn nöt a thuat irr'n
Bei dem Austhoal'n der Sach',
Und ob 's nix thoat verlier'n,
Wer da halt dabei Wach'.

Ha Vota hilf dazua,
Dass 's mir thoan dafrag'n,
Mia gibt's gar koa Ruh',
Möcht eahm no' mehr sag'n."

„Liab's Kind," sagt d'Muatta draf,
Dein Will'n sollst heut hab'n,
Du bist ja all'weil brav,
Hör' wia si' das thuat zuatrag'n.

Da liabe Vota soll red'n,
Wia's mit'n Christkind thuat sein,
Und wia's thuat all's geb'n,
Wia's 's anstellt oft fein."

Da Vota sagt: „Zum Leb'n
Die schön' Sachan, a viel,
Thuats nöt alloan geb'n,
Für's Christkindl sei' Ziel.

Goa für Viel thuat's was bringa
Zu sein künftig'n Lebenslauf,
Was in's Gmüath thuat tiaf dringa,
Hört's d'rum zua und passt's auf:

Dreißig Jahrl is heut' g'rad',
Trag'ns a Muatta zur Ruah,
Ihr Kind bleibt af ihr'n Grab,
Möcht' si' gern leg'n dazua.

Was fang' i hiazt an,
Mei' Hoam is begrab'n,
Han i Unrecht's thoan,
Liabe Muatta, thua's sag'n.

Liaba Himmelvota d'rob'n,
Was soll i hiazt thoan,
Die liab'n Ältan hast ob'n,
Lass mi' da nöt alloan.

Christkindl, bitt' di' recht schön,
Heut' thuast All'n was geb'n,
Schau her af mei Sein,
Nimm mi' mit aus dem Leben.

Koane Ältan, koa Hoam,
Ganz verlass'n bin i,
Was soll i da thoan,
Erhör mi', i bitt di'.

So thuat da Bua klag'n,
Geht im finstern aft fort,
Wohin? thoat's ös frag'n,
Hat koa Hoamat mehr dort.

Er thuat halt fortirr'n,
Siagt a fenster beleucht'
Dort thuat's 'n hinführ'n,
Und wart' da an Eicht.

Siagt an Baum in da Stub'n,
Wo viel Liachta anzünd',
A viel Sachen herum.
Und zwoa Leut' mit an Kind.

A Christbam, schön afpußt,
Do' die G'sichta dort d'rin,
Eahr hat's nöt viel g'nußt,
Nöt froh war eahr Sinn.

's Mad'l siagt er steh'n,
So kloa und so zart,
Was muaß denn dös sei',
Koans find't recht a Wort.

Eahr Kind hab'n s' heut tragen,
Af den Freidhof, o Schmerz,
Sö können net klag'n,
Weil z'schwer is eahr Herz.

„Mei' Brüdal," fragt's Madal,
Wo wird's wohl hiazt sein?
Schaut außi zum Fensta,
Siagt a Kind dort'n steh'n.

Schaut's an voll Verlanga,
Seine Handerl thuats heb'n,
„Mei' Brüadal is fortganga,
Christkindl, thua's mir wiedageb'n.

Siagst Muatta, dort drauß'n,
A Kind thuat dort steh'n,
Bitt' führ's zu uns eina,
Wia mei Brüadal thuats sei'."

(160)

Den kloan Madal sei' Will'n
Is g'scheh'n, weils so guat,
Hilft eahrn Kumma a still'n,
Trag'n a mit mehr Muat.

Sei Load thuat's Kind klag'n,
„Han koane Ältan, koa Hoam,
Wo wird's mi' hintrag'n."
Un fangt an zum woan.

Selba hab'ns 's Kind verlor'n,
Dös Load thoans schwa trag'n.
Sö empfind'n mit Wärm,
Thoan ja selba mit klag'n.

Das Madal voll Mitleid,
Thuat zu den Ältan die Bitt':
Lasst's das Kind nöt in d'Weit,
Soll bei uns kemma mit.

Mei' liab's Brüadal is fort,
Heut hab'n ma's begrab'n,
Das steht an sein Ort,
's Christkindl hat's hertrag'n.

Mamal, thua di' schön bitt'n,
Votal, thua mir's erlaub'n,
Lass dös Buabal mi' schütz'n,
Als Christkindl thuat's taug'n."

Den Buam hab'ns dort g'halt'n.
Bei an niad'n Christbaumfest
Hab'ns dankt der Allmacht Walt'n,
Dö All's macht am best'.

Dö zwoa Kinda san g'wachs'n
Zu den Altan eahr Freud,
Hab'n a trieb'n Jugendfax'n,
Hab'n do' g'macht koa Leid.

Und wia si' all's thut schick'n,
Ma kann's frei nöt versteh'n,
Mag ma abwehr'n oda bitt'n,
's G'schick thuat sein Weg geh'n.

A so is dös a kemma,
Und zur recht'n Zeit g'scheh'n,
Thoan si' zu Eh'leut dö nehma,
D'Altan hab'n das gern g'seh'n.

Dö zwoa Leut' in eahr Leb'n,
Hab'n stets dankt dem G'schick,
Was eahr hat all's geb'n,
Mit dem Load a viel Glück.

Ös möcht's a gern wiss'n,
Wo si' das hat zuatrag'n,
Wo das g'macht word'n und z'riss'n,
Enka Muatta thoat's frag'n.

Das Madal beim Christbam,
Enka Muatta is g'west,
Her schaut's wia a Tram,
Denk' i z'ruck af das Fest.

Das Buabal, so verlass'n,
Was beim Fensta g'schaut n'ei',
Das 's Christkind'l hing'führt hat,
Enka Vota thuat's sei'.

Für da Großältan eahr Walt'n,
Unsern liab'n Ältan eahr Lehr,
Thoan ma d'Händ' z'sammfalt'n,
Dank' ma Gott, Eahm sei Ehr.

Liabe Kinda, thoats nia wank'n,
Zum Christkindl schaut's auf,
Thoat's vom Herz'n eahrm dank'n,
Das uns b'stimmt so den Lauf.

Daſs ös seid's herkemma,
Kost habt's da Ältan Leb'n,
's G'schick muaſst a Kind nehma,
Sunst hätt's das Enk're nöt geb'n.

Thoats stets draf denk'n,
Was 's G'schick hat für'n Lauf,
Und wia's All's thut lenk'n,
Da vergeſst's ja nia d'rauf.

Nöt nur dö schön Sach'n,
Was 's Christkindl thuat geb'n,
Diel beſſer's thuat's no' mach'n,
Was dauert das ganz' Leb'n.

Enkrö Großältan und mia,
hab'n ja das erlebt,
Dös vergeſsts ja a nia,
Weil's zur Allmacht erhebt.

D'rum thoan ma bet'n, dank'n,
Dem Christkindl was geb'n,
Im Guat'n thuat's nia wank'n,
Und recht handelt 's ganz Leb'n.

Unſer Sein thuats vermiſch'n,
Mit Verſchiednan, was thuat,
Es erhalt die recht' Friſch'n,
Alle ſan in ſeiner Huat.

Denn nöt nur die ſchön' Sach'n
Thoan uns Nutz'n bringa,
A groß Load thuat's oft mach'n,
Mit dem's eahm thuat gelinga.

Bei an niad'n ſolch'n Feſt,
Merkt's das für's ganz' Leb'n,
Bet's nur um das Beſt',
Das Enk 's Chriſtkindl ſoll geb'n.

# Da Stelzhamerbund.

Schaut ma ſi' um in da G'ſchicht,
Was a Volk g'habt für Macht,
Wo d'Liab zur Hoamat g'richt
Und wo's zur Einigkeit tracht'.

Wird das beim Kind ſchon pflegt,
Beim Erwachſ'na wird's ſtark,
Wem das wird ins Herz g'legt,
Der bleibt g'ſund bis ins Mark.

Da Muatta ihr Thoa steht ob'n,
Ihr guat's Walt'n bringt Seg'n,
Davon wird's Kinderg'müath g'hob'n,
Was eahm einö thuat leg'n.

Pflegt d'Muatta die Hoamatliab',
Schafft's a guat's häuslich's Hoam,
Dös strahlt af's ganz' Votaland,
Kraft und Schuß bringt ihr Thoan.

Legt ma beim Kind den Bod'n,
Seg'n bringt's All'n und Glück,
Da Völkafried'n wird da g'hob'n,
Recht lenk'n werd'n s' eahr G'schick.

Da Stelzhamerbund hat das Ziel,
Eahna drei san da beinand',
Guat's g'schafft hab'ns schon viel,
Z'samm halt's a fest's Band.

So a Band, was nöt reißt,
Was das Hoamg'fühl gut pflegt,
Was All'n das Best' leist't,
Und den häuslich'n Sinn weckt.

Dö Hoamatliab thuat das sei',
Schaff'n woll'ns häuslich's Glück,
Greift dös in d'Familie 'nei',
Guat walt' da eahr G'schick.

Unsan Dichtern eahnö G'säng',
Die das Herz und Geist heb'n,
Laut'n schöne Hoamatkläng',
Woll'n's, dass mia's a pfleg'n.

Wer das z'schaff'n hat in Sinn,
Und die Hoamatliab will,
A warm's Herz hat der d'rin,
Guat und edel is sei Ziel.

Daſs ma unf're Dichta kinnan lef'n,
Dö so warm red'n zum G'müath,
Und kenna lerna eahr Wef'n,
Das hätt' si' All's bald verirrt.

Daſs dös nöt hat g'scheh'n kinna,
Hat da Stelzhamerbund thoa,
Er hat z'sammg'suacht dö Trümma,
Wia hab'n den Nutz'n davon.

„In da Hoamat" thoans dazähl'n
Von die mundartlich'n Kläng
Da Dichta, dö todt und am Leb'n,
Und Auszüg' von eahrnö G'säng'.

Von Stelzhamer, von Lindermayr,
Koplhuber, Fischer, Schlosser,
Von Haydecker, Kaltenbrunner,
Und von Wagner, Zöhrer, Moser.

Aft von Halter, Reitzenböck, Luber,
Lobbe, Puchner, Reischl, Jungmair,
Margelik, Gärtner, Voglgruber
Und Purschka, Matosch und Mayr,
Nacha Kirchmaier, Keim, Hanrieder.

Innbach, Reidinger, Pailler,
Kurzwernhert, Schönberger,
Werks, Hörmann, Oberneder,
Aft Haindlmair, Fungeren und Kellnarn.

Viele Ständ' san da vertret'n,
Docta, Boda und Lehrer,
Pforra und a oa von Klösta,
Dabei a d'Volksernährer.

Simadreiß'g san solche Dichta,
Dö zu eahn Hoam schön singa,
Für uns san's dö best'n Lichta,
Guat's wolln's da Hoamat bringa.

A neuch's Thoa heb'ns hiazt an,
Vom best'n Dichta sein Werk,
Wia's da Stelzhamer kann,
Zoagt sei' Mundart voll Stärk.

Zwoa Büachl von den alloa,
Thoans außa hiazt geb'n,
Was dö woll'n mit eahr Thoa
Is, den häuslich'n Sinn heb'n.

J han selba schon drin g'les'n,
O mei', wia dös is so schön,
Wia der b'schreibt unsa Wes'n,
Und was für a G'müath da is drei'.

Den Schatz thuat's Enk kaf'n,
Hoamatlö Bilda san a d'rin,
Find's viel Liab drin und G'fühl,
Dös Ganz' zoagt Edelsinn.

Viel solche Büachl hab'ns g'macht,
Dö soll'n kemma unter d'Leut',
Wird von uns dazua tracht',
Mach' ma uns und eahr Freud'.

Denn die G'schicht' hat viel kost',
Dank'n ma eahm so dafür,
Daß er nöt wird dabost,
Daß eahm no Geld kost' sei' Müah.

Den Nutz'n thoan mia hab'n,
Für unsa Volk bringt's a Wehr,
Liab zur Hoamat wird's trag'n,
Allen bringt's Nutz'n und Ehr'.

## Allahand G'stanz'l.

### II.

Warm liab'n und nöt lass'n,
Mit Treu richti' g'mischt,
Und das Ueb'lred'n hass'n,
A so is ma recht g'mischt.

D'Liab warm, dös halt an,
Z'viel Hitz versliagt bald,
An das kehr' di' d'ran,
Ast wirst dabei alt.

Thuast in d'Liab hitzi' geh'n,
D'Weiberleut' hab'n das gern,
's Richtig' thuat das nöt sei',
Wirst bald da umkehr'n.

(108)

Schön zach und schön zügö,
Geh drei', das ist 's best',
Das is nöt leicht trügö,
So a Liab, dö halt fest.

Z'fruah anfanga z'liab'n,
Rächa thuat si' das bald,
Dei' Zualunft wird's trüab'n,
Viel z'bald wirst du alt.

Heb' dös nöt z'bald an,
Daglöcka lannst leicht,
Richst di' da recht d'ran,
Kriagst aft viel guate Eicht.

---

Thuast di' z'viel buck'n,
Z'viel drah'n nach 'n Wind,
Schön is nöt dös Duck'n,
Dei' Thoa is nöt lind.

Kannst's a zu was bringa,
Thuast dei G'wiss'n recht hör'n,
Will's a nöt recht g'linga,
Halt ma di' do' in Ehr'n.

Das Heucheln is schlecht,
Schaust an so a G'sicht,
's hat a Form wia a Hecht,
Für den kimmt ja a 's G'richt.

---

Es liegt do' nix d'ran,
Und hast a ganz recht,
Schaust dö Dirndln gern an,
Da machst da nix schlecht.

D'Weiberleut' hab'n an G'fall'n,
Thuaſt ſ' off'n anſchau'n,
Weil ſ' af d'Reſch'n mehr halt'n,
D'rum thua di' nur trau'n.

—————

Thua ja richtö roat'n,
Zu da recht'n Zeit wehr'n,
Dein Buam wirſt ſo loat'n,
Daſs er halt di' in Ehr'n.

—————

J kann gar nöt henga,
Muaſs bringa no' mehr,
So weit möcht i glenga,
Daſs für's Üble gab Wehr'.

—————

Zu an Schuah brauchſt an Loaſt,
D'Kopfhaar ſan nöt glei',
Wannſt was ſicha nöt woaßt,
Aft halt liaba dein Maul.

—————

Willſt kenna die Eisflöh?
D'Schulkinda thoans ſei',
Springa thoans nöt in d'Höh,
A eah Stich is nöt fei'.
Wias dö thoan macha,
Kann dir koſt'n an Lauf,
Da haſt du nix z'lacha,
Halt dir's weg und paſſ' auf.

—————

Haſt bei dein Wei' dös g'fund'n,
Ueber das d'Zeit nix vermag,

Guat hast di' da verbund'n,
Weilst hab'n wirst koa Plag'.

Thuast du G'nusssucht suacha,
Und 's Wei' halt di' nöt z'ruck,
Alle zwoa werd's z'letzt fluacha,
Verbrennt habt's Enka Bruck'.

Thuast di' do' so verbind'n,
Dass koa G'nusssucht kann drei',
Aft brauchst di' nöt z'schind'n,
Mit dö Dein' hast guat sei'.

Dürr's Holz is zum brenna,
A Werkholz kann's a trag'n,
Thuat's bei dir a so kemma,
Mag di' a neamt mehr hab'n.

———

Frisch, köbö und fest,
Willst du a so wer'n,
So bleib nöt in dein Nest,
Thua di' an dö Leut' kehr'n.

Richti' umgeh'n mit Leut',
Wen'g thoan, das versteh'n,
Bringt's oana nöt weit,
D'rin kann da Grund sein.

(111)

# Öbs van Mühlvirdl.

Ö dö Mühlvirdla Berö,
Geh's Dal af und Dal ou,
D'Hax'n griag'n dort a Sterö,
's Bäuschl hast a danoh.

Wia's dort schmaz'n und plaz'n,
Mogst da's moast kam vasteh,
Pfoadstock hoaßt dort Bedö,
Schüala hoaßt was nöt schen.

Anö, g'soad und g'froad
Jö, so schmaz'ns dort drent,
Aft a Dawold und G'joad,
Drärsch'n z'rinna hoaßt g'flennt.

Z'nachst hat oana fürplärrt,
Z'wö dagelst dös so fei',
Aft han i earhm's zuag'röhrt,
Jnsa Schmaz'n thoan wen'g vasteh'.

J kunnt Enk ella drüaln,
Ös mögt ös nöt vasteh',
Darantwög heng i mit den af
Und thua zu meina Schreibweis' geh'.

Verleger: Josef Deutl. — Druck von Carl Kolndorffer, Linz.

# Wia da Mensch b'schaffen is.

Wia die Bib'l thuat uns lehr'n,
Wurd' da Adam z'erst erschaff'n,
Alloan hat's eahm da nöt g'freut,
D'rum muaßt' da Herrgott d'Eva mach'n.

„So a langweilig's Sei' is do,
Was soll i denn da macha?"
Sagt da Adam voll Vadruß
Und fangt aft an zum schlafa.

Da Herrgott denkt: „Du kimmst ma recht,
Thuast du a nocha ment'n,
Aus a Ripp'n wird d'r d'Eva g'macht,
Dö wird dir g'wiß niy schenk'n."

Wia da Adam wird aft munta
Und reibt fi' aus die Aug'n,
Schaut er fi' dös Weibsleut an,
Denkt eahm: „Du thuast mir taug'n."

(113)

Da Herrgott in da guat'n Weis',
Sagt: „Macht's ma na das Richti',
Bleibt's ös brav, aft faihlt Enk' nix,
Thoat's andast, wiar i schichti'.“

Bekanntli' hat die Eva aft
Ön Adam, den guat'n Lapp'n,
Zum Apf'lnasch'n a vaführt,
Aus 'n Paradies hab'ns müass'n dapp'n.

Da Herrgott hat's schon früher g'spannt,
Dass so a G'schicht wird kemma,
D'rum hat er so den Mensch'n g'macht,
Dass er drauß't nöt kimmt ön Klemma.

Das Göttawerk, thua d'raf acht'n,
Aus was da Mensch thuat b'steh'n,
So kurz als mögli' thua is b'schreib'n,
Wia das Wundawerk thuat sein.

G'studierte Leut', die kennan das,
Do' die andern wissens nöt,
Für die is g'schrieb'n, dass einiseg'n
In d'Natur ihre Wundaweg'.

Das thuat an niad'n Nutz'n trag'n,
Siagt ma, wia's da geht zua,
Begreift ma guat und acht draf,
Daspart ma oft a Cur.

Ohne Grundfest gibt's koan Bau,
D'rum hat da Mensch die Boana,
Dö geb'n für all's den recht'n Halt,
All's kann si' guat anloana.

A Übazug is von auß'n um,
A niads Boan muaß den hab'n,
Der thuat eahr das Fuatta geb'n,
Daß all's kinnan datrag'n.

Daß si' das Ganz' kann rühr'n,
San dö Boana so vabund'n
Durch Gelenka, dö guat g'schmiert,
Daß koans wird vaschund'n.

Daß dö guat beinanda bleib'n,
Und außa kann nöt d'Schmier,
San gnua Flaxnbandl da,
Und 's Kapsband is für.

Köbö müaßst'n d'Glenka geh'n,
Die End' sein glatt und fein,
D'Schmier darf d'rin nöt ranzö wer'n,
Sunst kunnt da Mensch nöt geh'n.

Was ma Fleisch nennt so im Leb'n,
Thuat ma richti Muskl nenna;
Der eahr Form is vaschied'n,
Danach s' wo thoan fürkemma.

Die Muskln hab'n af beide End'
A ang'jetzt starke Flax'n,
Dö leg'n si' fest an d'Boana an,
Sonst machat'n die uns Fax'n.

Weil all's guat vabund'n is,
D'rum kinnan d'Muskln werka,
Vom Länga- und vom Kürzawer'n,
Kimmt d'Bewegung, thua dir's merka.

Da Mustl' eahrna Schuldigkeit
Is, d'Bewegung her zu halten,
Danachs länga oda kürza wer'n,
Thoans di' vielfälti' g'stalten.

Boana, Flax'n, Mustl', G'lenka,
Richtö san dö so vabund'n,
Und d'Heblwirkung is so groß,
Daß die beste Kraft wurd' g'fund'n.

Wo a Flax'n gar viel macha muaß,
Liegt a Beut'l mit a Schmier,
Da rutscht a leicht und wird nöt hoaß,
Guat g'sorgt is da dafür.

Zu all'm, was ma untanimmt,
Muaß ma Bewegung macha,
Die Mustl' in verschied'na Weis',
G'hör'n mit zu solche Sacha.

Die best' Mechanik wia 's gibt,
Siagt ma da in all'n d'ran,
Die Heblg'setza siagt ma da,
Wias da Herrgott selba thoan.

Hiazt kemman ma zan Überzug,
Haut thuat ma 'n g'wöhnli' nenna;
Daß wichti' is zu dera G'schicht,
Das wer'n ma a glei' kenna.

So zügö is wia Strudltoag,
Die muaß ja gar viel leist'n,
Beim Mager- oda Foastawer'n
That's da glei' a z'reiß'n.

(316)

Aft wia's so zierli' is da g'macht,
Thuats zu a Körpaöffnung kemma,
Wos in a Schleimhaut übageht,
Wo's sei' End thuat nehma.

D'Nägl, die an Händ und Füaß,
Was bring'n dö für Nutz'n,
Goa für solche, die koa Arbeit hab'n,
Weil s' di' kinnan selbö stutz'n.

Dass d'Haut woach und g'schmeidi' bleibt,
San drinnat viel Fettdrüs'n,
Wanns da kam zum Sprödiwer'n,
Thoans d'Fett'n außagiaß'n.

Aft beim Schwitz'n sagt ma's frei,
Wias Wassa thuat ankemma,
Was in da Haut steckt d'rin,
Don sein Bluat thuats das hernehma.

Schweiß und Fettdrüas'n in da Haut,
Goar wunderbar san s' b'schaff'n;
So sans g'richt, dass nöt z'wen'g,
Und a nöt z'viel thoan mach'n.

Da Kopf voll Haar is gar schön,
Faihl'ns z'fruah draf, vermuat ma Sünd'n,
Wia's d'Schöpfung da hat g'macht,
Da Mensch kann's nöt dagründ'n.

Hitz und Kält'n zoagt's oan an,
Viel Bluat is drin vorhand'n,
Sie hilft den Bluatlauf regulier'n,
Faihlats da, ma wird leicht z'schand'n.

Da Hunga is a zwid'ra Kund',
Mit'n Maul thoan ma beginna,
Dass ma dem gnua bringa kann,
D'rüba muass ma viel nachsinna.

War' im Maul koa Speich'l d'rin,
So war' die G'schicht ganz trucka,
That ma a viel beiß'n z'samm,
Ma kunnt's do nöt vaschlucka.

Hätt' ma koane Zähnt nöt drin,
Müasst ma's ganz vaschlucka,
Af d'Läng' kunnt das a nöt geh'n,
Weil da Mag'n wurd' spucka.

Da G'schmack is in da Zung',
Der is a gar stark wichti',
That der nöt sei' Schuldigkeit,
So gang d'G'schicht nöt richti'.

Goar viel Drüas'n san im Maul,
Dö an Schleim thoan macha,
Dass si' drin nix reib'n kann,
Und glatt wer'n drin dö Sacha.

Faihlat von den vier Sach'n was,
Da wurd ma bald dakemma,
Mit'n G'sund gang's nöt af d'Läng',
Bald saß ma in da Klemma.

Den Speich'l braucht ma zum vadau'n,
Drei Pfund pro Tag thoans mach'n,
Die Drüas'n lieg'n beim Ohr und Maul,
Verdauli mach'n die Sach'n.

Da grade Weg von Maul zum Mag'n,
Thuat durch den Schlund grad führ'n,
Hat der amal das Eff'n packt,
Kann si' nix mehr verirr'n.

Die ganze Röhr'n is glatt und fei',
Es thuat da all's leicht rutsch'n,
Enga kanns und weita wer'n,
Zu all'n thuat's guat gusch'n.

Da Mag'n, o mei', das is a Held,
Der will sei' Recht stets hab'n,
Möcht ma dem ka Arbat geb'n,
Da gang's oam bald am Krag'n.

A Nachgeb'n kennt der Nigl nöt,
Da nutzt koan Flenn und Bitt'n,
Für den hat ma das Moaste z'thoa,
Muaß fort rackern si' und schind'n.

Der Sack hat a sei' oag'ne Weis',
Und was drin san für Sach'n,
Allsanda was da einikimmt,
Thuat er woach und flüssi' mach'n.

Die Drüas'n, was da drinnat san,
Ganz vasteckt in seina Haut,
Daß Lab und Schleim wird drin g'richt,
Daß was einikimmt verdaut.

Z'viel einibringa derf ma nöt,
Kann a 's Larsei' nöt vatrag'n,
Wenn ma so die Mitt'n halt,
Thuat er nöt weita klag'n.

Was der Kund' für Arbat macht,
Thuat er si' guat benehma,
Labsaft pro Tag af dreizehn Pfund,
Muass von seina Haut herkemma.

Enga und weita wird er b'ständi',
So lang no' is was d'rin,
Das mischt er als guat durchanand,
Schiabts aft zum Dünndarm hin.

On Dünndarm, nöt weit vom Mag'n,
Siagt ma da mehra Lucka,
Dö Leber und a Drüas'n thoan eahn Saft
Zu da Nahrung einödrucka.

Dö Gall hilfts Fett verthoal'n,
Und dass wird drin nix fäuli',
Dass all's a guat durchanand
Und leicht vonand wird theili'.

Dünndarmschleimhaut is a Kunst,
Wia dö is fein b'schaffn,
Volla feine Fad'ln is,
Die da a Kunststuck mach'n.

Darmzott'n sans, eahr Aufgab' is,
Das Brauchbar all's einz'saug'n,
Und zur Bluatbahn weiterführ'n,
Wias thuat zur Ernährung taug'n.

Liaßen die eahr Arbat steht,
Oder hättens nix zum schlick'n,
Wurd ma b'ständi' dünna wer'n,
's Leb'n that nöt lang glück'n.

Der ganz' Darm sei' Arbat is,
Si' b'ständi' zum beweg'n,
Im enga-, weita-, kürza-, längawer'n,
Thuat mit sei' Werk'n leg'n.

So lang was drin is, is koa Ruah,
Luft muaß a viel drin sei',
Damit 's Ganze guat elastisch bleibt,
Und lieg'n bleibt nix d'rei'.

Wia das Ganz' aft weitarutscht,
Und hat mehr koan guat'n Biss'n,
Hat's a thoan ihr Schuldigkeit,
Und wird aft außig'schmiss'n.

Von Drüas'n san vaschiedna Art
Im ganz'n Darm vorhand'n,
Faihlat da was in ehrna Art,
Das Ganze wurd' da z'schand'n.

Daß da ganze Darm so bleibt,
Wias sei' G'schäft thuat schick'n,
Mit'n G'krös is er z'sammag'macht,
Daß er kann si' nöt verwick'ln,

Die Leber af da recht'n Seit',
Thuat a die Gall herricht'n,
Wia das schon g'sagt is wor'n
Zu den Verdauungsg'schicht'n.

Drei Pfund Gall für oan Tag
Thuat's dem Darm zuabringa,
Machat die ihr Arbeit nöt,
All's that aft drin verstinka.

D'Milz liegt af da linf'n Seit',
Was dö hat da für Benehma,
Bis dato waß mas nu nöt,
Ma thuat sein Zweck nöt kenna.

Wird an Hund dö auffag'fchnitt',
Da wird er aft recht lüfti',
Er find' fi' da ganz guat dabei,
Und kann aft renna tüchti.

Sie muaß a an Nutz'n hab'n,
Thuat ma 'n a nöt kenna,
Liaß ma fi' dö wegathoan,
Kunnt ma um d'Wett' renna.

All's was d'Natur hat thoan
Is wunderbar und richti',
Wenn ma's a nöt faff'n kann,
Und wird oft drüba fchichti'.

Was ma no' ön Bauch hat d'rin,
G'fchlechtsart, aft die Nier'n,
Will i do' nöt all's befchreib'n,
Das that mi z'weit führ'n.

D'Nier'n und was z'mach'n hab'n,
San wichti', kann Enk's fag'n,
Schopat's fi' bei denan was,
Ma kunnt's nöt lang vatrag'n.

Direct von dem Schlagadabluat
Thoan's den Harnftoff nehma,
Blieb da z'viel ön Körpa d'rin,
A End' wurd' ma bald nehma.

Daſs ſi' ön Bauch niχ reib'n kann,
Und a ſi' nöt vaſchind'n,
Hat All's an feina Übazug,
An glatt'n und an lind'n.

Bauchfell hoaßt dö dünne Haut,
A feucht'n thuat's ausſchwitz'n,
G'rad' ſo viel, daſs ſchlitzi' bleibt,
Und ſi' niχ kann dabitz'n.

Wia wichti' das fein' Häutl is,
Dös lernt ma do' erſt kenna,
Wenn ſi' das entzünd'n thuat,
Was dem thuat all's zuakemma.

Das Zwerchfell is die ob're Grenz',
Zum Schnau'n is b'ſonders wichti',
Es thoalt den Bauch und d'Bruſt vonand,
Und derf a wer'n nöt ſchichti'.

Zum Schnau'n g'hört d'Naſen her,
D'Luft ſoll den Weg nehma,
Staub und Kält'n bleib'n dort z'ruck,
Wanns thuat in d'Lungl kemma.

Von da Naſ'n in d'Rach'nhöhl,
Durch 'n Kehlkopf, der an Deckl,
Nur d'Luft derf da durchigeh'n,
Vom Eſſ'n nöt a Bröck'l.

Im Kehlkopf is a feina Spalt,
Stimmritz'n thuat ma'n nenna,
Gar empfindli' is da d'rin,
Da thuat d'Stimm ihr'n Anfang nehma.

(123)

Am Kehlkopf is d'Luftröhr'n d'ran,
Aus Knuip'lring thuats b'steh'n,
Die jetzt si' oft in d'Lungl fort,
Und vazweigt si' dort ganz fei'.

Für d'Lungl halt da Kehlkopf Wacht,
Schlickt ma, thuat er si' schliaß'n,
All's was für den Mag'n g'hört,
Thuat in den weita müaff'n.

Traub'nartig is d'Lungl g'macht,
Denkt ma si' a Traub'n hohl.
D'Luft is aft derselbe Thoal,
Des macht inwendi' voll.

D'Lungl geht stark ausanand,
Wia a ang'saugta Schwamma,
Wenn d'Luft thuat einigeh'n;
Geht's aussa, fallt's aft z'samma.

Zum Einschnau'n san die Muskl'l da,
Dö thoan den Brustkorb heb'n,
Die Lungl geht aft ausanand,
D'Luft thuat da Surm ihr geb'n.

Danach wird da Brustkorb kloan,
Weil ma muass ausschnau'n,
Die Lungl hilft da mit dazua,
's Ausschnau'n thuat länga dau'rn.

So geht die Sach' beständi' fort,
Beim Wacha und beim Schlafa,
So lang ma lebt, muass so sei',
Dass die eahr Arbat macha.

Trock'n derf's da a nöt sei',
Von da Nas'n bis ganz einö,
San a Schleimdrüas'n da
In da Haut a große Mengö.

Die sorg'n, daß feucht und glatt
Die Schleimhaut allweil bleibt,
Und von dem, was z'viel is da,
Durch 'n Kehlkopf aussatreibt.

Dö ganze Brusthöhl' und was d'rin:
Lungl, Herz, Adern und Drüas'n,
San so z'sammpassat g'macht,
Das thuat all's eng umschliaß'n.

Beständi' thuat si' all's beweg'n,
Da gibt's a nia a Rast'n,
Do' gleichmäßi' muaß das sei',
Nix thuat si' übahast'n.

Daß si' da nix reib'n kann,
Is 's Brustfell a vorhand'n,
Wia das Bauchfell glatt und feucht,
Daß da wird a nix z'schand'n.

In da Brusthöhl' liegt das Herz,
Vier Kammern hat's mit Klapp'n,
Dö 's zu seina Arbat braucht,
Daß auf- und a zuaschnapp'n.

A Pump'n is, die druckt und hebt,
A so is das Herz beschaff'n,
A Wundawerk in seina Art,
Bessa kunnt ma's nimma mach'n.

Es thuat a hohla Musk'l sei',
Ma kanns do' nöt dagründ'n,
Wia d'Musk'lfasern z'sammag'hör'n,
Und wia dö eahr Arbat sind'n.

A Werk der Schöpfung liegt do d'rei',
Ma kann koa größas denk'n,
A Wundawerk ganz eig'ner Art,
Wo's im kloan thuat guat lenk'n.

Vom link'n Herz geh'n d'Röhr'n aus,
Bluatadern thuat ma's nenna,
Dicke, die aft viel und fei' wer'n,
Im ganz'n Körpa thoans hinkemma.

Die fein' Adern than si' wieda z'samm,
Wer'n weita und a dicka,
Die kehr'n zum recht'n Herz'n z'ruck,
Thoan si' dort fest anpicka.

Herz und Adern san beständi
Ang'füllt voll mit Bluat,
Elastisch is da all's in eahr,
Dass koane z'springa thoat.

Dem link'n Herz sei' Arbat is
's guate Bluat in d'Adern z'treib'n,
Weil's damit den Körpa nährt,
Doch derf's dort steh'n nöt bleib'n.

D'rum saugt's das rechte Herz aft z'ruck,
Wenns 's für'n Körpa hat abgeb'n
Was der zur Ernährung braucht,
Damit ma do' kann leb'n.

Von da geht's Bluat in d'Lungl 'nei,
D'Luft macht's dort wieda guat,
's schlecht' kimmt aussa, guat's kimmt drei',
Daß 's zum Ernähr'n do' wieda thuat.

Von da kimmt's aft in's linke Herz,
's Bluat is in b'ständig' Lauf,
Und treibt's wieda in d'Adern fort,
's ganz' Leb'n hört das nöt auf.

So geht da ganze Bluatlauf fort,
Und gar g'schwind geht die G'schicht,
A ganze solche Umlaufzeit,
Is in a halb'n Minut'n varicht.

Die Arbat, dö das Herz da leist',
Durch's Rechna kann ma's find'n,
Pro Stund könnt's heb'n metahoch
Dritthalb Centner, ohne si' z'schind'n.

Sei' Arbat dauert b'ständi' fort,
Es darf ja niamals rast'n,
Es muaß vom Bluat viel Nahrung hab'n,
Damit 's kann trag'n die Last'n.

Soll si' do' das Bluat dahalt'n,
B'ständi' muaß den was zuakemma,
Den Saft van die Darmzott'n her,
Thuats d'rum all'n afnehma.

Der rinnt zur Hauptadan hin,
Und mischt si' da mit 'n Bluat,
Der Saft und d'Luft der Lungl
Halt'n her das Bluat stets guat.

Gab's da wo a Hindernis,
So weit kunnt dös glei' faihl'n,
Daſs ma goa koa Güatat hätt,
Und oft was gab zum heul'n.

Lymphdrüaſ'n ſan a oft da,
Im ganz'n Leib ſans z'find'n,
Und Adern, die das Flüſſi' ſaug'n,
Thoans mitanand verbind'n.

Viel Feucht' bleibt vom Bluat,
Wo's hinkimmt in ſein Lauf,
Was dort nöt zum brauch'n is,
Saug'n die Lymphadern auf.

Die führ'ns durch d'Lymphdrüaſ'n
Und weita aft ins Bluat,
Mit dem thuat es ſi' miſch'n,
Allweil geht das ſo fort.

Bleibat wo die Feucht'n z'ruck,
Ma wurd dort waſſerſüchti',
Ma ſiagt, was die für Arbat hab'n,
Und wia das is gar wichti'.

Hiazt thoan ma den Kopf bered'n,
Gar a wichtiga Kampl,
Zwida oft und voll Kapriz'n,
Krumm oft wia a Lampl.

Hirn a Menge is da d'rin,
Do kimmt's nöt an af's G'wicht,
Je mehr 's grabö Maſſa hat,
Umſo beſſa is ma aft g'richt.

Dicke Büacha san drüber g'schrieb'n,
Über's Hirn, sein Bau und Werk'n,
Da gibts do' no' viel Dunk'ls drin,
Thua dir das d'rüba merk'n.

Zwoa Häut hat's Hirn als Übazug,
Aft kimmt a grabö Rind'n,
Nacha gibt's mehr weiß als grabs,
All's thuat si' recht z'sammfind'n.

Die grabö Rind'n hat viel Falt'n,
Je mehr und tiafa die san drin,
Und je dicka a die Rind'n is,
Umso g'scheidta is oan da Sinn.

Zwölf- bis achtzehnhundert Gramm
Thuat a g'sund's Hirn hab'n,
Bei Weibaleut thuat's g'ringa sei',
Do' will das nöt viel sag'n.

Viel feina muaß das b'schaff'n sei',
Da Mann thuat das guat merka,
Sö stell'n so guat eahr Sach'n an,
Daß b'ständi' bleib'n die Stärkan.

Das Zartg'fühl und da feine Sinn,
Dem Mann is der nöt geb'n,
Hat er a mehr Körpakraft,
Im Feinsinn is s' eahm übaleg'n.

Es gibt im Hirn mehr Kammern a,
Und no' vaschied'ne Sach'n,
A niad's Biss'l hat sei' G'schäft,
Und das muaß richti' mach'n.

Vom Hirn geht's Empfind'n aus,
Fünf Sinn lauf'n dort z'samm,
Bei da Bewegung is grad a so,
All's hat da den b'stimmt'n Raum.

Der Mitt'lpunkt für's geisti Leb'n,
Im Hirn thuat der d'rin sei',
A was triafft das leibli' Schaff'n,
Von da wird's g'leit' gar fei'.

Will ma denk'n, thoa und schau'n,
Los'n, red'n oda schmecka,
G'schmach'n hab'n oda renna,
All's geht zum Hirn und wega.

All's is sicha b'schaff'n d'rin,
Und all's thuat guat klapp'n,
A niad's Thoal hat sei' G'schäft,
Unsicha thuat koans tapp'n.

Vom Hirn geht das Ruck'nmark aus,
Im Ruckgrad liegt das drin,
Von alle zwoa geh'n d'Nerv'n weg,
Für d'Bewegung und für d'Sinn.

Für d'Sinn san b'stimmte Nerv'n,
Grad so a für 's Empfind'n,
Für d'Bewegung is netta so,
D'Schöpfung thuat all's guat gründ'n.

Beim Hirn und Mark san d'Nerv'n dick,
Je weita s' geh'n, wer'n's dünna,
Sö wer'n goa fei', vathoal'n si' viel,
Den ganz'n Körpa thoans durchdringa.

D'Nerv'n bringan all's zum Hirn
Was thuat im Körpa geb'n,
's Hirn thuat all's so dirigier'n,
Wia ma's braucht im Leb'n.

Das Seh'n g'schiaht mit die Aug'n,
Hätt' da Sehnerv da koa Leb'n,
Blind wär' ma, wenn d'Aug'n a schön,
Kunnt sei' Lebtag nimma seh'n.

Bei dem G'hör is g'rad a so,
Terisch wurd' ma und dumm,
Bei dem blieb's do' nöt alloa,
Ma wurd dazua nu stumm.

Da G'schmack liegt in da Zung',
That's im G'schmacknerv'n faihl'n,
Koa Guatat that's beim Ess'n geb'n,
Ma wurd' dabei oft heul'n.

Mit'n G'ruch is g'rad dasselb',
In da Nas'n liegt der ob'n,
Üba 's Stinkat gabs koa schelt'n,
's guate Schmecka a koa lob'n.

Beim Empfind'n is nöt anders,
Wurd'n d'Nerv'n nixi g'spür'n,
Ma wurd' ja a Hallodri wer'n,
Ma that si' b'ständi' irr'n.

That das d'Ernährung triaff'n,
Das haltat koana aus,
Z'sammträckan that da Körpa,
D'Seel schluf uns aft'n draus.

Und aft's Herz und Lungl,
Das Werkl blieb a steh'n,
Koa Luft kann da mehr eini,
Das Bluat müassat aft b'steh'n.

Und das G'müath im Mensch'n erst,
Das Mitg'fühl aft dazua,
Die ganze Geist- und Herz'nsmacht,
Die müasstat geb'n a Ruah.

Wann ma af'n Grund thuat schau'n
Aus was da Mensch thuat b'steh'n,
Ma glaubat's kaum, dass mögli' is,
Lauta kloane Blas'l thoan das sein.

So kloa, so fei' und rund,
Millionen gibt's da goar viel,
Boana, Muskl und All's b'steht davon,
Wundabar is da Schöpfung Ziel.

Danoch si' die Blasal z'sammastell'n,
Und thoan a Furm annehma,
Danoch schaut das Organ a aus,
Und danoch is sei' Benehma.

Dass da Körpa wachs'n kann,
Si erhalt'n und a stärk'n,
Muass er Luft und Ess'n hab'n,
Aft kann er richti' werk'n.

Bluat und Luft san die Mitt'l,
Dö All's thoan zuabringa,
Und a wieda wegatrag'n,
Was ma braucht nöt drinna.

Beſtändi' is a Wechſ'l da,
Stoffumſaß thuat ma's nenna,
Verbraucht's wird aus'n Körpa g'ſchafft,
Friſch's thuat an ſei' Stell' kemma.

All's was die Natur hat g'ſchaff'n,
Is da Menſch, a Muck'n oda Pflanz'n,
A niad's is a oag'n's Wundawerk,
Im Ganzeln und im Ganz'n.

Das Sternenzelt, der Weltenlauf,
Der's g'macht hat und thuat lenk'n,
Hat a das kloanſte Graſal g'macht
Und di'. Thua das bedenk'n.

Betracht, o Menſch, das Wundawerk,
Wia uns hat die Schöpfung g'macht,
Und lern' di' ſelba kenna recht,
Aſt begreifſt des Schöpfers Macht.

Anbet'n lernt ma die Natur,
Und all's was da is d'rin,
Das Wundawerk der Göttermacht,
Und was uns g'legt im Sinn.

# A Frag' an's Schickſal.

Thua das nöt üb'l nehma,
Daſs i di' thua frag'n,
Weg'n was brave Leut'
Oft z'viel hab'n zum trag'n.

Weg'n der G'schicht thua i frag'n,
Wo nix g'dicht' is, all's wahr,
So wia 's is zuaganga,
Also bring' i 's auf's Haar.

Von brave Ältan da Suhn,
Is heiratsmäßi' schon g'west,
Hat a brav's Diandl g'feit,
Alle hat g'freut das Fest.

Hab'n ön Vatersitz kriagt
Dö zwoa Leut' mit in d'Eh'.
Ma kann si' leicht denka,
Dass da geb'n hat koa Weh'.

Mit treua Liab so vabund'n,
G'sund a fest, häuslich'n Sinn —
Hab'n guat g'werkt, si' gnua g'schund'n,
Do' eahr Glück g'fund'n d'rin.

Was das eh'li' Glück braucht,
Is a blieb'n nöt lang aus,
A frischa Bua is ankemma
Vom Storch in eahr Haus.

Do nöt den grad' alloanö,
A Diandl hat er a bracht.
Hat ma g'schaut die Familie,
's Herz hat vor Freud g'lacht.

Den zwoa Kindern eahr G'müath,
Das war do' ganz vaschied'n,
's Diandl friedlö, still, guat,
Da Bua hat 's Geg'ntheil trieb'n.

Paſſat Straf'n und Lehr'n,
Stets zur richtig'n Zeit geb'n,
G'nutzt hat dös frei nir,
Da Bua is ſi' glei' blieb'n.

Indiang'ſchicht'n, ſchlechte Büacha
Leſ'n war nur ſei' Freud,
Und zum Lerna koa Luſt,
Zu den Ältan eahr Leid.

Trotz guat'n Beiſpiel und Lehr
Hat er eing'halt'n ſei Thoa,
Wen'g G'fühl geg'n dö Ältan,
Geg'n allö Leut' wia a Stoa.

Seina Schweſta ihr Bitt'n
Hat er nöt weita g'acht,
Sei' G'müath war ganz finſta,
In ſein' Kopf finſt're Nacht.

Hab'n Ältan den Kumma,
Thuat's an eahrn Mark zehr'n,
So a Thoa von an Kind,
All's thuat dös verheer'n.

Das is a nöt ausblieb'n,
Kemma ſans um eahr Sach',
Hab'ns Hoam müaſſ'n valaſſ'n,
Da Bua hat eahr bracht Schmach.

Der Kumma, das Load,
Was hab'n die müaſſ'n trag'n,
Hat da Muatta 's Leb'n koſt,
Bald hab'n ſi's begrab'n.

Daſs ſei' oanziga Suhn,
So vagroth'n, ohne Ehr',
's Votaleb'n hat's vernicht',
Weil er g'fund'n koa Wehr.

Alle Näg'l zu die Särg',
Hat da Suhn z'ſammatrag'n,
A da Schweſta ihr Glück
Hat er mit untagrab'n.

Do' für all's kimmt a Tag,
Für's Abroath'n die Zeit,
Wo das Thoa wird abg'meſſ'n,
Und wo's koa Hand'ln daleid't.

Is da kloa Bam ſo hart,
Will er 's Biag'n nöt vatrag'n,
Der bleibt nöt lang ſteh'n,
Als unnütz wird er ausgrab'n.

So is agrad bei dö Leut',
Danach ſi' thoan die betrag'n,
Machens eahr Grundfeſt'n guat,
Aft wird's die a leicht trag'n.

Da ſchlecht' Hand'l und Wand'l,
Aft ſei' unſittlich's Leb'n,
Hat den Buam ſo weit bracht,
Was ſein G'ſund ön Tert geb'n.

Z'erſt d'Schandmal im G'ſicht,
Aft ſei' Gang ohne Halt,
Ma hat's da guat g'ſehn,
Mit was der ſi' hat zahlt.

Von all'n g'mied'n, varacht,
Ohne Hoam, an siech'n Leib',
Bei dem is do' nöt blieb'n,
Sei' Krank hat's trieb'n weit.

's Nas'nboa hat's eahm z'fress'n,
's G'hör hat er valor'n,
Af alle zwoa Aug'n moast blind
Is er no dazua word'n.

Und weil's in so an Krank
A koa afhalt'n thuat geb'n,
Hat's no 's Kieferboa packt,
Nimma beiß'n hat er mög'n.

Sei' Mag'n hat do' g'arbat,
Der wollt' allweil hab'n,
Do' koa Geld, kunnt nix beiß'n,
Hat's dem z'weng trag'n.

Als Auswurf da Mensch'n,
Hat er bett'lt und klagt,
Weg'n sein scheußlich'n Wes'n
Hab'n a d'Leut do vajagt.

Do hat er Schutz g'fund'n
A Hilf und Mitg'fühl,
Bei seina Schwesta ihr Liab',
Hat er stets g'fund'n sei' Ziel.

Ihr'n Vadienst und wias kinna,
Hat's eahm g'holf'n und geb'n,
So a G'schwisterliab is a Eng'l,
Was oam 's Herz thuat erheb'n.

Trotz dem Toad und dem Schmerz,
Was ihr Bruada hat g'macht,
Sie hat eahm gern g'holf'n
Und herzli' g'liabt, nöt veracht.

A Herz, so voll Ad'l,
Und a zweit's so viel schlecht,
Von gleiche Ältan, die brav,
Wer vasteht denn das recht?

Trotzdem a sein ganz' Bluat
Vadorb'n war und spottschlecht,
Da Tod hat 'n lang nöt packt,
Weil er g'moant, so war's recht.

Do wia all's nimmt a End,
Hat a g'end' der sein Lauf,
Halb dafault, halb dahungat
Hat sei' Leb'n a g'hört auf.

Als a Wahrzeich'n für alle,
Als a Schandmal sein Thoan,
Als a abschreckend's Beispiel
Is er blieb'n als Denkstoan.

D'rum frag' i da no'mal,
„O Schicksal thuas sag'n,
Weg'n was bravö Leut triafft,
Weg'n was dö müass'n trag'n."

A Herz so voll Ad'l,
Wia sei' Schwester da war,
Da Bua so voll Tad'l,
's Geg'ntheil bis af's Haar.

Eahr Ältan so ehrli',
So brav und so guat.
Die Erziehung so mühvoll,
Guat da Ältan eahr Huat.

Wem so was thuat treff'n,
Der kann's nöt dawehr'n,
Den bravst'n Ältan kann's kemma,
Wia dö G'schicht thuat uns lehr'n.

J bitt' di', liab's Schicksal,
Wend so viel Unglück do' ab,
Bevor's so thuat treff'n,
Schick dö früher ins Grab.

# Scheinheili' und hintalisti'.

's Scheinheili' und d'Hinterlist
Die wachs'n af oan Grund,
Das Oanö packt's, das Andre frißt,
Eahr ganz Thoan is ung'sund.

Willst an Scheinheilig'n kenna,
Schau eahm fest in die Aug'n,
So a Thoan und Benehma,
Das thuat eahm nöt taug'n.

Sei' G'schau und sei' Thoa,
Thuast das off'n anschaun,
D'raus find'st, wia i moan,
Dem derfst nöt z'viel trau'n.

Da Hintalisti' is vadraht,
Nutz'n will er nur hab'n,
Kimmst eahm fruah oda spat,
Gang's dir a um an Krag'n.

Wost so a scheinheilig's Thoa
Und a Hinterlist triaffst,
Wirf den nachö an Stoa,
Do' dass d' nöt daneb'n wirfst.

So a Mensch vagift all's,
Gibt zum Misstrau'n den Sam',
Kannst eahm stopf'n sein Hals,
Machst für's Guate an Damm.

Die Hintalist, dö packt gachs,
Das is a hoamliga Feind,
Und sei' Thoan is a zach's,
Weil's von hint'n oa rennt.

Siagst oan d'Aug'n vadrah',
Vor den nimm di' in Acht',
Es gilt für Herrn und für Bau'rn,
Im falsch'n Thoan liegt eahr Macht.

So vadraht wia a Strick,
Do' viel schlechta als der
Thuat der Scheinheili' sei',
Merk dir ja guat die Lehr'

D'Hintalist is sei' G'span,
Die zwoa werk'n guat z'samm,
Auskimmst da nöt leicht,
Hast nöt d'Vorsicht als Damm.

# Volksgunst und Hass.

Die Volksgunst, da Volkshass,
Um die Erst kimmst nöt leicht an,
Hast die Zweit', kannst draf roat'n,
Dass d' nimma leicht kimmst davon.

Hast die Volksgunst erlangt,
Thua dir merk'n die Lehr',
Dass die oft goar leicht schwind't,
Dasag'n thuat da die Wehr.

Beim Hass is das so:
Hat's dir den eintrag'n,
Den wirst nöt leicht los,
B'ständi' halt's dein Krag'n.

Das Schlecht' merkst dir länga,
Das Guat vagißt bald,
Da Hass find' viel leichta
Wia das Guate an Halt.

Da Hass, der begleit' di',
Für den gibt's koa End',
Bist a längst schon dahin,
Wird no' über di' g'ment.

Bei da Volksgunst is nöt so,
Die wend' si' ganz leicht,
Weil's fürs schlechte tiaf schaut,
Do' für's Guate viel z'seicht.

Will da oana guat werk'n,
G'hört dazua da a G'schick,
Der soll si' guat merk'n,
Zua Volksgunst g'hört a Glück;

Dass die Gunst hat wen'g Dauer,
Dass da Hass si' leicht halt,
Weil das Erst is a Maua,
Die leicht z'sammafallt.

Dem Hass sein Grundfest,
Is ganz b'sond'rer Bod'n,
Weil's Mensch'n Thoa a so is,
Dass liaba ment als wia lob'n.

Was da Nero hat thoa,
Dass er Rom hat anzünd't,
Und no' and're Schandthaten;
Blieb'n is davon d'Sünd'.

# Schicksal.

Was oan do das Schicksal
Mitunter all's zuawirft,
Und wia dös einfallt,
Wias oan guat triafft.

Den Oan bringt's was guat's,
Den moast'n was schlecht's,
Wöhrhaft kunnt ma wer'n,
Triafft's oan oft recht.

Es thuat da nix nutz'n,
Ment' ma no' so viel um,
Is ma no' so afklärt,
Oda no' so blitzdumm.

Wia's greift in d'Familie,
All's wirft's durchanand,
Ma valiert das Auskenna,
Is a g'sund da Vastand.

Und wanns oan will packa,
Ma kimmt eahm nöt aus,
Is ma a arma Schlucka,
Oda hat goar a Haus.

Die Oan hoaß'ns Schicksal,
Bei den Andern hoaßt's G'schick,
Zufall moanan Andre,
Oan nennans goa Glück.

(145)

Wia ma's mag do nenna,
D'Natur hat's in ihr'n Lauf,
Triafft's di' guat oda schlecht,
Zu dem Schöpfa schau auf.

Schau auf und thua denk'n,
Dass dort ob'n find'st dein Halt,
Der die Welt'n thuat lenk'n,
In da Natur so guat walt'.

Der guat walt', der uns geb'n,
Was ma braucht und was schön,
Der erhalt unsa Leb'n,
Ohne dem nix kunnt b'steh'n.

Verleger: Josef Deubl. — Druck von Carl Kolndorffer, Linz.

# Erlebnis
# nach a Auerhahnjagd.

Zwoa uns're höchst'n Herrn triafft's,
Was i mit dem thua dazähl'n,
Und wia leutjeli' und g'müthli'
Si' das zuatrag'n und geb'n.

Wia si' oft was thuat schicka,
Wanns da Zuafall will hab'n
Wollt ma's, that's nöt glücka,
Es wurd' si' nöt so zuatrag'n.

In die Sechzgajahr is g'scheh'n;
Im Kobanausnawald d'rin
Thoan zwoa goa hoche Herrn
Zu da Auerhahnjagd hin.

Sie hab'n müass'n fruah aufsteh'n,
In da Finstan weit geh'n,
Dass zu den afbammt'n Hahn
Bald gnua hab'n kinna steh'n.

(145)

Nach'n Wunsch is 's Jag'n ganga,
D'Hahna hab'n kriagt das Blei,
Wia d'Sunn is aufag'stieg'n,
Woa 's Jag'n a schon vabei.

Und wias schon oft sein will,
Verfaihl'n eahre Führa den Weg,
Af an Irrwurz'n sans kemma,
A Auskemma gibt's da nöt.

Sie find'n da koan Hoamweg,
Und suach'n lang umasunst,
Aus an groß'n Wald z'kemma,
Das is schon moaßt a Kunst.

D'Sunn is schon hoch g'stand'n,
Kemmans endli' aus 'n Wald,
Seg'n a oanschichtigs Haus
Und sie machan dort Halt.

A Bauernwirtshaus is g'wes'n;
Die was g'werkt hab'n dort d'rin
War'n zwoa röbigö Leut',
Grad und off'n war eahr Sinn.

Dazähl'n ön Wirt eahr Strapazi,
Und wia's da Zuafall herbracht,
Hab'n viel Hunga, san dursti',
Hundsmüad hat's der Weg g'macht.

D'Wirtin voll Frisch'n und Resch'n:
„Was hab'n kinnt's thua i sag'n,
Thoats Enk ausjuach'n was wöllt's,
Die G'richta wer'n Enk aftrag'n.

Kraut, G'selcht's, dazua Knöd'ln,
Mitanand g'gessen macht's fest,
Aft Spritzkrapf'n und Tort'n,
Von a Hoazat das Letzt.

A an Muas kann i richten,
Woaß g'wiß, der Enk schmeckt,
Bau'rnbrot kinnts draf ess'n;
So, der Tisch wird hiazt deckt.

Anbampf'n werd's Enk d'ran;
Führa, that's nur Ös a mit,
Sag Enks, was i thua koch'n,
Kriagt bei mir all's an Schick.

Zum Trinka gibts a Bier,
Dös thua i Enk do' nöt rath'n.
Wollt's a solchas do' trink'n,
Derft's ma drüba nöt klag'n.

Äpf'lmost hab'n ma an guat'n,
Zum G'selcht'n g'hörat halt der,
Zu der Mehlspeis' trinkts an Wein,
Der, moan i, macht uns Ehr'.

Bei uns wird nix vapanscht,
Mia hab'n a g'sunde Kost;
Nöt wia's d'Stadtleut thoan mocha,
Daß da Mag'n oan aft lafst."

Dö zwoa Herrn, die hab'n g'schmuzt,
Wia's d'Bau'rnwirtin hör'n red'n.
Sag'n: „Thuat's das Ess'n a so richt'n,
Wias ös mit'n Mäul kinnt's das geb'n."

Das Eff'n thuat eahr fchmeck'n,
A da Äpf'lmoft und da Wein.
Wia's war'n ferti', woll'ns zahl'n
Und fi' herricht'n zum Geh'n.

Koa Geld nimmt eahr d'Wirtin,
Sagt': „Habt's dahoam Wei' und Kind,
Thuats für dö fo was kaf'n,
Was in d'Familie a Freud bringt."

„Wollt's Enks nöt zahl'n laff'n,
Müafsts a Rewanfch nehma an,
Zum Eff'n thoats zu uns kemma.
Damit ma fi' ausgleicha kann."

Die Wirtin verfpricht dös;
Roat, was is a Rewanfch?
Is zum eff'n oda trink'n?
Am End is a Stadtpanfch.

Mit „Pfüat Gott!" fans aft fort,
Sag'n, af Mattighof'n thuans geh'n,
Zum alt'n Schlofs oda Forfthaus,
Weil fie dort'n thoan fein.

Nach etla Woch'n kimmt a Jaga,
Sagt: „Wirtin, geh hiazt mit mir,
Dö zwoa Herrn, dös d' traktiert haft,
Geb'n heut a Eff'n weg'n dir."

Die filb'ne Halskett'n hat's umbund'n,
G'numma Kopftüachl, fchöne Röck,
G'wand, wias dort da Brauch,
Mach'n fi' die Zwoa af'n Weg.

In's alte Schloß kemmans einö,
Wo a Stub'n g'richt für a Fest,
Siagt die zwoa noblig'n Herrn,
Mehr Leut san no dort g'west.

„Liabe Wirtin, nehmts Platz da,
Heut thuats da eff'n mit uns,
Wias schmeckt, thoats uns sag'n,
Und was die Sach da is nutz."

Da Herr gibt aft a Zoacha,
Glei' wird 's Eff'n aftrag'n.
Die Wirtin schaut si' all's an,
Viel thoans auf dö Schüff'ln nöt habn.

„Wia schmeckts Enk," frag'n die Herrn,
„Hat unsa Kost enkan G'schmach,
Wia is der Liköhr und da Wein,
Gibt er dem Enkan was nach?"

„Liabe Herrn, thoats no' wart'n,
Bis is das Eff'n alls vabei,
Aft wia i Enks schon sag'n,
I schenier mi nöt, a belei."

Die Wirtin hat von all'n kost,
Oft vaziagts ihr frei 's G'sicht,
Die Fasan, sagts, die stinkan,
Thats ma weg na das G'richt.

Wia die Taf'l zum End ganga.
Thoan die Herrn d'Wirtin frag'n:
„Was war guat, was war schlecht,
Kinnts uns ganz off'n sag'n."

(149)

Die Wirtin, vom Wein aug'stoch'n,
Sagt: „Seid's g'wiß große Herr'n,
Enk mag dös all's ſchmecka,
Mia Landleut that'ns nöt ehr'n.

Die Faſan hab'n ſchon g'ſtunk'n,
An oardling G'ruch hab'n viel G'richt,
Bracht i ſo was unſan Bau'rn,
Wurf'n ma's die glei' ins G'ſicht.

Schön afpußt is ſchon allſand,
Mia kimmans nöt ſo, koa Red',
Hab'n a nöt die ſchön Sachan,
Für die Bau'rn taugats a nöt.

Von dö häuftig'n Eſsſachan,
Bei etla war ſcho was dran,
Gar die Hendl, Kaffee, d'Mehlſpeiſ',
Die war'n guat, die hab'n thoa.

Da Wein is guat mentiſch,
Do der Schnaps war mir z'ſchlecht,
Mei' Zweſchkbnbranntwei' is ma liaba,
Weil der is a ganz echt.

Das Eſszeug, aft die Wäſch',
Das g'fallat mia alls ſchon,
Und das G'ſchirr, was ſo da ſteht,
Af was ſüaße Sach'n habt's than.

Mög'n that i die kloan Tallerl,
Ös ſagt's, chineſiſch thoans ſei',
Kunnts ma ſolche vaſchaff'n,
Wogat draf was, weil's ſchön.

Oans g'fallt ma do' frei nöt,
Schwenda thoats Ös, das schier;
Das vielö Eszeug auswechsl'n,
Macht oam beim Ess'n frei irr.

Goa viel Arbat dasparat's,
Weniga brauchats da Leut',
's Spar'n thoats halt nöt kemna,
Ma siagt's, da faihlt's weit.

Thoat's ma's nöt üb'l nehma,
Dass i mein Schnab'l so wetz',
Wia i's g'fund'n han, so sag' i's,
Seid's mir desweg'n nöt letz.

Mia schmeckt mei' Kost bessa,
Weil i dastinka nix lass.
I sorg' guat in da Kuchl,
Mei' Mann guat für die Fass.

Kemmt's Ös wieda in d'Nahat,
Kehrt's bei mir aft'n ein,
I koch Enk schon was bessas,
Wia's von Enkan viel thuat sein."

Die zwoa Herrn hab'n so zuag'lost,
Was die Bau'rnwirtin thoat red'n,
Hab'n si' ang'schaut und lach'n,
Wia die eahna Kuchl den Text geb'n.

„Da san mir schön ankemma,
Was die Wirtin da thuat sag'n,
Die hat g'red't von da Leba,
Da derf'n ma uns nöt beklag'n."

„Liabe Wirtin," sag'ns aft'n,
„Von Enk hab'n ma was g'lernt,
Nehmt's das Audenk'n mit hoam,
Enka Moanung hab'n ma g'hört.

Soll's da Zuafall wieda geb'n,
Daß ma üba a Irrwurz'n steig'n,
Die uns hinführt zu Enk,
Thoan mir beim Eff'n dort bleib'n.

Do' mit a Rewansch is aft nix,
Weil Enk unfa Eff'n nöt schmeckt,
Aft laßt's Enk 's Eff'n zahl'n,
Weil unfa Kuchl do nix afsteckt."

D'Bau'rnwirtin geht aft hoam,
Schia draht hat's der Wein,
Zoagt ihr'n Mann das Audenk'n,
Stark thuat's dö zwoa g'freu'n.

All's dazählt's ihr'n Mann pünktli',
Was d'rin g'red wor'n, was geb'n,
Daß so schöne Sach'n nia g'feh'n,
So lang f' denkt in ihr'n Leb'n.

Sie schau'n aft an das Audenk'n,
In an Etui is das g'leg'n,
A gold'nes Brustbild mit Kett'n,
Was ihr hat da Herr geb'n.

Da Wirt schaut das Brustbild,
Und schreit: „Ja du ha mei!
Das is ja unfa Kaifa,
Ganz b'stimmt thuat er's fei'.

Mir hat ziemt schon des nachst,
Wia ma da g'we'n beinand,
Daſs i den soll frei kenna,
Und hiazt is dös mir bekannt.

Das is unſa guata Kaiſa,
Was haſt denn na grad than?
's Mäul haſt dir z'ſtark g'wetzt,
Siagſt, das haſt hiazt davon."

Die Wirtin wird ganz kloanlaut:
Was han i denn da thoan?
Springt auf und rennt fort,
G'rad ſo g'ſchwind als nur kann.

Sie rennt einö ins Schloſs,
Abbitt'n thats dort ſo gern,
Do' die Herrn war'n ſchon fort,
Thuat's vom Förſta dort hör'n.

Er ſagt ihr: „Liabe Wirtin,
Thua dir koan Kumma mach'n,
Dei' offen's Weſ'n hat eahr g'fall'n,
Geb'n haſt du viel zum Lach'n.

Du möchſt das gern wiſſ'n,
Wer denn gweſt die zwoa Herrn,
Paſs auf und merk dir's guat,
Von mia thuaſt du das hör'n.

**Unſa liaba Kaiſa is da Van,
Erzherzog Tuskana da Zweit',**
Haſt kinna ſeg'n, mit eahr Thoa
Kinnan ſi' a ſchick'n zu die Leut'.

# 's Echo.

Zum Moawirt kimmt da Nachbar,
Und thuat eahm sei' Load klag'n:
„Wia's mei' Wei' treibt, is frei schier,
Das is frei nimma zum trag'n.

Das letzt' Wort miads da hab'n,
Es mag da wasdawöll sei',
Un wann's jös gar nix angeht,
Sie mischt si' deanat do drei'.

J gang a niade Wett' ein,
Dass dera kimmt koana af,
Der ihr Zung' is so g'spitzat,
Bei ihr bin i da ganz' Sclav'.

Aba i han was ön Bandl,
Da die Schar' schau dir an,
Ihr Zungspitz schneid' i weg,
Aft soll s' schimpf'n, wann s' kann.“

Da Moawirt sagt sein Nachbarn:
„Das Mitt'l derfst nöt probier'n,
Denn die Zung' wachsat wieder,
Und du thatst di' blamier'n.

Um dei' foaste Kalb'n thua i wett'n,
Dass a Mitt'l thuat geb'n,
Wos das letzt' Wort kann nöt hab'n,
Schreiats fort ihr ganz Leb'n.

Geh mit ihr hin ön d'Stoaleit'n,
Fang dort mit ihr an ein' Streit,
Und wanns recht in da Hitz is,
Aft ziag di' wega, sei g'scheidt.

Dort'n gibt's a stark's Echo,
In ihr'n Platz'n und Röhr'n,
Das was dort thuat hinschrei'n,
Wird's all's wieda z'ruckhör'n.

Do' muaßt du a dafür sorg'n,
Daß Enk Bekannte geh'n nach,
I moan, daß dös Mittel hilft,
Geh hiazt hoam und das mach'."

Da Nachbar thuat si' denk'n,
Das kann i leicht probier'n,
Scham und 's G'fall'n steckt in ihr,
Vielleicht hilft das Blamier'n.

Er hat's hingführt in d'Leit'n,
Und thuat kurz zu ihr sag'n:
„Laß mir hiazt das letzt' Wort,
Was i wia dir vortrag'n."

Sei' Wei' wird glei springgifti',
Und fangt an zum testier'n;
„So weit derf's ma nöt kemma,
Bei mir thuast di' da irr'n."

Wias aft is schon hoaß wor'n,
Hat ihr Mann si' wegzog'n,
Und hat ihr a Zeit zuag'hört,
Vor Lach'n hat's 'n frei bog'n.

(155)

A Zeit hat's 's Echo ang'schrien,
Allweil stärka hat sie 's g'macht,
Früha hat's a nöt nachgeb'n,
Bis ihr die Stimm hat vasagt.

A ihre Arm hab'n auslass'n,
Mit dem Umfuchtl'n und Hau'n,
Volla Schwitz war's teuf'lsfuchti',
Weils scho' nimma schrei'n kann.

Ganz daschöpft thuats aft afhör'n,
Draht si' um zum Hoamgeh'n,
Da siagt's d'Leut' vom halb'n Dorf,
Wias hinta ihr thoan dasteh'n.

Alls hebt an zum Lacha,
Hast di' g'harbt du liab's Wei',
's Echo thuat halt nöt nachgeb'n,
Mit'n letzt'n Wort is da vorbei.

Hiazt kennt's erst, was than hat,
Was da hat so dumm's g'macht,
Hoam rennt's, fuchsteuf'lswild,
Schamt si', wias sös ausglacht.

Das Mitt'l hat guat g'holf'n,
Vom letzt'n Wort wills nix mehr hör'n,
Fromm is wor'n wia a Täuberl,
Mann und Wei' hab'n si' kriagt gern.

Da Moawirt hat d'Kalb'n g'wunna,
Sei' Nachbar hat eahms gern geb'n,
Weil's den Hausfried'n hat g'schaff'n,
Und eahr glückli' g'richt 's Leb'n.

Die Natur hat all's so g'schaff'n,
Dass für unsern Nutz'n thuat sein,
A einfach's Mitt'l kann oan helf'n,
Thuat ma's anz'wend'n vasteh'n.

Das Recht muasst du acht'n,
Was dein Wei' thuat zuag'hör'n,
Da thua ihr nix drei'red'n,
Was ihr Recht is, thua ehr'n.

Ganz dasselbe thua valanga,
Dass dei' Wei' a so macht,
Will si' die nöt an das kehr'n,
Faihlt ihr d'Liab und die Acht.

Will s' in All'm das letzt' Wort,
Thua zu an Echo mit ihr geh'n,
Kimmt s' in d'Hitz, so valier di',
Und lass dort alloa schrei'n.

## Da Kroaslauf.

All's draht si' im Kroas,
All's hat da sei' Gloas,
In da ganz'n Natur,
Da geht's a so zua.

Schaust d'Stern ob'n an,
Die kehr'n si' a dran,
That da oana nöt folg'n,
Zu Staub wurd' er fliag'n.

D'Stern roaf'n goa weit,
Dö fan do' fo g'fcheidt,
Käm' da oana ön Weg,
Weicht er aus fo an Fleck.

Das gab fo a G'fchicht,
That'n dö ob'n nöt mit,
Bald wurd's z'fammapröll'n,
Und an Tufcha uns geb'n.

Bei fo an Ruck und an Krach,
Hätt' an End' die ganz' Sach',
Schlug uns z'famm' auf an Patz,
Auskäm' da a koa Katz'.

A niad's Ding hat fei' Bahn.
Bleib'n muafs a da dran,
D'Schöpfung hat's a fo g'richt,
Dafs klappt die ganz' G'fchicht.

That da Menfch da nöt mit,
Für den kamman bald d'Hieb,
Feft triaff'ns und guat,
Davon fchützat koa Muath.

All's muafs fchaff'n und ftreb'n,
Weil's fo is in dem Leb'n,
Is mit'n Kopf, mit da Hand,
Z'famma halt dö a Band.

Die Hand gibt die Kraft,
Sie bewältigt die Laft,
Schaff'n thuat do da Geift,
Dafs d'Hand 's Richti' leift'.

Thuat da Mensch a so leb'n,
Wia dö Zwoa z'sammastreb'n,
's richti' Treff'n liegt drein,
So a Arbat gibt Schein.

Was d'Natur all's thuat berg'n,
Unsa Forsch'n soll's lehr'n,
Wer da hat off'ne Aug'n,
Wird das G'sagte a glaub'n.

D'rum thua mit froh'n Sinn,
Helf'n schaff'n da d'rin,
Fahr nöt weg von dein Gloas,
Drah di' mit in dem Kroas.

Halt' a dein Kind dazua an,
Dass mitmacht wia's kann,
Sei' Pflichtg'fühl thua beleb'n,
An g'sund'n Sinn thuast eahm geb'n.

# Allahand G'stanz'l.

### III.

Willst an Fried'n im G'müath,
Thua vom Mensch'n Guat's glaub'n,
Weil's di' dazua führt,
Dass 's Leb'n dir wird taug'n.

Z'viel Mißtrau'n is schlecht,
Es erbittert dei' Thoa,
Andre Leut' thoan a recht,
Nöt du nur alloan.

G'nau is nöt zum b'schreib'n,
An Schick muaßt du hab'n,
Und d'Sach' a so treib'n,
Viel schau'n und wen'g klag'n.

Klagst viel und schaust wen'g,
So hast nöt viel Wert,
Weil so was auf d'Läng'
's g'sunde Denk'n vakehrt.

's Frag'n muaßt a vasteh'n,
Aug'n und Hirn off'n hab'n,
Z'kenna tracht'n den Schein,
Dabei 's Gmüath nöt vasag'n.

Die Zeit guat ausnutz'n,
Bist in da Arbeit du drin,
Dei' ganz' Thoa a so putz'n,
Daß zoagt an g'sund'n Sinn.

Kannst di' in dös schick'n,
Nöt leicht wird's dir faihl'n,
Kannst's nöt, bleibst oft pick'n,
Und wirst schändli' heul'n.

Verleger: Josef Deutl. — Druck von Carl Kolndorffer, Linz.

# Da Probierstoan.

Wa muaß das hoch acht'n,
Was unsa Wiss'n thuat mehr'n,
Do' derfst nöt das vagess'n,
A das Praktische z'lehr'n.

Was ma Philosophie nennt,
Oda Weltweisheitslehr',
Thuat viel Nutz'n uns bringa,
Geg'n viel gibt's a Wehr!

Wird 's Theoretisch' und 's Praktisch'
Wia's richti' is z'sammtrag'n,
Da bringt's uns an Nutz'n,
Neamt wird d'rüba klag'n.

Von da Lehr den Sinn,
Thuat ma no' so guat hab'n,
Kemman z'viel Schicksalschläg',
Gleichgülti' kann mas nöt trag'n.

(161)

Gleichmuthslehr geg'n 's Unglück
Predig'n mit dem voll'n Mag'n,
Wurd's der a so mach'n,
Wann er hätt' nix zum Nag'n?

Bis zum Hals in Geld steck'n,
Mit Darachtung drüba schreib'n,
Wurd' a solcha a dös thoa,
Thät eahm koa Kreuza nöt bleib'n?

An Arman, der ganz valass'n,
Für Wei' und Kind thuat nix hab'n,
Selba krank, koan Vadöanst,
Philosoph, thua's dem sag'n;

Thua eahm sag'n, was zum thoa,
Wia da Hunga is zum still'n,
Mit was g'wand'n, zahl'n ön Docta,
Wia die soll'n bändig'n eahr'n Will'n;

Wia's soll'n bändig'n eahrn Will'n,
Wia d'Muatta ihr Load trag'n,
Und wia da Vota sein Schmerz,
Ohne dass dabei klag'n;

Ohne dass dabei klag'n,
Mit Muath trag'n eahr G'schick,
Dass eahr Hunga und eahr Sorg'
No' betracht'n als a Glück.

In a große Noth und valass'n,
Er selba mit die Sein',
Soll a Philosoph mitmach'n,
Aft empfind er, was a Pein;

Aft empfind' er, was a Pein,
Er soll dabei aft'n schreib'n,
Was dran is an der Sach',
Und wia ma soll dabei bleib'n.

Das was er aft schreibt,
Kriagt an praktisch'n Wert,
Weil um's theoretische Wes'n,
Si' da Unglückli' nöt schert.

Kann a Philosoph das mach'n,
Vor dem beug' i mei' Knia,
Bisher is das koan g'lung'n,
Und es g'lingt g'wiss a nia.

## Hoamweh.

O Hoamat, o Hoamat,
Was thuast du all's berg'n,
Wia erhebst oan das Herz,
Wia thuast ön Kopf lehr'n.

Das lernst erst recht kenna,
Bist weit weg von ihr,
Thuast g'rad auf sie denk'n,
Ganz warm wird's in dir.

Schaust auf an Bildl d'Hoamat,
Oda auf da Landkart'n an,
A Freud druckt dirs Herz,
Glückli' fühlst di' da d'ran.

Kimmst nach langer Zeit erst
Deiner Hoamat in der Näh',
Schreit's dir zua von Weit'n
In deina Heimat kimm he'.

Kimm her, schau dir wieda,
Wost dei' Kindheit valebt,
Denk da fröhlich'n Stund'n,
Schau wia's dir 's Herz hebt.

Wo die Ältan und G'schwistat
Hab'n g'wirkt und hab'n g'haust,
Wo davon schon die Moast'n
Im Freithof san draust.

Geh' hin erst in d'Kirch'n,
Richt dorthin dein Gang,
Wost als Kind oft bet' hast
Mit da Muatta goa lang.

Suach auf aft das Grab,
Wo dei' Muatta is drin,
Und dein Vatan das sei',
Die dir g'lehrt fromma Sinn.

Thua bet'n für sie dort,
Zu Gott heb' dein Herz,
Das is eahm viel liaba
Als wia a Denkmal von Erz.

Betrachtst aft die Platz,
Wost di' g'spielt hast, umtrieb'n,
Die wer'n dir zuaruaf'n,
Bist du a brav blieb'n?

Warst brav und hast recht than,
So wia si' das g'hört,
Wias deine Ältan dir g'sagt,
Und wias dir's hab'n g'lehrt?

Das all's und no' viel,
Das Frag'n nimmt ka End',
D'Hoamat ruaft dir das zua,
Weil's di' wieda erkennt,

Hast dir all's wieda ang'schaut,
Und aft g'hört a die Frag'n,
Richt' dei' Herz aft zu ihr,
Und thua ihr nacha sag'n:

„Liabe Hoamat, du traute,
Was du mir hast geb'n,
Das war mir da Leitstern,
I dank dir mei' ganz' Leb'n.

So guat wias bei dir is,
Kann ma's nimma find'n,
Mit dir, liabe Hoamat,
Thua i mei Leb'n vabind'n.“

# Acht' heilig fremd's Guat.

Goa elendi' und schimpfli',
Ganz entehrn thuat das Stehl'n,
A das Gleich' gilt für solche,
Die mithelf'n durch'n Hehl'n.

(165)

Wann koa Hehla, wär' koa Stehla,
Thuat a Sprichwort uns sag'n,
Da Diab fand' oft koan Platz
Wo er kunnt 's G'stohl'ne hintrag'n.

Für an Diab gibt's koa Mitleid,
Find' nur Spott und nur Schand',
All's thuat an Diab ausweicha,
Koa Rechtschaff'na gibt 'n d'Hand.

Sei' ganz Thoan is a Schand,
Verwandte wend'n eahm ön Ruck',
Mog 'n koa Bekannta, koa Freund,
Abbrocha hat er dazua d'Bruck'.

All's valeugn't 'n, all's veracht' 'n,
„Dös is a Diab!" sag'n d'Leut',
„Gehts weg, der macht kothi',
Halt's 'n weg von Enk weit."

Wann so a Kluft amal da is,
Geht 's Übabrucka nöt leicht,
Mögli' kunnt's do' a wer'n,
Wann da feste Will'n dazu reicht.

Da Mensch'nwill'n is gar mächti',
Triafft's das Guat' oda Schlecht',
Hat a Diab zum Guat'n Will'n,
Kann er wer'n wiada recht.

Siagst bei an Diab das Valanga,
Hilf so guat als sei' kann,
Guat's hast nöt nur für eahm
A für alle Mensch'n aft thoa.

Je weniga Auswurf als gibt,
Umso bössa is die Sach',
Hilfst den Auswurf verhindern,
So werkst guat in dein Fach.

## Was über d'Liab.

Oans vom Allabest'n was thuat geb'n,
Was für'n Mensch'n gibt im Leb'n,
Die Liab is, dö ma tragt im Herz'n,
Die oan beglückt und bringt Schmerz'n.
Die oan vabind' gar so eng,
Die allweil gibt und nöt wen'g.
Die am oft afhebt zum Elisium,
Und thuat mach'n oft gar so dumm,
Die allweil fort thuat b'steh'n
Und niamals wird uns vageh'n.

So weit d'Weltg'schicht thuat reich'n,
Halt si' d'Liab allweil im Gleich'n,
Bei dö Schwarz'n und Weiß'n is glei',
Alle empfind'n Liab und a Treu,
Da Holzhacker so gut, wia da Fürst,
Dem Erst'n oft danoch weit mehr dürst',
Is oana dumm oda no' so g'scheit,
Bleibt ma dahoam oda kimmt in d'Weit'.
Zuag'mess'n is aber nöt ganz glei',
Die Liab verbund'n mit da Treu.

Was ma da thuat all's jag'n und hör'n,
Macht oft jchichti', oft thuat ma's ehr'n.
Was mir jelba da is jcho' untakemma,
Die Zeit hat mirs nöt kinna nehma,
Bei mein liab'n Weibal han i 's g'fund'n,
Hat uns jung und alt jo fejt bund'n,
Dajs das end'n kann nur mit Leb'n,
Auf and're Weij' kunnt's dös nöt geb'n,
Kitt und Würz' thoan uns d'Kinda jchaff'n,
Häuslich'n Sinn und Freud thuat das machen.

# Sprichwörta.

Von dem was da Menjch'ngeijt hat g'jchaff'n,
D'Sprichwörta than das größte Alta hab'n,
Zum G'jetz, zur Wahrheitslehr' aller Zeit'n,
Der Grund dazua is von denan trag'n.

Das jan alte Völka-Übableibjel,
Von da Zeit zerjtörter Wahrheitslehr',
Das bejte, feinjte, a Rejt aller Richtigkeit'n,
Der Grundjtock, geg'n Zeitfraß bejte Wehr.

Die Weltweij'n thoan uns das lehr'n,
Sie jag'n uns, thuats d'Sprichwörta glaub'n,
A niad's Zeitalter hats g'halt'n hoch in Ehr'n,
Der Menjch'nweisheit, g'jund'n Sinn thuajt jchau'n.

Von längjt vagang'ne und hörzing Völkan
Thoan d'Sprichwörta uns a Spiag'l sei',
In dem ma lef'n kann und schau'n,
A ganz Culturjtuck jiagt ma drei'.

## A Bitt' an Schöpfa.

Liaba Schöpfa, i bitt' di',
Thua uns die Gnad' geb'n,
Dajs unf're Kinda wer'n recht,
Und richti' schaff'n im Leb'n.

Mia woll'n uns gern schind'n,
A bei'n Übling nöt klag'n,
A Load gern übawind'n,
Wann ma d'Kinda brav hab'n.

Das größt' Herzload für Ältan
Is, wann a Kind thuat vagrath'n,
Wann's af Abweg thuat kemma,
Und kann's nimma z'ruck hab'n.

D'Jugend kennt d'G'fahr nöt,
Die's für jie thuat da geb'n,
Wanns in sein Taumel is d'rin,
Der leicht vanicht eahr ganz' Leb'n.

Nöt leicht is aft das Z'ruckführn,
Von jo an abschüaßig' Weg',
Zum Lajta is der schön broat,
Und davan z'ruck nur a Steg.

Is Kind af an Abweg'
Und lafst si' nimma afhalt'n.
Lang wird's da nöt dauern,
Is ganz fein Schickfal vafall'n.

Wer das hat fchon empfund'n,
Der wird mi' guat vafteh'n,
A valorn's Kind wieda find'n,
Wia groß d'Freud thuat da fein.

Faihlt a Kind no' fo weit,
Sei' Kind bleibt's halt doch,
D'Ältanliab kann nöt fchwind'n,
Wann a 's Herz kriagt a Loch.

Das allergrößte Glück thuat fei',
Wann unf're Kinda brav wer'n,
Mia bitt'n di' Himmelvota,
Thua unfa Bitt' gnädi' hör'n.

# Morg'ngedank'n.

Guat anheb'n, recht end'n,
Bei all'n was thuat geb'n,
Lafs di' von dem leit'n,
Aft werfst fchön im Leb'n.

Wirft in da Fruah munta,
Bift g'fund und wohlauf,
Z'erft dank da dein Schöpfa,
Aft beginn frifch dein Lauf.

Was du magſt a beginna,
Den Gedank'n halt feſt,
Mit an guat'n Will'n bei all'n
Geht die Arbat af's Beſt'.

Den guat'n Will'n und die Luſt,
Thuaſt du die richti' hab'n,
Js a Sach' no' ſo ſchwar,
Leicht kannſt du 's datrag'n.

Leicht tragſt dus, thuaſt denk'n,
Daſs d' a Schöpfungswerk biſt,
Daſs all's was is erſchaff'n,
Si' vadöana muaſs, was iſst.

Die Pflanz'n braucht a Luft
Liacht und feucht'n vom Bod'n,
Dafür, daſs dös hab'n kann,
Thuat's ſein Schöpfa a lob'n.

Es faihl'n eahr die Sinn wohl,
Schauſt eahr Thoan dir gnau an,
So kannſt drinnat leſ'n,
Daſs ſö 's Vet'n a kann.

A niad's Thierl wanns aufwacht,
Und g'ſund ſi' thuat fühl'n,
Sei' Blick dankt dem Schöpfa,
Sei' ganz' Thoa zoagt den Will'n.

Was da Herrgott hat g'ſchaff'n,
An b'ſtimmt'n Lauf thuat das geh'n,
Wolltſt du nöt mitmach'n,
Afhör'n wurd bald dei' Sein.

Weg'n was all's so g'macht is,
Weg'n was Er uns das geb'n,
Kannst das richti' erfass'n,
Leichta thuast dir aft leb'n.

Heb' an stets dein Tagwerk
Mit an Dank zu dem Herrn,
Werkst mit Kopf oda Hand,
Du selbst thuast di' da ehr'n.

Du eahrst di' als Mensch,
In dein Thoan findst an Schick,
Du machst all's viel bessa
Und das bringt dir a Glück.

Für di' und die Deinäng,
Thuast all's bessern und mehr'n,
Als a lebend's gut's Beispiel
Thuast guats Wes'n du lehr'n.

Wannst das lehrst für die Dein',
Aft wachst's a mit eahr auf,
Fürs Leb'n wird's eahr Leitstern,
Nöt leicht irr'n wird eahr Lauf.

Wann du all's guat anfangst,
Nimmt's a leicht a guat's End',
Es gilt für di', für d'Familie,
Weils zum Guat'n all's wend'.

Den innan Fried'n thuats schaff'n,
Bei dir und die Dein',
Und wo Zuafried'nheit is,
Da hat ma a guat's sein.

J bin koa Betbruada,
Do' g'sund is mei' Sinn,
J thua halt so werk'n
Und befind' mi' guat drin.

## Allahand G'stanz'l.

### IV.

Da erste Eindruck is bleibat,
A Sprichwort thuats sag'n,
In da Reg'l triafft's zua,
Ausnahm' thuats da a hab'n.

Af der Roas' und dahoam,
Wodawöll ma thuat sei',
Das Alloasei' is trauri',
Zu zwa thuat's oan g'freu'n.

Der Buam Zucht braucht feste Händ',
Will ma eahr Trotz recht brech'n,
Wurd' ma d'rauf nöt richti' acht'n,
Bitta that si' das aft räch'n.

Rollt beständi' a Stoa',
Moos setzt si' koans an,

Richt darnach a dei Thoa',
Dass si' oans anhänga kann.

———

Mäng'l bringt ma af d'Welt,
Guate Sach'n do' nöt viel,
Für's Erziag'n a weit's Feld,
Wanns guat's macha will.

———

Leut' mit viel Geist,
Do' trock'n eahr Gmüath,
Was die a anpack'n,
Es wird goa leicht trüab.

———

Geist und Gmüath richti' g'mischt,
Is da Leib a nöt schön,
Kann all's wer'n so aftischt,
Dass thuat g'fall'n und a g'freu'n.

———

Wer 's Lach'n halt für Grimass'n,
Der is g'wiss nöt guat d'ran,
Weil er den Frohsinn thuat hass'n,
Wannst das sagst, geh davon.

———

Schon sei' oag'na Herr z'sei',
Im Kind is schon dös Valanga,
Wusst ma do die Schatt'nseit'n,
Möcht ma wieda z'ruck gern g'langa.

———

Herz und Geldsack stets off'n,
Faihlt's im Kopf und im Gmüath,
Du kannst sicha d'rauf rechna,
Dass di' ins Armahaus führt.

Thuast 's Guatsei' z'weit treib'n,
Für dei' Zukunft thuast schlecht,
Im richtig' Mitt'l muaßt bleib'n,
Und vasteh'n wia's is recht.

————

A Idee wann dir kimmt,
Thuas recht prüaf'n und wäg'n,
Moanst f' is guat, aft vadau f',
Is das nöt, thuas wegleg'n.

Thua mit Leut' guat vakehr'n,
Aft geht's dir nöt schlecht,
Woßt kannst d'Hoamatliab mehr'n,
Für alle thuast du da recht.

Das laßt si' nöt b'schreib'n,
An Schick muaßt du hab'n,
Und die Sach' a so treib'n,
Viel schaun'n und wen'g klag'n.

Klagst viel, erlangst wen'g,
's frag'n muaßt a vasteh'n,
Halt d'Aug'n und 's Hirn off'n,
Scheid' das Wahre vom Schein.

————

Thuast den Armen was geb'n,
Wanns is a nöt viel,
Wias die Sag' halt daleit,
Hast do' a guat's Ziel.

Thuast du das mach'n,
Aft richt' dirs so ei',

Daß beim Geb'n der kloan Sach'n,
A warm's G'fühl is a drein.

— — —

Für die Freundschaft und Liab,
Willst du richti' die treib'n,
Aft muaßt a drauf acht'n,
Daß bei Appetit thuat da bleib'n.

———

Willst dei' Wei' ihr Glück gründ'n,
So thua dir merk'n das sei',
Häusling Sinn thua guat pfleg'n,
D'Liab und Fried'n liegt drei'.

Thuast du a so werk'n,
Aft schaffst so a Leb'n,
Daß a Hoam wird dei' Haus,
Wias nix schöner's kann geb'n.

Verleger: Josef Deutl. — Druck von Carl Kolndorffer, Linz.

*Herrn*

*Karl - Knatz*

# Volksdichtungen

*Schulsuperior*

oberösterreichischer Mundart

von *Evansville*

## Josef Deutl

Stadt-Thierarzt in Linz.

*Imlizner*   Dritter Band.   *Nordamerika*

Linz a. D., 1898.

Im Selbstverlage des Verfassers.

Zu beziehen durch **E. Mareis**, Buch-, Kunst- und Musikalien Handlung
Landstraße Nr. 34.

# Volksdichtungen

in

## oberösterreichischer Mundart

von

## Josef Deutl
Stadt-Thierarzt in Linz.

—

### Dritter Band.

Linz a/D., 1898.

Im Selbstverlage des Verfassers.

Zu beziehen durch E. Mareis, Buch-, Kunst- und Musikalien-Handlung
Landstraße Nr. 34.

# Inhaltsverzeichnis.

Jos. Heut

Veterinär

Linz-Danun 1901.

Thuast aussi hiazt geh'n,
So benimm di a schen,
Sollst den Lösa zuatrag'n,
Daß er Nutz'n thuat hab'n.

Föst steh' ein fürs Recht,
Hilf oawehr'n was schlecht,
Fürs Hoam pfleg ön Sinn,
Weil's guat is do drin.

Linz, im October 1898.

Der Verfasser.

## D' Muattaliab.

A Theil von dein liab'n Muattal
Is dei' ganz Sein, dein Werd'n,
Dein Leb'n hat dir d' Muatta geb'n,
Sunst warst du nöt af Erd'n.

Das Allabeste hast von ihr,
Sie hat di im Schmerz gebor'n,
Ohne Muattaliab und Pfleg',
Häst kinna sei' valor'n.

In dein ganz'n Sein und Schaff'n,
Hat sie di g'leit, dir zum Seg'n,
Die Muattaliab war so groß,
Ihr Herzbluat hätt's dir a geb'n.

G'lehrt hat dir d' Muatta 's Bet'n,
Pflegt dein Herz für mild'n Sinn,
Fürs Mitload, fürs Erbarm'n
Den Grund g'legt, daß Edl's drin.

Hat's Undank von dir empfund'n,
Sie vagibt dir all's, vagiaßt
A die ärgsten Herzenswund'n,
Weil du ihr Liabstes bist.

Ueber deine Jugend, daß sie recht,
War ihr Wach'n und ihr Denk'n,
Ihr Schaff'n, Sorg'n war ja nur,
Di af'n Weg zur Tug'nd z'lenk'n.

Ihr Bet'n, Bitt'n, war zum Himmel,
Er soll dir Schutz zuawend'n,
Daß in dein Hand'ln und dein Streb'n,
Dein Schutzgeist guat dich lenk'n.

Die fromma Sprüch hat sie dir g'lehrt,
Zum Tug'ndpfad auf dein Leb'n,
Daß du auf dem wand'ln kannst,
Den Grund hat dir d' Muatta geb'n.

Warst ganz valass'n, hilflos, krank,
Todeswund, alla Trost entschwund'n,
Die Muattaliab hat g'schaff'n Hilf,
D' Muattaliab g'heilt deine Wund'n.

O Muattaliab, durch eine Macht,
Dei warm's Streb'n und liab's
　　　　　　　　　　　　Hand'ln,
Valor'n kann a Kind nia sei',
Wo den Grund du g'legt zum Wand'ln.

Die Muattaliab, sie sei dir heili',
Den Schatz, thua den guat pfleg'n,
Das höchste Guat is, vom höchst'n
　　　　　　　　　　　　Wert,
Den 's Schicksal den Mensch'n geb'n.

Hast du dei' liabs Muattal no,
Thua sie warm liab'n, guat pfleg'n,
Für deine Kinda schaffst dir da,
Daß glückli' wer'n im Leb'n.

Siagt dei' Kind, wirst d' Muatta ehrst,
In sein Herz legst du an Schatz,
Du lehrst eahm die Kinderpflicht,
Wo Undank findt koan Platz.

Kannst dein Muattal nimma dank'n,
Suach af ihr Grab, thuas schmück'n,
Thua Blumen mit Vergißmeinnicht
Für dei' liabs Muattal pflück'n.

O Muattaliab, du Götterfunk'n,
Wia warm thuast uns verbind'n,
Du gibst wahren Herzensfried'n,
Hilfst den häuslich'n Fried'n gründ'n.

# A niadü Sach' hat sei' Zeit.

Alsa alta denkst andast,
Oft vastehst nöt die Zeit,
Und was hörzn d' Jug'nd
So Z'widas oft treibt.

Denk z'ruck af dei' Jug'nd,
Was du hast all's trieb'n,
Dei' Thoa hat si' g'ändert,
Da dort is nix blieb'n.

Schau 's Kind in da Wiagn,
Schau 's mit fünf Jahr, mit zehn,
Mit fufzehn, mit zwanz'g,
Was da all's thuat geb'n.

Je weita als d' affteigft,
Wirft dreiß'g, wirft vierz'g Jahr,
Mehr lernft da erft kenna,
Wia fchen d' Jug'ndzeit war.

Kimmt da Fufz'ga, da Sechz'ga,
Wer'n d' Haar weiß am Hirn,
Aft lernft das erft kenna,
Wia d' Menfch'n leicht irr'n.

So geht's a da Jug'nd,
Dö hörzt zubawachst,
Js alt, wird fi's macha,
So wia du hörz klagft.

Die Zeit bleibt nöt fteh'n,
Wias da bött'ft, fo wirft lieg'n,
Die Faila der Jug'nd,
Thuaft ön Alta erft fühl'n.

Drum nimm fo die Jug'nd,
Wias is und wias kimmt,
Kannft dös ja nöt ändern,
Wann di wiadawöll ziemt.

Do' Oans is dei' Pflicht,
Daß d' Jug'nd thuaft lehr'n,
Vaftehft du das richti',
Aft wird's di a ehr'n.

Wollt'ft fchimpf'n und ment'n,
Uba da Jug'nd ihr Thoa,
's Gmüath thaft eahr z'ritt'n,
Hört wurd's wia a Stoa.

Merk' dir dei' ganz Leb'n,
Laß dei' Herz ftets mitfühl'n

Was thuast, aft dareichst mehr,
Weil mithilft da guat Will'n.

Die Zeit kannst nöt afhalt'n,
Die Bräuch' ändern si' fort,
's Vaändali' nur is b'ständö,
Glaub' mia dös afs Wort.

A niadö Sach' hat sei' Zeit,
Da Jug'nd laß froh'n Muath,
Kannst a nimma mitthou,
's Mitfühl'n thuat dir guat.

# Das poetische Wes'n.

Das poetische Wes'n
Steckt uns Deutsch'n ön Bluat,
Es treibt uns zum Dicht'n,
Geht's uns schlecht oder guat.

In da Freud' und in Load,
Sei' Mitload, sei' Klag'n,
Ön Lied will's da Deutsche
Den Deutsch'n das sag'n.

Is a Ärga, a Kumma,
Triaft's an Kampf oda Pei',
Ön Liad sagt da Dichta,
Wia z'helf'n thuat sei'.

Es is das a Pulsschlag
Va uns Deutsche, das Leb'n,
Das Dicht'n, es führt uns,
Die Schwungkraft thuats höb'n.

Die Kraft va den Deutschthum,
Der deutsche Dichta hilft's mehr'n,
Will die Macht va sein Volk,
Will deutsche Einigkeit lehr'n.

Vagißt wer sei' Pflicht
Geg'n sei' Volk, geg'n sei' Land,
Der Dichta will knüpf'n,
Wo is z'riss'n das Band.

Ön Liad thuat er'n mahna:
Bist als Deutscha gebor'n;
Deutsche Treu' hast du g'lernt,
Sei für uns nöt valor'n.

I han a bei den Dicht'n
Ganz den selbinga Trieb,
Wann i oan thua triaff'n,
Leut' vazeihts ma den Hieb.

Das Dicht'n is so b'schaff'n,
's kennt koa Unt' und koa Ob'n,
Das Schlecht' triafft da Tad'l,
Das Guate thuat's lob'n.

Hoch halt ja da Dichta
Den Bund deutscha Treu,
Er walt' da als Richta,
Nach Recht ohne Scheu.

Deutsche Einigkeit pfleg'n,
Dazua schaff'n an Ritt,
Sie nähr'n guat und heb'n,
Dafür is mei' Bitt.

# Pfleg' das Rindvag'müiath!

Zu mir kimmt z'nächst a Mann
Mit zwoa Buam und an Hund,
Sagt, vagifts ma das Vieh,
Es is alt, do no g'sund.

Die zwoa Buam va mein' Suhn
Möcht'n gern da zuaschau'n,
Er hat eahr oft freud' g'macht,
Weil er allerhand kann.

Hiazt möcht'ns gern seg'n,
Wia's Vagift'n g'macht wird,
Und wia da Hund thuat,
Wann dabei er krepiert.

Die zwoa Buam in an Alta
Va acht bis zehn Jahr,
I thua sie draf frag'n,
Is denn dös do wahr?

Wöllt's seg'n enkan Hund
Wia er end'n muaß 's Leb'n,
Thuat's bei enk koa Mitload,
Koa Erbarma nöt geb'n?

Schaut's, den Hund sei' treu's Aug'n
Schmeich'lt hiazt enk so warm,
Thuat's dös nöt empfind'n,
Wia dös Thier is so arm?

Für die Liab und die Treu',
Die er stets für enk g'habt,
Da möcht's ös no zuaschau',
Wia da Arm' wird umbracht?

Fragt's do Enka jung's Herz,
Von Enkan G'wiss'n die Stimm',
Dös kann ja nöt sei,
Daß koa Mitload da drin.

„Habt's Mitload, Erbarma,
Was han i Enk denn 'than,
Daß mi laßt's umbringa,
Weil mia d' Jug'nd davon.

Enka Aehnl is a alt,
G'freu'n thuat eahm sei' Leb'n,
So wia dem, hat mir 's G'schick
A Freud' zum Leb'n geb'n.

Hat da Aehnl koa Mitload,
So macht's eahm's nöt nach,
Sei' Herz is austrückat,
Sei' Thoa is danach."

So wird Enk 's Herz mahna
Und das G'wiss'n Enk sag'n,
Es war hart von da Jug'nd,
That's a Mitload nöt hab'n.

Die Aug'n san eah naß wor'n,
Sie hab'n g'wischt und hab'n g'wischt,
Da Aehnl sagt: Buam, geh'n ma,
Der Herr halt mit uns 's G'richt.

Er hat mi guat troff'n,
Was han i denn da than?
I kenn dös G'fühl wieda,
Was mia z' bald is davon.

Aft san die Drei fort,
Sie hab'n eahne Aug'n g'wischt,
Eahn Hund hab'ns mitg'numma
Sie hab'n empfund'n das G'richt.

's Kindaherz is empfängli'
Für das Guat' und für's Schlecht',
Pfleg' sei' Herz und sein Kopf,
Willst hab'n, daß 's wird recht.

A niad's Thier thuat empfind'n
Das Load, Schmerz und Pein,
Drum üab Mitload, Erbarma,
Ed'l hand'lst und schen.

Das Erbarma, das Mitload
Muaßt ön Kindaherz pfleg'n,
Wannst hab'n willst, daß werkt a,
Wias recht is ön Leb'n.

's Kindaherz is so b'schaff'n,
Daß die zwoa Perl'n muaß hab'n,
Reiß eahms ja nöt außa,
Thuast sei' Glück untagrab'n.

failt 's Erbarma fürs Thier,
find't 's Mitload koan Platz;
Den Menſch'n, es failt eahm
Von dö größt'n a Schatz.

# D' Arbat.

Die Arbat macht glückli',
Thuaſt des recht vaſteh'n,
Sie gibt dir das Brot
Für di und die Dein'.

Sie gibt dir den Fried'n,
Viel böſſa biſt dran,
Wia a ſolcha mit Geld,
Der ſi' langweilt, nix kann.

Die frei' Zeit lernſt da ſchatz'n,
Haſt dei' Arbat vabracht,
Der nix thuat is unnütz,
Sei Thoa wird vaacht.

Wer für ſein Leib und Kopf
Nur will ſchaff'n an G'nuaß,
So a Kopf is nöt hell,
Und das G'wiſſ'n voll Ruaß.

Das Geld macht nöt glückli',
Kannſt nöt werk'n damit,
Es trüabt das recht Denk'n,
Weil's das Unmaß vaſchütt'.

Mit Unmaß und G'nuaßsucht
Da valierst du dein Halt,
Du zatrümmast dein Bau,
Du zastörst di mit G'walt.

Leid'st du schon an Unmaß,
Halt ein und kehr' z'ruck,
D' Arbat gibt da 's Mitt'l,
Zum g'sund'n Sei' di Bruck'.

Da lernst den Wert kenna,
Was die Arbat oan is,
G'schiahts mit Kopf oda Hand,
Gibst dein Unmaß an Schmiß.

D'rum g'wöhn d'ran di Jugend,
Daß gern arbat, recht schafft,
Legst dazua da ön Grund,
Daß' für alle Rechts macht.

# Dö zwoa best'n Freund.

A niada Mensch hat zwoa Freund,
Sie valass'n eahm nia,
Laßt er si va di Leit'n,
Da geht's eahm nöt schia.

Da erst' Freund is da Glaub'n,
Die Natur is da zweit',
Goa guat thoan si 's moan,
In da Hoam, in da Weit.

Da Glaub'n lehrt dir Les'n
On Wundawerk da Natur,
Dei' Kopf wird dir off'n,
Und 's Herz woam dazua.

Ihr Pracht lernst da kenna,
Dein Blick nach ob'n heb'n,
Lernst kenna dein Schöpfa,
Der so Schön's uns geb'n.

Ohne Glaub'n, da vastehst nix,
Wia d' Natur und ihr G'walt,
Für die was thoan kennan,
Die mit froh'n Sinn zahlt.

Willst dö zwoa Freund g'niaß'n,
Laß di vo eahr führ'n,
Aft kennst erst die Welt,
Fremd thuast nöt umirr'n.

Ohne dö bleibst a Fremdling,
Thuast eahrn Sinn nöt vasteh'n,
In da Welt rennast uma,
Als wanns a Wüst'n that sein.

Glaub', daß bei dein Wandern,
Wann die Zwoa die thoan führ'n,
Erst recht kennst, begreifst,
Daß guat is eahr Schirm.

Den Fried'n im Herz'n drin,
'n Kopf hell und 's G'müath warm,
Dö zwoa Freund thoan dir's geb'n,
Guat thuast damit fahr'n.

Da größt' Reichthum is fried'n,
Thuat er ön Kopf und herz fein,
Dei' ganz Wef'n bleibt jung,
Dei' hand'ln ed'l und fchen.

# Schütz' die Singvögl.

Gib den Singvögln Schutz,
Thua a Modö nöt wähl'n,
Womit du zoagst off'n,
Daß dir 's Mitload thuat fehl'n.

Das Mord'n der Singvögl
Zu an Schmuck af an huat,
's frau'nherz foll's wehr'n helf'n,
Is ja funft do fo guat.

Trag' koa folche Modö,
Dö Singvögln kost' 's Leb'n,
Wurd'st Schuld a mittrag'n,
Wann flur, Wald uns vaöd'n.

Da herrgott hat's g'schaff'n,
Daß uns fingan, fi' nähr'n,
Daß affröß'n die Schädling,
Die d' Cultur uns vaheer'n.

Sie preis'n eahrn Schöpfa,
Die liab'n Sänga da Luft,
Tragst du Vogelleich,
So bist du eahr Gruft.

Sie singan die Liada
Den Mensch'n zur Freud',
Hör', wia si di bitt'n:
Thua uns do koa Leid.

Halt ab von der Modö,
Van Singvögl-Vaheer'n,
Dei' Herz wird di selba,
Die guat'n Mensch'n di ehr'n.

Es nutzt uns eahr Mag'n,
Denn was sie thoan vazehr'n,
U schädlichs Zeug is ja,
D' Cultur thuats vaheer'n.

Das Mitload, 's Erbarma,
Es ziert d' Mensch'nbrust,
Gib Schutz den Singvögln,
Eahr Stimm dankt voll Lust.

Erbarm' di der Sänga,
Denk' wia schen is die Welt,
Uf da Flur und ön Wald,
Wo eahr G'sang niedahellt.

Drum Erbarma, Erbarma,
Bitt' um Mitload recht schen,
Wia di g'freut dei' Leb'n,
Thuat's a bei Singvögl sein.

# Africht'n und Vageb'n.

Haft a no fo weit g'failt,
Denk' dir, mit da Zeit
Wieda recht kann i wer'n,
Daß mi d' Leut' wieda ehr'n.

Is da Will'n nur in mir,
Aft is gar nöt fchiar,
So a Will'n hat a Kraft,
Daß er 's Schwarftö leicht macht.

A niada Menfch hat ja Faila,
Drum Nachficht follft hab'n,
Es is ja viel fchena,
Laßt von Mitload di trag'n.

Koa Menfch is ja ficha
Vor'm Strauch'ln und fall'n,
Is 's erftö eahm g'fcheh'n,
Hilf 'n vom zweit'n z'ruckhal'n.

Da zoagft du an Ab'l,
Der nöt liegt im Bluat,
Thuaft für'n G'fall'na fo denk'n,
Denkft für and're a guat.

Das Irr'n is ja menfchli,
Brich nöt drüba den Stab,
Hilf mit zum Africht'n,
Darett'ft viel vom Grab.

Oans von den fchönft'n is
In dem menfchlich'n Leb'n,
Der Drang ander'n z'helf'n,
's ab'lt 's G'müath, thuat's erheb'n.

Das vaed'lt den Mensch'n,
Und für alle bringt's Glück,
Haſt du ſo an Trieb,
Dank Gott für das G'ſchick.

A ſo lebſt viel böſſa,
Wirſt a oft g'nua betrog'n,
Haſt du innan Fried'n,
Dein Thoa wird da g'hob'n.

Weils Dicht'n ſo b'ſchaff'n,
Daß ſchau' laßt ins G'müath,
So kann i drin leſ'n,
Daß a niada Menſch irrt.

## 1848—1898.

Den Volksgeiſt ſei' Kraft
Kannſt nöt bändig'n, do pfleg'n,
Thuaſt 's Letzte recht macha,
Vaed'ln thuaſt 'n und heb'n.

Willſt G'walt du anwend'n
Geg'n den menſchlinga Geiſt,
Es kimmt aft die Zeit,
Wo er di niedareißt.

Nöt nur di, a allſanda,
Was eahm ſteht ön Wög,
Da gibt's koa Entrinna,
Es gibt da koan Stög.

Das Volksrecht thua acht'n,
Aft kimmt's nöt dazua,
Daß Volkswuth entsteht,
's Volk gibt gern a Ruah.

Es bleibt so gern friedli',
Wird's nöt g'kneblt, nöt g'knecht,
Do wann eahm dös g'schiaht,
Suacht's selb'n a sei' Recht.

Volkswuth is entsetzli',
Wühl di' ja nia auf,
Di' kennt koa Erbarma,
All's reißt mit ihr Lauf.

Lang g'kneblt den Geist,
Hat die Metternich-Schul',
D' Volkswuth hat wegg'riss'n,
Den volksfeindling Pfuhl.

Die 's Volksrecht vernicht'n,
Wia dö Schul', di thoan schlecht,
's Volk wird si' da stemma,
Einsteh'n für sei' Recht.

Sei' Wuth thuat zastör'n,
Vernicht' Guat's und das Schlecht,
Sei' Werk'n is furchtbar,
's kennt nimma, was recht.

Hast Macht, thua bedenk'n,
Daß d' recht thuast dei' Pflicht,
Thuast d' G'walt schlecht anwend'n,
's Volk halt mit dir 's G'richt.

Kaisa Josef da Zweit',
Der hat uns a Liacht bracht,
Sei' Geist hat's anzund'n,
Hat dort hing'leucht', wo 's Nacht.

Er hat d' Leibeig'nschaft
Afg'hob'n und uns geb'n,
Daß da niadarö Mensch a
Wia frei a kann leb'n.

Sei' Liacht und sei' Geist,
Hat ön Achtaviazgajahr
An Durchbruch si' g'schaff'n,
Packt die volksfeindli' Schar.

Sei' Liacht und sei' Geist,
Dö san nimma zum tilg'n,
Er hat uns ja zoagt,
Wo volksfreundli' da Will'n.

Für **Di'** fühl'n mia und dank'n,
Liaba Volkskaisa dir,
**Dei'** Geist sei uns Leitstern,
Mia geh'n aft nia irr'.

Wer'n nia irr' bei dein Stern,
Und bei all'n was d' uns geb'n,
Dank'n dir, liaba Kaisa,
Dank'n dir das ganz Leb'n.

Vagiß nia den Kaisa,
Der uns g'setzt hat den Bam,
Wo das Volksrecht gedeiht,
Pfleg' sei' Wurzl und Stamm.

# Allahand G'ſtanzl.

## V.

Das romantiſche Weſ'n,
Den Künſtlan thuat's g'fall'n,
Weil moaſt eahr ganz Leb'n
Ös Romantiſch thuat fall'n.

Die allaglöanſte Urſach,
A große Wirkung thuat oft bringa,
Drum acht a af das Kloane,
Sunſt geht dei' Thoa ön Trümma.

Z'ſpat af d' Sach denka,
Was oan einfallt, glei' ſag'n,
Da wurd'ſt nöt guat lenka,
Bald hät's di' bei 'n Krag'n.

Wann ma wasdawöll thuat,
Muaß ma do ſpecalier'n,
Triafft's a Kunſt oda G'ſchäft,
Ohne den wurd'ſt valier'n.

Z'werch keman oft Sach'n,
Is da Will'n no ſo feſt,
Wirft's ön Plan üban Hauf'n,
Uns a mit af d' Letzt.

's G'ſchick laßt oan oft fall'n,
In an Abgrund goa tiaf,
Glei' höbt's oan in d' Höh',
Daß ma 'n Himmel moaſt griaff'.

2*

Is das erste dir g'scheh'n,
Zu an Ausweg thua streb'n,
Fest machst dein Charakta,
Chuast den Kampf nöt afgeb'n.

Kimmt gach a groß Glück,
Für an Traum thuat ma 's hal'n,
Bei'm Drangsal is nöt so,
Das laßt ma si' g'fall'n.

Nöt z'tiaf und nöt z'hoch,
Wenn ma das kann dahal'n,
Das hat die längst Daua,
Nöt tiaf kann ma fall'n.

Kennt da Mensch sei' Talent,
Soll er bei dem bleib'n,
Wend't er si' davon,
Was Dumm's thuat er treib'n.

Wank'lmuath kann wen'g schaff'n,
Viel Project ön Kopf drin,
Gibt an unruahig's Hast'n,
Vadiabt den schen Sinn.

Thuat a Künstla so werka,
Schaff'n wird er nöt viel,
Da inna Halt failt da,
Wen'g bringt er zum Ziel.

Kimmt die Eigenliab ins Spiel,
Kimmt da andrs zum Ziel,
Die stellt oan a fall'n,
Der G'fangdö muaß zahl'n.

Hilfst das Load wem mindan,
Thuast den Kumma lindan,
Je mehr thuast still'n Thräna,
Dei' Thoa is um so reina.


Unbefriedigt's Valanga,
Das razt unsarn Blanga,
Is wasdawöll für a Sach,
Weil ma nöt kennt 'n G'schmach.


A guat's G'wiss'n ön Trüabsal,
Das stärkt unsan Muath,
Triafft hoat uns 's Schicksal,
Stäck gibt uns sei' Huat.


Stimman Kopf und Herz glei',
Stimmt a 's G'wiss'n dazua,
Da gehst nöt leicht irr,
Bist a Mensch oda Bua.


Thoan si' di' drei streit'n,
An Kampf thuat's da geb'n,
Wann Pflicht und Liab kämpf'n,
Kann's kost'n das Leb'n.


Triafft's a grad nöt 's Leb'n,
Dei' ganz Sei' kann's vaderb'n,
Weil der frössadö Wurm,
Leib und Geist thuat vaheer'n.


Thua d' Ehr andra acht'n,
Selba laß deine g'wehr'n,
Thuast die selb'n und andre
Richti acht'n und ehr'n.

Sei a Freund für die Arma,
Für die Schwach'n a Stütz,
Geg'n 's Vorurtheil feindli',
Für die Tug'nd a Sitz.

G'sellt si' Ordnung zum Fleiß,
Af den Weg thuast da sei',
Häusli' Fried'n und Wohlstand
Stell'n si' bei dir ei'.

Das Talent wird oft g'schund'n,
Von den Reich'n sei' Macht,
Das Thoa schafft viel Wund'n,
Es is schlecht und vaacht'.

Es gibt solche Reiche,
Die den übl'n G'ruch hab'n,
Woll'ns a den guat decka,
Stink'n thuat eahr Betrag'n.

Das Glück is kug'lrund,
Lang thuat's bei koan bleib'n,
Steigt's af oda abwärts,
Unstet is sei' Treib'n.

Und weil's a so rund is,
Drum bleibt's nöt bei oan,
Es saust wieda weita,
Drin b'steht ja sei' Thoan.

Es gilt das für alle,
Triafft's das Geld oda 'n Geist,
Es packt oan oft mächti,
Daß da g'sund Vastand reißt.

Was ma mitkriagt ins Leb'n,
Für an niad'n is da Glaub'n,
Daß die Leid'n viel länga,
Als wias Guate wird dau'rn.


Das Talent is nöt boshaft,
Da groß' Geist kennt koan Neid,
Mit dem was dö schaff'n,
Nutz'n woll'n s' da für d' Leut.


Dö braucht neamd zu fürcht'n,
Thoan s' üba was recensier'n,
Vor hohlö Köpf thua di' hüat'n,
Weil zum Schad'n di' schür'n.


Den eahr Neid laßt's nöt zua,
Daß d' eahr bist übalög'n,
Drum find'ns all's schlecht,
Was va eahr is nöt göb'n.


Der eahr Grundsatz thuat sei',
Uba all's z' schimpf'n und z' schrei',
All's thoan's ön Mist ziag'n,
Eahr G'ruch is nöt sei'.


A weng bleibt was hänga,
Thoan di' specalier'n,
Thuan s' mia recht varreiß'n,
Thuat eahr Guat's a valier'n.


Haft an wahr'n Freund g'fund'n,
Dank' Gott für das G'schick,
Oft thuat das nöt sei',
Daß kimmt so a Glück.

Die Ahnung und 's Vorg'fühl,
Si' zoag'n uns oft an,
Daß a Unglück uns triafft,
Den ma' nimma auskann.

Valaßt wenn, den'st gern hast,
Wird dei' Herz g'schwinda schlag'n,
Woher das thuat kemma,
Kannst dir selba nöt sag'n.

Du fühlst da a Banga,
Dei' G'müath is dir voll,
Uba kurz oda lang,
Thuast erfahr'n, was das soll.

Hoamganga is da Freund,
G'ahnt hast das zur Zeit,
Hiazt kannst du's begreif'n,
Weg'n was du g'habt 's Leid.

Alle Völka hab'n glaubt dann,
Abaglaub'n thuat's nöt sei',
Die Erfahrung hat's g'lehrt,
Daß da Wahrheit is drei'.

Af nir glaub'n is a Unglück,
So a Mensch hat koan Halt,
Glaubst a nimma dein' G'wiss'n,
Bitta wirst du da zahlt.

Die Sitt'n san die Zügl,
Wia da Mensch soll recht thoa,
Thua damit a so loat'n,
Daß 's Mäul wird koa Stoa.

# Zum Cos'nstvanaföst

## am 22. August 1897.

Alt's G'schloß muaß vafall'n,
Cos'nstoa, du Ruin,
Heut hast du viel Göst,
Dö bracht deutscha Sinn.

Thoan vabrüadan uns heut,
Zwanz'g Verein' san beinand,
Der deutsch'n Bedrängnis
Schaff'n uns den Vaband.

Deutsche Treu zu dem Stamm,
Wia du hast g'wacht guat,
Wir woll'n dir's nachmocha,
Kostat's a unsa Bluat.

Sag'n dir unsan Kumma,
Und wia mir leid'n Druck,
Daß dös g'schaff'n 's Bündnis,
Zum Vabrüadan die Bruck.

Zum Vabrüadan dö alle,
Was hab'n deutschtreu'n Sinn,
Dort thuan mia uns find'n,
Wo ma d' Stärk' find't drin.

Bist a scho' meist z'fall'n,
Deutscha Sinn lebt in dir,
A niada Stoa schreit uns zua:
„Thoats ös mocha wia mia.

Halt's z'samm wia 's Mäulta,
Dös uns d' Stoa vabind't föst,
Pflegt's beim Kind deutsch'n Sinn,
Aft thuat's werk'n af's böst.

Deutsche Treu, halt's als Schild,
Und an rittalich'n Sinn,
Vareint's Enk und halt's z'samm,
Enka Stärk' liegt drin.

Deutscha Sinn, deutsche Art,
Soll Enk leit'n und führ'n,
Was dageg'n is thoat's wehr'n,
Thoat's stets deutsch'n Sinn schür'n.

Von deutsch'n Burg'n deutsche Liada,
Deutsch' Wes'n, deutsche Treu,
Von Berg und Thal soll'n f' klinga,
Dazua g'schiacht heut' die Weih'.

Einig sein, föst z'sammhalt'n,
Thoat's 's Deutschthum hoch ehr'n,
Deutsche Väta, deutsche Müatta,
Thuat's den Kindern dös lehr'n."

Da deutsche Stamm soll si' duck'n,
So sag'n d' Slav'n und Pol'n,
Uba uns woll'n dö herrsch'n,
Da Teufl soll f' hol'n.

Mir wer'n uns nöt duck'n,
Mir wer'n nöt nachgöb'n,
Wurd'n ma uns nöt fötz'n,
Ön Stamm kostat's 's Löb'n.

Dazua derf's nöt kemma,
Gang's da zua wiadawill,
Drum Deutsche halt's z'samm,
Mir kemman zum Ziel.

Unsa Ziel sagt, müaßt's herrsch'n,
Den Culturgang thoat's trag'n,
Woll'n Enk d' Slav'n af's G'nack,
Packt's ös z'erst eahrn Krag'n.

## Valiabte Sach'n.

In da Liab gibt's zwoa G'sichta,
Oans fürs Herz, oans für d' Aug'n,
Bei Weibaleut' san's so fei',
Daß frei is nöt zum glaub'n.

Sympathie thuat ma 's nenna,
A G'fühl, nöt zum b'schreib'n,
Es beglückt, macht a trauri,
Laßt si' nöt vatreib'n.

Es ziagt oan zum Liabst'n,
Kann nöt widasteh'n,
Ma fühlt si' so glückli',
Möcht' gern bei eahm sein.

Die Sprach' is vom Herz'n,
Da Kopf gibt da nach,
Weil's Hirn thuat so roat'n,
's kehrt ön Herz'n sei' Fach.

A Liabschaft nur für'n G'nuß,
Kann tiafe Wurzln nöt treib'n,
Weil das übasätigt,
Dabei wirst nöt lang bleib'n.


Thuast du G'fallsucht studier'n,
Daß di' macha kannst schen,
Gar stark wirst di' irr'n,
Das Natürli' failt drein.

Was die Natur dir geb'n,
Das Gafachö, wia 's is,
Das zoag dei' ganz Leb'n,
Am best'n g'fallst g'wiß.

All's Künstln und Mergln,
Thuat geg'n d' Natur sei',
Den Schnürleib sei' Form
Macht viel Krüpp'l und Pei'.


Leid'nschaft thuat fortreiß'n
Den menschlinga Geist,
Wia an Wildbach sei' Thoa,
Der all's niadareißt.


Da Valiabte will g'fall'n,
Drum putzt er si' schen,
Sagt da Schlampat er liabt di',
Kann's richti' nöt sein.

Thuat a solcha dir schmeich'ln,
Den thua das nöt glaub'n,
Der roat af was anders,
Was er dir möcht raub'n.

Die best' Mitgift für d' Eh',
Für d' Braut da schönst' Schmuck,
Is 's Vatrau'n und d' Liab,
Zum Hausfried'n is d' Bruck'.

Wo das is vorhand'n,
Damit g'schloss'n a Bund,
Glück gibt so an' Eh',
Weil guat is da Grund.

Betracht'st d' Liab als an G'spoaß,
Es failt dir was ön Hirn,
Kriagst nia a guat's Hoam,
Fremd thuast du umirr'n.

Haft z'viel romantisch' Wes'n,
Uf die Geg'nwart vagißt,
Reiß di' los va den Taumel,
Sunst kimmst no am Mist.

Ideal hat a niada,
Und das mußt a hab'n,
Thua's nöt übatreib'n,
Dein Sei' wurd'st du schad'n.

Weng G'müath, do viel scheina,
Wer vafolgt so a Ziel,
Is a Ofn ohne Wärm',
A Södan ohne Stiel.

A off'nherzig's Wes'n
Kann si' nöt viel vastell'n,
In sein Thoa kann ma 's les'n,
Seine Aug'n thoans vazöhl'n.

D' Liab vaschwend'n is a Faila,
D' Zügl derfst nöt wögleg'n,
Wollt'st di' dran anschopp'n,
Aus 'n Gloas that's di' heb'n.

Thuast zu altan beginna,
Hast zu Jug'ndstroach Lust,
Ast richt' di' zum Hergeb'n,
Weil di' sunst koanö bußt.

G'sund und Geld kost's dir,
Ausg'lacht wirst nöt weng,
Und da g'schiacht dir a recht,
Hast 's Herz weit, das Hirn eng.

Wird d' Liab nöt befriedigt,
Um so länga thuat's dau'rn,
Rennt das Diandl oan nach,
Guat wird's ihr nöt taug'n.

Willst d' Liab mit Dampf treib'n,
Für Hoazmitt'l muaßt sorg'n,
Lang wird's dir nöt taug'n,
Weil dei' G'sund geht valor'n.

Z'viel g'fallsüchti' sei',
Macht herzlos, g'winnsüchti',
D' Liab thuat da vaschwind'n,
Failn thuat's da oft tüchti'.

In da Eh' gibt's goa viel,
Was ma muaß vaschlicka,
Kann ma 's leicht abiwürg'n,
Leichta wird all's glücka.

Die Eitlkeit und G'fallsucht,
Dem Weib liegt's ön Kopf,
Das liegt in ihr'n Wes'n,
Von Fuaß bis zum Schopf.

A Würz' is für d' Liab,
Thuat's in richtig'n Maß bleib'n,
Treibt si's da goa z'weit,
Statt Richtig's, schafft's Leid'n.


Die Weibaleut' z'kenna,
Das bringt koana z'samm,
A Raths'l thuat's bleib'n,
A bitt'süaßa Tram.

Da Schlüss'l zur Sünd',
Und zum Fall'n thuat's sei',
Die größt' Tug'nd und Lasta,
All's find'st in ihr drei'.

Macht zahm und unbändi',
Danach si's packt an,
Koa Opfa find'ts z' groß,
Für den g'liabt'n Mann.

Sie schützt von Vawildan,
Kann zum größt'n Glück führ'n,
Kann a 's Geg'ntheil mach'n,
Und nur Unfried'n schür'n.

So feinfühlig zu sei',
Is nua 's Weibaherz g'macht,
Thuast das richti' acht'n,
Untaliegst nöt der Macht.

Zu da Liab kehrt Vatrau'n,
Mans aloani is nix,
Das schauat so aus,
Wia a Schuah ohne Wichs.


Die Liab is a G'moaguat,
Dera kimmt koana aus,
Kann's wer nöt empfind'n,
Is a ausplündat's Haus.


Is a Haus, was koa Dach,
Is a Stub'n ohne Thür,
Is a Haus ohne Fensta,
Is a Roß ohne G'schirr.


Den failt was ön Hirn,
Sei' Herz werkt vadraht,
Der kimmt bald so weit,
Daß koa Hahn nach eahm kraht.


A Naturg'setz is d' Liab,
A Kitt, der nöt laßt,
Die all's will vabind'n,
Die uns nia valaßt.


A Band is für d' Mensch'n,
Was uns alle umschlingt,
A Stimm' aus dem Herz'n,
Die warm, a schen singt.


Die Liab vabannt d' Furcht,
Sie reizt bei da G'fahr,
Koa G'nuaß is so süaß,
Wia 's in da Liab woa.

Is a Leb'nsart in dir,
Bist geg'n d' Weibaleut' sei',
Wia d' Hoamsprach' dir bleibt,
Höfli' muaßt a so sei'.


Die Liab is a Kleinod,
In Thränenperl'n is g'faßt,
Jagst du's a davon,
Kehrt's z'ruck do mit Hast.


Das unb'ständi' Wes'n,
Steckt nindast was auf,
Goa wann's triafft die Liab,
Bald kriagt die ihr'n Lauf.


Das Weibaherz zu kenna,
Was all's drin find't Platz,
Das kannst nöt ergründ'n,
's bleibt a unb'hob'na Schatz.


A G'lehrta hoaßt's boshaft,
Vanunft failt, sagt der zweit,
A Hauptwerk is da Schöpfung,
A dritta da schreit.


G'scheit is, sagt a andra,
Do' kluag kann's nöt sei',
Den Teufel hat's drei',
Thuat a andera schrei'.


Zur Tug'nd hin führt uns,
Den Weiban eahr Liab,
Gibt Lust uns zum Schaff'n,
Aufheitat, was trüab.

I'riss'n is sei' Charakta,
Bosheit hat's drin viel,
Und so mentn's und destn's,
Ohne Maß, ohne Ziel.

Oans sag i, is richti',
Ohne Liab kannst nöt b'steh'n,
Warst a Wag'n ohne Rad,
A Liacht ohne Schein.

Die Liab is a Sinn,
Liacht gibt's uns und Wärm,
Kalt war's sunst und finsta,
Drum thua die Liab ehr'n.

—

Willst Moral und die Sitt'n
Beim Weib du guat hab'n,
Muaß dei' Thoa so sei' b'schaff'n,
Daß d' mit Recht drum kannst frag'n.

Gibst du nöt viel Anlaß,
Daß oft strauch'ln und fall'n?
Willst streng eahre Sitt'n,
Mit 'n Gleich'n sollst zahl'n.

Bedenk, daß die Mensch'n,
Is a Mann oda Wei',
Das gleiche Recht hab'n
In da Liab und da Treu.

— ——

Mit 17 Jahr is 's G'fühl
Ohne Maß, ohne Ziel,
D' Liab macht oft verruckt,
Daß da Kopf dazua spuckt.

Bist gleichgülti geg'n Reiz',
Die d' Weibaleut hab'n,
Da machst du's so schiachti,
Daß di' pack'n beim Krag'n.

———

Es gibt nur oa Art von Liab,
Tausendfach kannst du's copier'n,
Suach die erste festz'halt'n,
Die oan thoan di' vawirr'n.

———

Unsa Kopf soll·beim Hand'ln
's Herz a um Rath frag'n,
Viel liaß si' vahüat'n,
Vom Herz'n sei' Klag'n.

———

An Ideal, was schwimmt ön Duft,
In Elegie und Roman thuat um=
                                     irr'n,
's praktisch Leb'n is für sie Luft,
Laß di' von solche nöt vaführ'n.

———

Die guat'n Zeit'n war'n da vabei,
Thua di' davon losreiß'n,
Koa Liab hat a solches Wei',
Bald häst nix mehr zum Beiß'n.

———

Was d' Liab bringt für Opfa
An Guat, Leib und Glück,
Hingibt's Ruahr und Fried'n,
Bitta walt' oft das G'schick.

———

Thuat ma das recht betracht'n,
Kenna lernt ma erst den Wert,
Was die wahr' Liab kann geb'n,
A wann's ihr Lebensglück vaheert.

Gern geb'n, wen's empfanga,
Hingeb'n all's, was kann,
Glaub'n, hoff'n, all'n entsag'n,
A das Leb'n setzt sie dran.

Jung bleibt ma nöt b'ständi',
's Saubasei' nimmt a End,
Bleibt d' Liab oan und Treu,
Ma hat zwoa guat' Freund.

Ast kannst a leicht trag'n,
Was zuag'mess'n dir 's G'schick,
Wird dei' Körpa a roglö,
's Herz hat Freud und Glück.

Den Valiabt'n und Dichtan,
G'schwind vageht eahr die Zeit,
Langweil kennan's nöt,
San's alloa, san's bei Leut'.

# Die Zeit.

D' Zeit kennt koa Erbarma,
Ausnahm' macht die nia,
Was jung is, macht's alt,
Was schen is, macht's schia.

Da hilft a koa Schmeichln,
A 's Schimpf'n nutzt nöt,
Die laßt si' nöt b'stöcha,
Grad geh'n thuat's ihr'n Wög.

Die Zeit is so a Ding,
All's is vor der gleich,
Ihr Macht muaß empfind'n,
Da Arm' und da Reich'.

Die Zeit und den Tod,
Di' kann neamd oawehr'n,
Af das thua guat acht'n,
Wirst di' nöt vaheer'n.

# A guate Eh'.

Thoan die Treu und die Liab
Mitanand hamonier'n
Beim Mann und beim Wei',
Guat thuat's di' da führ'n.

I kenn' a paar Eh'leut',
Sechz'g Jahr san's schon alt,
Das will i da vazöhl'n,
Wia d' Liab dort anhalt'.

Z'sammtrag'n hat's die Liab,
Mit da Treu' guat vaeint,
Geg'nseitig's Vatrau'n,
Falschheit hab'n's nöt kennt.

Nach da Heirat hab'n's g'fund'n,
Daß a niads do' hat Eck',
Die müss'n mia wegthoa,
Sag'n's, schleif'n ma's weg.

Ganz leicht is das ganga,
Aft wia di' war'n weg,
Da hab'n sie's a kennt,
Es gibt do' no' Fleck.

A dö müss'n weita,
Das that ja koa guat,
Das Waschmittl woa
Viel Liab, Treu und Muath.

Das Z'sammg'wöhn' is ganga,
Grad so als wia g'schmiat,
Es is a oft kemma,
Daß sie die Zwoa g'irrt.

A niads hat gern nachgeb'n,
Wia si' das thuat g'her'n,
Die Liab is eahr blieb'n,
Oans 's and'rö thuat ehr'n.

A niads hat an Faila,
Und siagt ma das ei',
Aft gibt's koanö Kreula,
Ma find't si' guat drei'.

Sei' Recht den oan lass'n,
So wia si' das g'hert,
Die Geduld nia auslass'n,
Aft find't all's sein Wert.

Sie hab'n ötla Kinda,
A Enk'ln thoan's hab'n,
Warm .thuat si' all's liab'n,
Das kann i da sag'n.

Den Grund zu da Liab,
Thoan d' Ältan den pfleg'n,
Guat's geb'n's da den Kindan
A mit in eahr Leb'n.

Das stärkt den Charakta,
Macht nützliche Leut',
Was d' Liab is, thoan's kenna,
Kimmt für sie dö Zeit.

Das Beispiel wirkt mächtö,
Thuat's wasdawöll sei',
Das Guate, das Schlechte,
Wirft Schatt'n, wirft Schei'.

All's braucht ja sei' Pfleg',
Was d' dein Kindan thuast lehr'n,
Leg' den richtig'n Grund,
Aft wer'n sie di' ehr'n.

Pflegst d' Liab zu den Ältan,
Zum Hoam, zur Natur,
Du pflegst zu eahr'n Herz'n,
Eahr'n Kopf a dazua.

Die Pfleg' hab'n di' Ältan
Bei eahrn Kindan a trieb'n,
Wia sie's übanumma,
So is eahr das blieb'n.

Willst guate Leut' schaff'n,
A guat's Beispiel thua geb'n,
Daß di' dir nachkemman,
A recht wer'n ön Leb'n.

Bei so an guat'n Schaff'n,
Da wird ma nia alt,
Es bleibt oan a frisch'n,
Wann d' Liab hat an Halt.

# An die deutsche Jug'nd.

Voll Liab zu dein Volksstamm,
Begeistert voll Leb'n,
Bist du, deutsche Jug'nd,
Unsa Herz thuast erheb'n.

No kennst nöt die Kämpf,
Die droh'n unsan Stamm,
Du hilfst dein Volk schaff'n,
An bruchsichan Damm.

A Sach' für die d' Jug'nd
Si' einsetzt, thuat einsteh'n,
Die kimmt a zum Durchbruch,
Thuat's a nöt glei' sein.

O goldene Jug'nd,
Bist voll Lust und Freud',
Ma nimmt dir's nöt übel,
Gehst du a oft z'weit.

Daß Abwög, dei' Werka,
Kannst no nöt vasteh'n,
A Recht is da Jug'nd,
I denk' af die mein'.

G'niaß die warm Freud',
Halt hoch dei' Ideal,
Dein' Volksstamm zum Schutz,
Soll dei' Brust wer'n a Wall.

Saug' ein, liabö Jug'nd,
Den Saft deutscha Ehr',
Für di' kimmt a d' Zeit,
Wo 's Volk braucht dei' Wehr'.

A Wehr' und an Hort,
Wo all's find't an Schirm,
Wo das deutsche Recht
Zum Sieg wirst du führ'n.

Freu' di', o Jug'nd,
Da goldenen Zeit,
G'niaß so, wia's recht is,
Bald schwind'ts ja in d' Weit'.

Das Süaßö, das Guatö,
Was 's Herz fühlt so warm,
Bewahr's dir zum Bündnis
Zum Kampf für dei' Hoam.

Mia leg'n gern das G'schick
Deutscha Zukunft und Macht,
In dei' deutschtreues Herz,
Halt' geg'n 's Slaventhum Wacht.

Halt' Wacht geg'n die Slav'n,
Und was Dummheit will pfleg'n,
Geg'n die deutsch'n Verrätha,
Halt' Wacht dei' ganz Leb'n.

# Meina Muatta ihr Lehr.

Wia i bin in d' Fremd ganga,
Gibt mia d' Muatta die Lehr:
Was i dir hiazt sag'n thua,
Dei' ganz Leb'n halt's in Ehr.

Af drei Dinga thua acht'n,
Af d' Natur und dein Glaub'n,
Af d' Liab zu dein Volksstamm,
Guat z'samm thoan dö taug'n.

In da Natur lernst kenna,
Was da Hergott uns geb'n,
All's hat er so g'schaff'n,
Daß a Kampf is das Leb'n.

's gilt für Mensch'n, für Pflanz'n,
Fürs Vieh und für all's,
Wer's nöt will begreif'n,
Dem kann's kost'n sein Hals.

Do' derfst nöt so kämpf'n,
Wia's a Wildbach thuat lehr'n,
Wo all's mitreißt sei' Lauf,
Der ja all's will vaheer'n.

Dei' Kampf soll fürs Edle,
Für das Guate nur sei',
Fremd's Recht sei dir heili',
Einsteh' für das dei'.

In da Natur ihr'n Werk'n,
Da lern' les'n guat drin,
Dein Charakta wird fest,
Edl wird Herz und Sinn.

Das hebt di' zum Schöpfa,
Dei' ganz Hand'ln wird recht,
Guat's kimmt in dei' Werk'n,
Wo koan Platz find't, was schlecht.

Was d' Naturwelt dir lehrt,
Da beste Glaub'n thuat's sei',
Weilst dein Schöpfa sei' Walt'n,
Sei' Allmacht siagst drei'.

Gern bet' an die Allmacht,
All's thuat's leit'n und führ'n,
Das soll sei' dei' Spiagl,
Nia wirst di' da irr'n.

A niads Käfal und Grasal,
Gfreu'n thuat's a eahr Leb'n,
Denk wög'n was dös hab'n,
Wög'n was eahr is geb'n.

Ihr'n Schöpfa zu preis'n,
Singt die Lerch'n ihr Liad,
Da Natursinn thuat's leit'n,
Zu ihr'n Schöpfa die Liab.

Die Allmacht zu lob'n,
Die Natur hat's so g'richt,
Daß all's muaß so werka,
Und thoa muaß sei' Pflicht.

An Sinn für d' Natur,
Zu dein Glaub'n muaßt hab'n,
Und Liab zu dein Volk,
Was eahm guat is zuatrag'n.

Gar niederträchti' und schimpfli',
Is Varrath an sein Stamm,
Elend is, der's kann macha,
A Graus is sei' Nam.

Wer sein Volksstamm varrath,
Varrath sei' Muatta, sei' All's,
Der is nöt mehr wert, als
Wia an Strick um sein Hals.

J gib dir mein Seg'n,
Gott schütz di' liab's Kind,
Fürs Edle schau off'n,
Fürs Schlechte schau blind.

Die Lehr da liab'n Muatta,
Oft denk i hiazt dran,
Und siag a das Grässli'
Was a Volksvarrath kann.

Cech'n, Pol'n, unf're Feind,
A Sprachvaordnung hab'n s' g'macht,
Die unsa Sprach, unsa Recht,
Nur vahöhnt und valacht.

Für die hab'n a g'stimmt,
Deutsche san's von Geblüat,
Varrath'n die deutsche Treu,
Weil's d' Parteihass so führt.

Geg'n unsa Sprach, unsa Recht,
Geg'n unsan deutschtreu'n Sinn,
Geg'n unsa höchst's Guat,
Deutsche hab'n Varrath trieb'n.

Und wer fan denn die Held'n,
Die dös Moaftaftück g'macht?
Clericale Reichsräth fan's,
Sie ftier'n geg'n deutſche Macht.

Mit die Czech'n und Pol'n,
Thoan's geg'n 's Deutſchthum
          ftimma,
Sö helf'n eahr mitthoan,
Uns zu ſchlag'n in Trümma.

Die Nam von dö Held'n,
Die ſo Volksvarrath treib'n,
Für di' wia i ſpäta
No a oag'n's Liadl ſchreib'n.

Eahr'n Nam für die Nachwelt,
Muaß ma do guat afkal'n,
Daß die Nachkomman wiſſ'n,
Wer va eahn Stamm abg'fall'n.

Der Kampf wird lang dauan,
Deutſcha Gmoaſinn hiazt her,
Muatta ziag ſo dei' Kind,
Daß den Deutſch'n macht Ehr.

Die Liab für dein Volksſtamm,
Ins Kindaherz thua's leg'n,
Die Macht für dei' Volk is,
Dein Kind thua's mitgeb'n.

Deutſche Müatta, deutſche Frau'n,
Ins Kindaherz thoat's dös leg'n,
Deutſch'n Sinn, deutſche Treu,
Wia's Enk d' Muatta hat geb'n.

Wo da Gmoasinn thuat walt'n,
Is Einigkeit a dabei,
Das is die best' Grundfest
Für deutsche Kraft, deutsche Treu.

Die uns hab'n varrath'n,
Varrath'n hab'n eahn Stamm,
Scheucht's di' wia die Pest,
Veracht bleibt eahr Nam.

Wo die Ehr failt und d' Schand,
Bei di' hilft a koa Red'n,
Wia eahr Thoan is, so schimpfli',
So elend is eahr Leb'n.

Mia derf'n nöt nachgeb'n,
Mia müaß'n kämpf'n, uns wehr'n,
Für unsa Sprach, unsa Recht,
So thuat's deutscha Sinn lehr'n.

Vo da unsan Partei,
On Reichsrath unt' z' Wean,
Hab'n s' ausgroat, was Ungarn
Thuat mit 'n Ausgleich vadean.

Seit 29 Jahr schon,
Alle Jahr hat's an G'winn
Va 42 Millionen,
Hat für uns dös an Sinn?       .

Für'n Ausgleich mit Ungarn,
Clericale Reichsräth thoan sei',
Und uns thoan's so anstaub'n,
Sag'n koa Unrecht war drei'.

Da uns kimmt der G'winn her,
Was ma Ungarn thoan zahl'n,
Wann die G'schicht so fort gang,
Unsa B'sitz müaßt vasall'n.

Ja, Müllna und Bauan,
Denkt's da drüba a nach,
Helft's für Enkan B'sitz streit'n,
Sunst rinnt's abi ön Bach.

Geg'n die Czech'n, geg'n Pol'n,
Geg'n die Ungarn eahn Thoa,
Geg'n die deutsch'n Varrätha,
Steh'n wia da alloan.

Unsa Recht sagt, müaßt's kämpf'n,
Weil's so will die Pflicht,
Für d' Kinda müaßt's schaff'n,
Bis Enk das Aug'n bricht.

Thuat dös oana les'n,
Den a Volksvarrath triafft,
Schau da an dein Spiagl,
Was für Schatt'n der wirft.

Ganz schwarz is dei' Bildl,
So schwarz wia d' Partei,
Kehr z'ruck zu dein Volk,
Z' spat kimmt sunst die Reu.

Z' spate Reu bringt koa Ruah,
Wann's wemdawöll triafft,
Denk da Muatta ihr Lehr,
Aft geht dir af 's Liacht.

A Liacht, was hell leicht,
D' Muatta thuat richti führ'n,
Als Stern laß dir's leucht'n,
Muattaliab thuat nia irr'n.

# Die Art'n da Liab.

Die Art'n von da Liab,
Betracht ma's so recht,
A niadö is andas,
Do koanö is schlecht.

Goa kurz is dös Wörtl,
Do tiaf is sei' Sinn,
Was all's thuat berg'n,
Was all's liegt drin.

Die Liab zu dein Nächst'n,
Die Liab zu dein Freund,
Aft d' Liab va die G'schwista,
Wia si' die z'samm wend't.

D' Liab zum Vataland,
Die Liab zu da Sprach,
Fest is a das Band,
Vabind't guat die Sach.

Die Liab va dö G'schlechta,
Die reine, die wahr',
Was da wird empfund'n,
Ma wird frei a Narr.

Die Liab zu den Ältan,
D' Ältanliab zu den Kind,
D' Muattaliab erst goa,
Wia's die ans Kind bind't.

Die Liab zur Natur,
Zu sein Hoam, zu die Sein',
Zu den Schöpfa der Welt'n,
Goar hell is ihr Schein.

Bedenkt ma die Art'n
Da Liab und den Grund,
A niadö is anders,
Wo richti' da Bund.

A Wärm strahlt uns all'n,
Die dabei ma empfind't,
Es is das die Macht,
Die d' Liab hat und bind't.

Die beste von all'n,
Was liabt si' ön Leb'n,
Die Muattaliab is,
Das beste thuat's geb'n.

Das Leb'n und ihr All's,
Gibt die Muattaliab hin,
An Dank dafür z' hoff'n,
Kimmt ihr nöt in Sinn.

J bet' an die Allmacht,
Die d' Muattaliab geb'n,
Den Stern, der uns führt,
Der beleucht unsa Leb'n.

4*

Betracht, Mensch, das Herz
Aus dem die Liab strahlt,
Wia kloa das Ding is,
Was übt für a G'walt.

Thuast drüba nachdenk'n,
Wer da g'schaff'n den Schatz,
Dein Kopf wird dir off'n,
In dein Herz'n wird Platz.

Wird Platz für das Edle,
Zur Natur ziagt's di' hin,
Lernst preis'n dein Schöpfa,
Off'n wird Herz und Sinn.

# Zur Christbamfeia in da Redout 1897.

Den Christbam in da Mitt'n,
Beidaseits san die Tisch,
Dabei Buam und Diandl,
Die G'sichta schen frisch.

Die Tisch san ganz voll,
Goa mit allahand Sach,
So wia's Kinda brauch'n,
Wia's paßt zu eahn Fach.

's Christkindl hat dös bracht,
Für oam Kinda, die brav,
hiazt heb'ns an zum Singa,
Da los amal af.

Eahr Liad klingt so munta,
Weil's kimmt von da Seel,
Die Stimm is so woach a,
Weil eahr Herzl is hell.

Sö dank'n ön Christkindl
Für all's, was eahr bracht,
Und den Geban vom Herz'n,
Die 's Christkindl hab'n g'macht.

So woam thuat das stimma,
Goa hat ma weiß Haar,
Weil ma da erst thuat kenna,
Wia die Jug'nd schen war.

Geh hin zu an Christbam,
Bist du reich oda oam,
Schau an dir die Freud'n,
Dei' Herz wird dir woam.

Schau den Kindan eahr Freud,
Die treu'n Aug'n schau an,
Bist no so valass'n,
Africhst di' da dran.

Laß dem Kind ja die Freud,
Zum Christkindl sein Glaub'n,
Laß da Unschuld da froh'n,
Thua dö eahm nöt raub'n.

Es vageht ja die Zeit,
Die Jug'nd schwind't bald,
Woam dei' Herz bei den Kindan,
Jung bleibst, bist a alt.

# A Bitt an mein Schöpfa.

Oft bitt i mein Schöpfa,
Geh schenk mia die Gnad,
A warm's Herz und 's Mitload
Laß mia bis ins Grab.

Denn 's Mitload valier'n,
A warm's Herz nimma hab'n,
I wurd fremd umirr'n,
I war löbat begrab'n.

Recht oam is a solcha,
Wo die zwoa hab'n koan Platz,
Es failt eahm 's Empfind'n,
Von die größt'n a Schatz.

# Da Geiz.

Da Mensch is so b'schaff'n,
Frisch's will er stets hab'n,
Je mehrst di' dem hingibst,
Je mehr wirst du klag'n.

Da valierst du ön fried'n,
Kriag'n kannst nimma g'nua,
Guat's is dir nöt b'schied'n,
Geiz schaffst dir dazua.

Da Geiz, was der bringt,
Er greift um fremd's Geld,
Das Mitg'fühl vaschwind't,
's Geld is nur sei' Welt.

Do' oa ung'rechta Hella
Ziagt zehn g'recht' mit fort,
Drum bleib ehrli', thua recht,
Daß dei' Kopf nöt rumort.

Ung'recht's Guat hat koan Halt,
Bringt koa Glück und koan Seg'n,
Es raubt dir ön Fried'n,
Thuast den Rechtsinn nöt pfleg'n.

A Besitz, der van Wuacha,
Von Betrug thuat entsteh'n,
Der z'rinnt wia a Schaum,
Lang kann der nöt b'steh'n.

Da Geiz is a Lasta,
Er frißt ön dein Hirn,
Dei' Herz reißt da außa,
Fremd thuast du umirr'n.

Umirrst du unta Leut,
Scheichan di' von da Weit,
Wirst selb'n über di' klag'n,
Und di' löbat begrab'n.

Bist valass'n, vaacht,
Denn was dei' Geiz macht,
Er schont koa fremd's Guat,
Schafsst viel Thränan und Bluat.

Da Geiz kennt koa Recht,
Sei' ganz Thoa is schlecht,
Bössa, warst nöt gebor'n,
War dei' Seel nöt valor'n.

Willst di' rett'n davon,
Valaß die schlecht Bahn,
Gib unrecht's Guat z'ruck,
Dazua is die Bruck.

✣

# Talent und Fleiß.

Das Talent und da Fleiß,
Die zwoa san goa vaschied'n,
's Talent thuat nöt büff'ln,
Vom Fleiß wird das trieb'n.

Da Fleiß kann guate Class'n,
Lauta Oansa eintrag'n,
Das Talent will nöt nachö,
Das laßt si' nöt jag'n.

Das Talent is a Gott'sgab,
Thuat's a mitta studier'n,
In da wichtigst'n Sach
Wird's de' leit'n und führ'n.

Hat da Lehra die Gab,
Die zwoa z'kenna und z'seg'n,
's Talent soll er nöt plag'n,
Dem Fleiß sei' Recht geb'n.

Den Fleiß muaß ma lob'n,
Is a mitta die Gab,
Nutz'n bringt er für Mensch'n,
Soviel als er mag.

Das Talent is a Macht,
Hilf's entwick'ln und pfleg'n,
Du schaffst da für Mensch'n
Viel Nutz'n und Seg'n.

Wurdst 's Talent untadruck'n,
Weil's zoagt so wen'g Fleiß,
Da begehst a Vabrech'n,
Vadeanst da koan Preis.

Ausg'strat hat da Schöpfa
Das Talent üba d' Welt,
Alle Völka soll'ns g'niaß'n,
Wo fruchtbar is 's Feld.

Den Mensch'n zum Nutz'n,
Die Naturkräft zu lehr'n,
's Talent is drum g'schaff'n,
Unsa Wiss'n zu mehr'n.

Drum pfleg guat die Knosp'n
Vom Talent, pfleg sein Grund,
Ast hilfst a mit stärk'n
Das Wiss'n, das g'sund.

# Allahand G'ſtanzl.

## VI.

Mach an Griff ins Menſch'nleb'n,
Vaſtehſt was drin is z'leſ'n,
Da is dei' Kopf a off'n,
Dei' Herz begreift das Weſ'n.

Der Brunn is beſtändi voll,
Es is die natürli Quell,
Is da Lehra olla Zeit'n,
Beim Leſ'n wird's da hell.

A Spiagl is, der dir lehrt,
Wia Völka ſi' thoan irr'n,
Den Grund lernt ma kenna,
Der thuat zu den führ'n.

Was die Muſi, da G'ſang,
Und das Dicht'n uns geb'n,
Drei Stern ſan's, die leucht'n,
Hell machen's das Leb'n.

A guat's Merka ön Kopf,
A g'ſund's Beuſchl, koan Kropf,
Da Mag'n föſt'n G'ſund,
Nöt leicht kimmſt am Hund.

O Hoamatland du liab's,
In dir thuat berg'n
Mei' Muattal, des ſeelö,
Ihr Grab ſah' i gern.

I kann nöt zu dir,
Liab's Muattal, bin weit,
Liaba Vata ön Himmel,
Bitt', schenk' mia die Zeit.

Die Zeit, daß i wieda
Zu mein Muattal ihr'n Grab,
Dort kann wieda bet'n,
Es is mei' beste Hab'.

O Hoamatland, o Kindazeit,
A niads Mensch'nherz thuat's berg'n,
Du gibst die größte Seligkeit,
Die Hoamatliab thuast lehr'n.

O Hoamatland, o Kindazeit,
Wia liab i di so woam,
Dank dir, o Himmel, daß du's geb'n,
Ohne di' war i so oam.

All's kimmt, all's vageht,
Das hört goa nia auf,
Die Natur is so b'schaff'n,
Danach is ihr Lauf.

Nur oans is beständö,
Die Zeit und ihr Lauf,
Das Vaändali in ihr,
Das halt a neamd auf.

Geduld, an guat'n Mag'n,
Föst'n Ruck'n zum Trag'n,
Aushalt'n bei dein Thoa,
Aft vadaust du a Stoa.

Da Jung will in d' Höh',
Kann da Alte nöt noa,
Neamd fragt um das Weh,
Rutscht da Alte oft oa.


Drum roat in da Jug'nd,
Daß d' fürs Alta was haft,
Mach's Spoar'n zur Tug'nd,
Neamd fallst du zua Last.


Wög'n den braucht dei' Jug'nd,
Nöt griasgrämi' werd'n,
Kannst Maß und Ziel halt'n,
Dei' Hab' kannst da mehr'n,


Neamd trau' und neamd glaub'n,
Die Wahrheit neamd sag'n,
Denkst nur Schlecht's vom Mensch'n,
Du warst zu beklag'n.


A das Geg'ntheil von dem,
Macht oaseitö dei' Thoa,
Bald kamast so weit,
Dei' Herz wurd zum Stoa.


Nimm die Mensch'n wia's san,
Ohne Faila gibt's koan,
Trau, schau, wem, merk dir,
Richti' wird aft dei' Thoan.


's Doctan und 's Dicht'n,
Es reimt si' a z'samm,
Kann ma's a so mischn,
Daß z'sammpaßt die Kram.

G'sundö lehr'n, Kranke flicka,
Den recht'n Schick muaßt hab'n,
Sunst thuat's Erst nöt glücka,
Beim Zweit'n kost'ts ön Krag'n.

Was d' Muatta dir g'lehrt,
Was van Vatan thuat sei',
Das haft für dein Volksstamm,
's liegt in deina Sprach drei'.

Drum halt dei' Sprach hoch,
Dei' Hoam und dei' Land,
Dei' Thoa kriagt koa Loch,
Pflegst du das schön Band.

Würzt d' Liab dei' Ess'n,
Da bist du guat dran,
Die Kost schmöckt dir so,
Daß nix Bössas geb'n kann.

Thuast dein Glaub'n valass'n,
Viel is nöt an dir,
Wann's wög'n an G'schäft is,
Dir glaubat i nia.

Is da Grund dazua d' Liab,
Da kann ma frei nix sag'n,
Denn Valiabte san Narr'n,
Dö bei nix danach frag'n.

O Hoamat, du liabö,
Wia bist du so guat,
Bist die Muatta für d' Kinda,
Eahr Schutz und eahr Huat.

Dös lernt ma erst kenna,
Wann weiß wer'n die Haar,
Wia schen als dö Hoamat,
Die Jug'ndzeit war.

All's hat halt sein Lauf,
U niads Alta sei' Recht,
Die Sehnsucht, das Hoff'n,
Hätt' ma's nöt, das war schlecht.

———

Von an Schlau'n und Pfiffig'n,
Da kann's dir a passier'n,
Daß er scheinbar dir folgt,
Do' sei' Will'n thuat di' führ'n.

Er thuat nach dein Will'n,
Guat thuat er's rasteh'n,
Ohne daß du's wirst fühl'n,
Thuat's nach sein Kopf geh'n.

Bist frei van Eig'ndünkl,
Von da Rechthaberei,
Kannst di' davor schütz'n,
Ohne dö g'schiacht's da glei'.

———

Was du hast mitkriagt,
Vom G'schick in dei' Leb'n,
Thua dem dafür dank'n,
Daß dir das hat geb'n.

Denn, das muaß recht sei,
Sunst warst du nöt da,
Af das thua oft denk'n,
Und betrag' di' dana'.

———

Daß d' Mod'n g'schwind wechf'ln,
Thua drüba nöt klag'n,
Dei' G'wand kannst bald wieda
Das zweitemal trag'n.

Oam Leut'n eahr Wünsch'n,
's Valanga is nöt viel,
Wern's plötzli' do' reich,
Valiern's Maß und Ziel.

Der ung'wohnte B'sitz
Macht's oft zu an Narr'n,
San dabei nöt fo z'fried'n,
Wia's oama fi' war'n.

Am best'n schmeckt's Eff'n,
Wo zufriedena Sinn,
Das thuat die Sach würz'n,
Da streb dazua hin.

Js 's Hoam a nöt groß,
San do' ehrli' die Leut,
Die drin thoan werka,
Schaust's an, hast a Freud.

Willst an Freundschaftsdienst macha,
Eigennutz derfst nöt hab'n,
Freund kannst dir da schaff'n,
Laßt di' va den trag'n,

Viel Glück macht oan bang,
G'wöhndli denkt ma ja dran,
Sei' Bleib'n is nöt lang,
Weil's nöt b'ständi sei' kann.

Den Zug, den'st ön Herz'n,
Auskimmst den ja nia,
Laßt di' davon leit'n,
Nöt leicht gehst du irr'.

Willst dei' Naturell wögjag'n,
A wögbrecha die Bruck,
Dei' Thoa war umsunst,
Ön Galopp kimmt's dir z'ruck.

Aus an Wolf wird koa Schaf,
Stöllst das wiadawöll an,
Koan's valaugn't ja sei' Art,
Weil's nöt andas sei' kann.

Aus an Fuchs wird koa Es'l,
Den erst'n bleibt sei' List,
A beim zweit'n is sicha,
Daß er 's Dumm' nöt vagißt.

Schwimm nöt geg'n den Strom,
Nimm die Zeit so wia's is,
Wurd'st di' dageg'n stemma,
Gang'st unta ganz g'wiß.

Ruaßö Wäsch wasch dahoam,
Weil'st bössa bist dran,
Zoagast dö allö Leut,
Warst a dalkada Mann.

's Geld is nöt das Mittl,
Thuat ma z'viel davon hab'n,
Daß ön Schaffungstrieb hebt,
's thuat'n enta wögjag'n.

Eil' mit Weil', recht vasteh'n,
Da thuat ma guat werka,
Das flüchti' thuast wegtreib'n,
Dei' Grundfest thuast stärk'a.

# Die groß' Rodl und 's Hoabachal.

Die groß' Rodl, 's Hoabachal,
Kemman z'samm in da Geng,
Was si' dö zuasäus'ln,
Vasteh'n kannst nöt weng.

's Hoabachal vazöhlt da,
Da mein Lauf bring i Grüaß,
Die ma d' Berg und die Wälda
hab'n mitgeb'n, so süaß.

Die Flur'n und die Wies'n
Hab'n ma zuag'schrian, gib acht,
Kimmst du zu der Rodl,
Vastärkst da ihr Kraft.

Aft vagößt's nöt af uns,
Enkan Ursprung, die Quell',
Denkt's z'ruck af die Flur,
Halt's enka G'müath hell.

5

Dei' Rausch'n, dei' Säuseln,
Dei' Murmeln, das schen,
Schreit d' Rodl, liabs Bachal,
Geh kehr zu mir ein.

Du hilfst mi' vastärk'n,
Valierst a dein Nam',
Wia viel deine Schwestan,
Vastärkt's ja den Stamm.

Die Berg af da Seit'n,
Die Auen, das Thal,
Da is unsa Lauf,
Und stark is da Fall.

Je stärka da Fall is,
Je g'schwinda da Lauf,
Da gibt's koa Vabau',
Uns halt da nix auf.

Wollt's da wer vasuach'n,
On Lauf uns afz'hal'n,
Mia brechat'n durchi,
Uns war er vafall'n.

Für uns gibt's koa Halt'n,
Unsa Lauf der muaß sein,
Sunst kinat koa Mensch,
Und sunst a nix b'steh'n.

Uns treibt's hin zur Doana,
Ihr Lauf is so g'richt,
Sie muaß eil'n zum Meer,
Weil das is ihr Pflicht.

Stillstand thuat's koan geb'n,
In der ganz'n Natur,
All's muaß si' beweg'n,
Ohne Rast, ohne Ruah.

That si' da was stemma,
Oda wollt's nöt mitthoa,
Danicht wurd sei' Wes'n,
War's a grad aus Stoa.

Acht' 's Säuseln von Bacherl,
Es thuat dir ja lehr'n,
Sollst nutz'n durch's Schaff'n,
Das Naturg'setz sollst ehr'n.

Du findast koan Halt,
Wollt'st den Lauf nöt rasteh'n,
Mitreißt's di' mit G'walt,
Du wurd'st untageh'n.

Wia dö Quell'n hat a frisch'n,
Da Strom hat a G'walt,
So muaßt dei' Thoa misch'n,
Aft find'st du an Halt.

Thua Schaff'n und Streb'n,
Wia's d' Natur dir lehrt,
Recht is aft dei' Leb'n,
Sunst bist du nix wert.

# Die drei ſchꝛen Mühlviertlaberg.

Willſt ös Mühlviertl kraẓln,
Guatö Harn muaßt hab'n,
Daẓua a g'ſund's Bäuſchl,
Daß dei' G'wicht datrag'n.

That dir da was fail'n,
Bleib liaba ön Thal,
Sunſt ſchad'ſt dein Körpa,
Und mochaſt dir Gall'.

Vom Red'n, wias dort drob'n,
All's magſt kam vaſteh'n,
Do' mach dir niẓ d'raus,
Haſt ja d' Geg'nd di' ſchen.

Das Red'n oda Schmaḻz'n,
Thoan's brematſch'n nenna,
Foḻzblend'n hoaßt Spiagl,
Thua nöt dakemma.

Kampl hoaßt Hoarriffl,
Zum Waſch'n ſag'ns Zwag'n,
A Mengö ſo Sachan
Kunnt i dir no' ſag'n.

Thua di' nöt daſchröcka,
Thuat ön Gangwer' niẓ fail'n,
Aſt eil nur friſch afö,
Wirſt g'wiaß nöt ob'n heul'n.

Haſt's Wetta recht paſſat,
Giſelawart ſuach af,
Da dort geh zum Hansberg,
Af'n Dreiſeſſelberg draf.

Haſt wohl koa Gebirgö,
Af den du thuaſt ſteh'n,
Do' ſiagſt das va Weit'n,
Das Prachtwerk, das ſchen.

Vom Watzmann bis Schneeberg,
Die lang Gebirgszeil',
Vor dir liegt die off'n,
Es z'geht dir frei 's Mäul.

Das G'müath wird den off'n,
Der d' Natur da betracht,
U Werk, wo die Schöpfung
Uns zoagt da ihr Macht.

All's, was du da ſiagſt
Um di', in da Weit,
Erhebt di' zum Schöpfa,
Woam wird's dir, voll Freud.

Pfleg guat den Naturſinn,
Pfleg dazua guat den Glaub'n,
Zum Wundawerk der Schöpfung,
Guat wird dir das taug'n.

# Allahand G'ſtanzl.
## VII.

Den Glaub'n deina Väta,
Valaß den ja nia,
Sunſt thaſt du was mocha,
Was ſchlecht war und ſchia'.

Die best' Kitt für a Volk,
D' Grundfest für'n Volksstamm,
Is sei' Sprach, thuast die pfleg'n,
Schaffst an Schutzwall, Schutzdamm.

Ohne Schutz für sei' Sprach,
Hat a Volk koan Bestand,
Dem Stamm failt die Wurzl,
Die Liab zu sein Land.

Drum pfleg guat dei' Sprach,
Die dei' Stamm hat gebor'n,
Denn wo failt di' Pfleg,
So a Volk is valor'n.

Da best' Kitt is die Pfleg,
Leg's ön d' Wurzl vom Stamm,
Dein Kind leg's ins Herz,
G'sund bleibt aft der Bam.

Fürs Leb'n is die Wurzl
Das wichtigste Ding,
So lang die bleibt kräfti',
Wird a Pflanz'n nöt hin.

Die Sprach is die Wurzl,
Für an Volk sei' Bestand,
Failt die Liab zu da Sprach,
Valierst dei' Hoam und dei' Land.

Die Hoamat is a Engl,
Sie leucht uns als Stern,
Die Liab is zu ihr,
Alle Völka thoan's ehr'n.

Bist weit wög va ihr,
Warst goa üba's Meer,
Es packt die oft d' Sehnsucht,
Zu ihr ziagt's di' her.

Wer nöt fortkimmt, begreift's nöt,
Was die liab Hoamat faßt,
Was oan d' Hoamat thuat sei',
Was ma in ihr valaßt.

Feste Füaß, a g'sund's Bäuschl,
Hast di', steig af'n Berg,
Do' trink dir koa Räuschl,
Schau da Schöpfung ihr Werk.

Da wirst das begreif'n,
Was da Herrgott uns will,
Was dir und dein Gleich'n,
Bestimmt is für a Ziel.

Du sollst Schaff'n und Werk'n,
Ruast dir zua die Natur,
Varricht guat dein Tagwerk,
Süaß schmöckt dir ast d' Ruah.

Thuat dei' Wei' keffln,
Oda is a Bißgurn,
Mit ihr geh am Freinberg,
Da vageht ihr 's Rumor'n.

Ihr Gift und ihr Gall,
Wird drob'n ihr vageh'n,
Schaut's die freie Natur,
Hört's g'wiß af von schrei'n.

Wög'n was soll a Maua
Nöt herhalt'n zum Schreib'n,
Ma thuat ja oftmächti'     .
Viel Dumma's no' treib'n.

Wann's na so g'schrieb'n is
Und kannst 's so misch'n,
Daß oan rieg'lt das Bluat
Und kannst geb'n a frisch'n.

Zu Pankrazi a Reg'n,
Most thuat's aft nöt geb'n,
Van Baum rinnt er wög,
Allsand af oan Flöck.

Aba rinnt er ön Stamm,
Pankraz macht's Ham, Ham,
Drum, is der Kunt naß,
Lar bleibt das Mostfaß.

Pankrazi, Servazi,
Bonifaci dazua,
Seid's Eismännaspaci,
G'fürcht' seid's ös g'nua.

Das Sophal, als vierte,
Die kehrt a zu Enk,
Die trinkt liaba Wein,
Hat's Eis, wird er weng.

Koas is va Enk bessa,
Is a Wei' oda Mann,
Oes sauft's als wia Rößa,
A niads was na kann.

A niads Ding hat zwoa Seit'n,
Die oa grob, die oa fei',
Magst das wiadawöll wend'n,
Schatt'n find'st drin und Schei'.

Ohne Liacht, ohne Feucht'n,
Koa Wachsthum kann's geb'n,
D' Sprach is die Leicht'n,
Für den Volksstamm das Leb'n.

Die Feucht'n muaß schaff'n,
Das Liacht wird aft hell,
Für'n Volksstamm wirst mach'n,
Daß er leucht, ohne Dell.

Was das Liacht für dei' Leb'n,
Was für d' Frucht is da Reg'n,
Is die Sprach für das Volk,
Halt's hoch und thuas pfleg'n.

Hast Hoffnung und Heitakeit,
Kannst für dei' Leb'nszeit,
Schicksalschläg leichta trag'n,
Frohsinn thuat weng klag'n.

Hast das von dein G'schick,
Aft erkenn a das Glück,
Froh'n Sinn hat ma gern,
Er hilft Heitakeit mehr'n.

Das Guate vom Mensch'n,
Fallt dir mehr in d' Aug'n,
Macht er üblö Sachan,
Du willst dö nöt glaub'n.

Wer von Haß si' laßt leit'n,
In all'n thuat er schlecht,
Da Haß macht ja blind,
Ma kennt nöt, was Recht.

———

Schau da Ischl ihr'n Lauf,
Da Traun oa ihr'n Fall,
Wann's z'viel anwachf'n,
Aft werd'ns da voll Gall.

Thuat's länga föst regna,
On Gebirgö dort ob'n,
Schau da die Wildbach,
Wia die staub'n und tob'n.

On Saus geht's zu Thal,
Zu da Ischl und Traun,
All's reißt mit eahr Fall,
All's Hab trag'ns da davon.

Da Wildbach eahr Tof'n,
Eahr Foama, eahr Staub'n,
Was eahr ön Weg kimmt,
All's thoan's da raub'n.

Siagst so die Naturg'walt,
Die all's will vaheer'n,
Acht' af Ursach und Wirkung,
Thua Nutz'n d'raus lern'.

Je höha da Stand is,
Je tiafa is da Fall,
Je stärka das Tof'n,
Um so stärka da Hall.

Das Sauf'n und Vaheer'n,
Nimm's nöt in di' auf,
Suach zu nutz'n, thua lehr'n
Aft is recht dei' Cauf.

Kannst d' Freud mit wem thoal'n,
Zwoafach wirst das hab'n,
Beim Coad is das andas,
D' Hälftö thuast nua trag'n.

Guate That geht nia valor'n,
Da best' Sam' is fürs Ceb'n,
Schmeckt d' Frucht a oft bitta,
Hör' nöt af mit'n geb'n.

Es schafft dir's dei' G'wiss'n,
Daß hat do an Wert,
Hoch thua du das schatz'n,
Wann di' das so ehrt.

Koa Schuld is so groß,
Die nöt war zum tilg'n,
Wann da Kopf und das Herz,
Dazua hab'n den Will'n.

Kehrst vom Casta zur Tug'nd,
Do' a Daua muaß hab'n,
D' Bürgakron blüaht dir wieda,
Thua's in Ehr'n aft trag'n.

Betracht ma den Reichthum,
Was all's drin thuat lieg'n,
Wia da Dumme und 's Casta,
Si' broat drin da fühl'n.

Das Volksleb'n aller Zeit'n,
Der beste Spiagl thuat's sei',
's zoagt Liacht und Schatt'nseit'n,
A niads Volk kann les'n drei'.

———

Nöt nachgeb'n, föst ringa,
Gilt's dein Volksstamm sei' Recht,
Frisch's deutsche Liad singa,
Dei' Thoa is aft recht.

———

Ma kann schad'n und nutz'n,
Mit Load und a Freud,
Es san so vabund'n,
Vom G'schick ja die Leut.

———

Die Musi' und da G'sang,
Dö würz'n uns das Leb'n,
Hilft das Dicht'n no' mit,
's Herz thuat's no' mehr heb'n.

Die Musi' und da G'sang,
Aft das Dicht'n thuat geb'n,
Daß 's Gmüath so wird b'schaff'n,
Das g'freu'n muaß oan 's Leb'n.

———

O Hoamatland, o Kindazeit,
Du birgst a Heer voll Seligkeit,
Wia hebt's mia da so warm die
            Brust,
Denk i da Zeit da Kindaluft.

O Hoamatland, o Kindazeit,
Wia thuat das Herz warm fühl'n,
Denk i in da Fern an di',
Hinziagt mi' dei' Kraft, da Will'n.

Wo da Muattaliab ihr zarte Sorg,
Ön Vatan sei' guat's denk'n,
Ins Kindaherz das einög'legt,
Was oan guat und recht thuat lenk'n.

Thua spar'n in da Jug'nd,
Das d' fürs Alta was hast,
Da legst dir ön Grund,
Daß stört neamd dei' Rast.

In da Mitt'n muaßt drin bleib'n,
So trau'n und so schau'n,
Und all's recht anwend'n,
Guat thuast du aft bau'n.

In da Stadt gibt's mehr Mistrau'n,
Af'n Land davon weng,
Nach dem thua di' richt'n,
Aft kimmst nöt in d' Eng.

Neamd steht so hoch ob'n,
Kann man do' daglanga,
Da z'nichtigstö Mensch
Kann oan mach'n Banga.

Acht' den Kindan eahr Treib'n,
Und zu was hab'n an Sinn,
Den Beruaf thua's zuaführ'n,
Nutz'n wer'ns dir da drin.

Willst zua Studi oans zwinga,
Wann da Kopf nöt thuat taug'n,
Du plagst das umsunst,
Derfst sicha das glaub'n.

Die Plag nöt alloa is,
Und 's Geld, was das koſt,
Du ſchaffaſt an Menſch'n,
Der geg'n all's wurd erboſt.

———

D' Muatta, 's Großmuattal,
San die zwoa am Leb'n,
Zwoa Müatta ſan da,
Die den Kindan guat wöll'n.

———

Die Urſach und Wirkung,
Wia ſan di' vaſchied'n,
Leb'nsglück koſt'ts den oan,
An ander'n bringt's Fried'n.

Die Geg'nſätz beſteh'n fort,
Die hör'n a nia auf,
Das G'ſchick hat's ſo g'ſchaff'n,
Daß d' Natur halt den Lauf.

Drum thua nöt frohlocka,
Kimmt's Glück gach daher,
Und thua a nöt moka,
Triafft di' 's Unglück no' mehr.

# D' Sprachvaordnung und Volksvarrath.

Bei' Mühlviertla Vötta
Kimmt z'nachſt her zu mia,
Bringt ma Grüaß va dö Landsleut,
Sagt, eahr is hiazt frei ſchia.

„Sö hab'n koa Auskenna,
Z'wös hiazt gibt so Streit,
Wög'n was drunt ön Reichsrath
Schia raffan dort d' Leut.

Die Afklärt'n dö sag'n uns,
Für uns Deutsche wird's schlecht,
A Sprachvaordnung hab'ns g'macht,
Dö nimmt uns unsa Recht.

Dö va uns g'wählt'n Manna
Sag'n, dö that uns nix schad'n,
Andan wöll'ns a recht geb'n,
Nöt unsas untagrab'n.

Sag mia liaba Vötta,
Wem soll ma denn glaub'n,
Wer va dö zwoa hat recht,
Und was uns thuat taug'n."

Die G'schicht is nöt z'wida,
Mei' liaba Vöttamann,
Wiast du mi' thuast packa,
Sag'n kann is dir schon.

Glaub'n müaßt's den Afklärt'n,
Weil's Enk's richti' thoan sag'n,
Schlecht moan Enk's dö Zweit'n,
Drum sollt's dö wögjag'n.

D' Sprachvaordnung hab'n g'macht
Clericale, Czech'n, Pol'n,
Die is grad so b'schaff'n,
Daß da Teufl kunt hol'n.

Unfried'n thuat dö stift'n,
Für d' Deutsch'n Schlecht's trag'n,
Wurd's nach dera geh'n,
That's unsa Recht begrab'n.

Geg'n 's Deutschthum is g'richt,
Deutsche müaß'n z'sammhalt'n,
Und si' geg'n dö sötz'n,
Dö von eahrn Stamm abfall'n.

Deutschö Manna, die g'wählt,
Für d' Sprachvaordnung hab'ns
g'stimmt,
Wia siagt di' dös an,
Wann so a Schmach kimmt?

Varrath thuat dös sei',
An da eig'na Nation,
So a elendö Handlung,
Dö wird do' neamd lob'n.

Wann Varrath triafft an fremd'n,
Oda goa schon an Freund,
Ma kriagt da an Graus'n,
Daß ma' glei' davonrennt.

Varrath is was Scheußlich's,
Ma' spuckt davon aus,
Schlecht is so a Kerl,
Wer's thuat, is a Graus.

Goa erbärmli' und schimpfli'
Recht elendi' und z'nicht,
Is Varrath, ganz unmenschli',
Is er geg'n sein Stamm g'richt.

Unsan Volksstamm varrath'n,
Manna die mia hab'n g'wählt,
Geh'n mit Czech'n und Pol'n,
Varrath'n eahr Hoamat, eahr Welt.

Da failt d' Liab zua Hoamat,
Den eig'na Stamm woll'ns vaderb'n,
Landsleut halt's fest z'samm,
Helft's den Schandfleck oawehr'n.

An Mensch, der sei' Hoamat,
Der sein Volksstamm varrath,
Den thuat a dös g'her'n,
Daß er außö wird g'jagt.

Er soll aft dorthin geh'n,
Zu dö Czech'n und Pol'n,
Da wird er aft seg'n,
Was er si' wird hol'n.

„Dö wer'n eahm g'wiß sag'n,
Schändli' is dei' Varrath,
Du bist nimma wert,
Daß da Erdbod'n di' tragt.

Thuast dein Volksstamm varrath'n,
Stöckt a Besti dir drin,
Da dir selb'n muaß da grauf'n,
Daß so vaworf'n dei' Sinn.

A Volk is nur mächti',
Und kann mächti' bleib'n,
Wann's sein Volksstamm hochhalt'
Und Varrath thuat austreib'n.

6

So was wern'n eahm fag'n,
Und an Fuaßtritt eahm geb'n,
Das er weit vo eahr fliagt,
Mit fein fchändlinga Leb'n."

Gib acht liaba Vötta,
Was zum Volksthum thuat g'her'n,
Wia dös d' Czech'n und Pol'n,
Und dö Ungarn thoan ehr'n.

Dö thoan föſt z'fammhalt'n,
Für eahrn Volksſtamm höchſt's Guat,
Für eahr Sprach, eahr Nation,
Setz'ns ein a eahr Bluat.

Sö fan alle einig,
Kimmt eahr Stamm wo in d' Noth,
Eahrn Volksſtamm hochhalt'n,
Is eahr erſtes Gebot.

Da foll'n a dö hinfchau'n,
Dö unfa Höchſt's untagrab'n,
Was für Schandflöck das is,
Den's mit eahr umatrag'n.

Unfa Land hat a Mengö
Solchö G'wählte dabei,
Vom deutſchen Recht fan's abg'fall'n,
Varrath'n fo deutſche Treu.

Eahr deutſche Muatta, 's deutſche
                          Herz,
Die deutſche Sprach hat's eahr geb'n,
Eahr deutſches Bluat thoan's var=
                          rath'n,
Schmach und Schand is eahr Leb'n.

Da Varrath thuat entehr'n,
Merk dir b'ständi' die Lehr,
Thast dös dein Stamm macha,
Hät'st koa Schand und koa Ehr.

Wia die G'wählt'n thoan stimma,
A dös müaßt's Enk anschau'n,
Sunst wißt's ös ja nia,
Wo's eahr do' kinnt's vatrau'n.

Af'n Bauankriag denkt's z'ruck,
Wia's dort hab'n z'sammg'halt'n,
Thoan mia uns nöt wehr'n,
Müass'n mia die Zöch zahl'n.

Wer a Herz und an Glaub'n hat,
Nimmt sein Volksstamm in Schutz,
Do' wem dö Zwoa fail'n,
Sei' ganz Sein is nix nutz.

Wer a Liab hat zur Hoamat,
Zur Famili, zum Land,
Kann sei' Volk nöt varrath'n,
Taugt nöt zu der Schand.

Geh' hoam, laß das drucka,
Alle Deutsch'n soll'ns her'n,
Sein Stamm varrath'n is schändli',
Wia die Pest thua's oawehr'n.

# Die Zahl 13 ön unsan Reichsrath.

Soviel i Leut kenn a,
Koan thuat's drunta göb'n,
Der van Abaglaub'n frei,
Nia abagläubisch is g'wön.

Ön da menschling'n Natur is,
Ön sein Wes'n liegt's drin,
Drum nimm's a koan übl,
Wann abagläubisch sei' Sinn.

Wia's das magst nenna,
An Zuafall, Abaglaub'n,
Oda goa Vahängnis,
Mach's wia's dir kann taug'n.

Es wird's neamd bestreit'n,
Weil die Thatsach steht fest,
Da Ruaf der Zahl dreizehn,
War g'wiß nia da best.

Ötla Stückl der Zahl,
Nenn i dir hiazt her,
Ziag draus dein Nuß'n,
Ziag draus dei' Lehr.

Die dreizehnt Session,
Die kurz, was uns bracht,
Die Grundfest van Reich
Hat's g'rieglt, daß g'kracht.

Die G'müatha hat's afg'wühlt,
Zum Schimpf, zum Anklag'n,
Dort is dazua kemma,
Zum Kämpf'n, zum Schlag'n.

On Juli und August,
Was 's Hochwassa ang'richt',
Das ganz Hab und Guat,
Hat's bei viel'n vanicht'.

Den Nothstand zu lindan,
Den 's Hochwassa hat g'macht,
Hat Dr. Peßler an Antrag
Oen Reichsrath ein'bracht.

Do' va unsan schen Landl,
Hat die clerical Partei
Nöt g'stimmt für den Antrag,
Dreizehn san g'wöst dabei.

G'wehrt hab'n si' die Deutsch'n,
Um eahr Recht, um eahr Sprach,
Do' die dreizehn Clerical'n
Kämpft'n **gegen** die deutsch' Sach.

Um den Deutschen zu brech'n
Eahr Recht und eahr Macht,
Hat die Majorität
An Antrag ein'bracht.

Mit den wollt'ns knebeln,
Von da Minorität
Das frei Wort, die frei Sprach,
Und vanicht'n eahr Recht.

Ön Executiv-Comite,
hab'n, wia ma' vanimmt,
Grad wieda a d r e i z e h n
für den Antrag g'stimmt.

Unsa Landmann, a Graf,
F a l k e n h a y n is sei' Nam,
hat ein'bracht den Antrag,
für den Rechtsinn a Scham.

Die Art, wia's den Antrag
Ön haus hab'n vorbracht,
A G'waltact is g'wes'n,
's hausg'setz hab'ns umbracht.

Rohe G'walt hat ast g'herrscht,
In dem Reichsparlament,
Mit'n Berath'n war's aus,
Mit'n G'setzmoacha zu End.

Polizei is ast kemma,
Ön Reichsrath sei' haus,
Da Präsident hat's valangt,
Was g'scheh'n, is a Graus.

D r e i z e h n g'wählte Reichsräth
hat d' Polizei aus 'n Saal,
Weil's da Präsident g'schafft,
Mit G'walt af oamal.

Afg'hert hat dort 's Recht,
Das hausg'setz war g'schänd't,
Vatagt wurd da Reichsrath,
Mit'n Vahand'ln war's End.

Die Schuld, daß so kemma,
Und der's Recht hat vanicht,
Ön Badeni sei' Werk is,
Troff'n hat den a 's G'richt.

Er is aft enthob'n wor'n,
Da Präsident bald drauf,
Mit eahm a sein Vici,
Weita zähl i dir auf:

Solche di' viel Schuld triafft,
Daß zu dem is kemma,
Was va unsan Reichsrath
Kann die Schand nöt nehma.

Z'erst die Deutsch-Clerical'n,
Die g'stimmt geg'n eahr'n Stamm,
Eahr Volk hab'ns varrath'n,
A Schandfleck bleibt eahr Nam.

A die Christli-Social'n,
Untaöstarreichs Partei,
Docta Luega is eahr Führa,
Hab'n varrath'n deutsche Treu.

Hätt'n di' mit uns g'stimmt,
für deutsch's Recht, für deutsch's
                                  Land,
Polizei war nöt kemma,
für'n Reichsrath nöt di' Schand.

Die Schand für den Reichsrath,
Dort Polizeig'walt einz'führ'n,
Das Schandmal trag'n die a
Mit um af eahrn Hirn.

Docta Luega, a Deutscha,
A Weana von Bluat,
Schau wia der hat g'handelt.
Wia g'failt deutscha Muath.

Buagamoasta va Wean,
Is Docta Luega der Mann,
Und der hat uns Deutsch'n
Sowas übl's anthan.

Was er schon all's g'wes'n,
J schreib dir das her,
Ast wirst dös a wiss'n,
Wo drin stöckt sei' Ehr.

Liberal, aft clerical,
War z'erst sei' Jdeal,
Ast national, Antisemit,
Hiazt is er christli-social.

Es gibt holt so Streba,
Die erlangen woll'n Macht,
Hab'ns di' aft ön Händ'n,
Di' eahr's geb'n, wer'n ausg'lacht.

Die G'wallthat'n, das Werka,
Drin ön Parlament,
Das Rechtsg'fühl hab'ns z'riss'n,
Das Rechtthoa hat's z'rennt.

Wo da Rechtsbod'n valass'n,
Wo das G'setz nimma g'acht',
Wird da Rechtsinn vanicht,
's Recht valiert da sei' Macht.

Das Rechtsg'fühl muaß schwind'n,
Wann ma' fiagt so a G'walt,
Wia's ön Reichsrath g'scheh'n is,
's Recht find't da koan Halt.

's Parlament foll da Rechtsbod'n
Da Gefetzgeba sein,
Thuat Polizei dort herrsch'n,
Is koa Recht nimma drein.

Wia's Beispiel va ob'n her,
Wia's is, guat oda schlecht,
's Volk richt' si' danach,
Drum, ös Oban, thoat's Recht.

## G'walt und 's Recht.

Haft G'walt, acht' das Recht,
Bist a Herr oda Knecht,
Wia's Beispiel thuast geb'n,
Triafft di' fluach oda Seg'n.

Laßt 's Recht geh'n vor G'walt,
Dei' Thoa hat aft an Halt,
Die Erfahrung thuat lehr'n,
's Beispiel thuat die Sach mehr'n.

Willst du herrsch'n mit G'walt,
Dös wird dir hoamzahlt,
Gibst den Recht du koan Schutz,
Bist a Haus ohne Putz.

Da failt d' Grundfest ön Bod'n,
Dei' Bau wird vaschob'n,
Bald wirst du a hör'n,
Wia dei' Thoa thuat zastör'n.

Reißt das ei' bei die Leut,
Das die G'walt a neamd scheut,
Das ganz Sei' wird vapest,
Mit dem Rechtsinn is Rest.

Bedenkt's Manna hoch ob'n,
Enk thoan mia nöt lob'n,
Wia's geg'n Deutsche thoats sei',
Hellauf kunt ma' schrei'.

Laßt's uns Deutsch'n a 's Wort,
Unsan Recht a sein Ort,
Wöllt's uns z'trümman, uns schad'n,
Ön Reich kost's den Krag'n.

Denn da Deutsch'n eahr Kraft,
Is a furchtbare Macht,
Weil's einsötz'n eahr Leb'n,
Wird 's Recht eahr nöt geb'n.

Halt's die Moanung nöt fest,
Enka G'walt war das Best,
Laßt's uns Deutsch'n das Recht,
All'n gang's sunst schlecht.

Hiazt herrscht G'walt vor Recht,
So a Walt'n is schlecht,
Wird das no' lang dau'rn,
Schwind't da Rechtsinn und Glaub'n.

Reißt dös ön Volk ein,
Aft geht's goa nimma schen,
Kehrt's z'ruck va den Weg,
Wegreißt's sunst den Steg.

Hört's da Deutsch'n eahr Stimm,
Sie hab'n patriotisch'n Sinn,
Für eahr Hoam, für eahr Land,
Heili' halt'ns das Band.

Die Deutsch'n halt'n guat Wacht,
Weil's ös trieb'n habt's ön d' Acht,
Merkt's ob'n Enk die Lehr,
Die Deutsch'n schütz'n eahr Ehr.

Schutz da Ehr und eahr Sach,
Soll's a kemma zum Krach,
Sie kinnan ja nöt valier'n,
Weil d' Ehr sie thuat führ'n.

# Ziag d' Jug'nd.

Heb Nachsicht bei da Jug'nd,
Denk z'ruck af die Dei',
A bei dir war nöt all's Tug'nd,
Jug'ndstroach hast a drei'.

Thua Kopf und Herz pfleg'n,
Ernst mit Liab richti' g'mischt,
Aft thuast ihr das geb'n,
Daß recht wird die G'schicht.

Valang von ihr Achtung,
Gehorsam und Glaub'n,
Liab zum Hoam uud zum Land,
Guat z'samm thoan die taug'n.


Zum Volk und zua Sprach,
Pfleg ja guat den Sinn,
Das kehrt ön ihr Fach,
Die Volkskraft liegt drin.


Ziag 's Herz für das Mitload,
Fürs Pflichtg'fühl, fürs Recht,
Für Dankpflicht, für d' Arbat,
Adl schaffst drin, der echt.


Stärk d' Lust zu dem Schaff'n,
Pfleg zum Rechtsinn die Lust,
Selbstbeherrschung thua zoag'n,
Lern' warm fühl'n die Brust.


A Theilnahm' und 's Mitg'fühl,
Die zwoa Perl'n thua pfleg'n,
A Wahrheitsliab und Muath,
Thua Selbständigkeit heb'n.


Pfleg den Sinn für Thatkraft,
Für die Musi', für'n G'sang,
Liab und Sinn für viel Wiss'n,
Das schafft an schen Klang.


Die Lug und das Feigsein,
Den Müaßiggang, die List,
A G'nuaßsucht wehr ab,
Und was unsicha ist.

Ausschweifung, Vaschwendung,
Das suach guat abz'hal'n,
Geg'ns Unsicha und Schwank'n,
Z'ruck halt's von der fall'n.

Oans thua b'sundas einpräg'n,
Was da Volksvarrath ist,
Daß a solcha ganz ehrlos,
Der's thuat, kehrt af'n Mist.

So zoag die Weg' recht,
Dö die Jug'nd soll geh'n,
Wiaf dort Liacht und Schatt'n,
Wo das richti' thuat sei'.

Wia erzog'n wird die Jug'nd,
für'n Stamm wird's so bleib'n,
Ziagst feste Charakta,
Das Beste thuast treib'n.

für ihr'n Stamm, für ihr Sprach,
Woaß was guat is, was schlecht,
Sie wird a aft einsteh'n,
für ihr Volk, für ihr Recht.

Valier die Geduld nia,
Denk stets af das z'ruck,
Daß die Jug'nd weng roat,
Hilf bau' ihr die Bruck.

U Bruck für das Leb'n,
Die 's dorthin thuat trag'n,
Daß wer'n rechte Mensch'n,
Die guat's dir nachsag'n.

Warst du alsa junga,
Ohne Nachsicht und Führ'n,
G'failt hätt' dir die Stütz,
Fremd wurdst du umirr'n.

Die Jug'nd is ja hitzi',
Es liegt ön ihr'n Bluat,
Denk z'ruck af die Dei',
Sei ihr Führa, ihr Huat.

# D' Liab zum Jungan.

Da Grund zu dem Dasei',
für all's, was thuat leb'n,
Die Liab is zum Junga,
Ohne der wurd's koa's geb'n.

All's sorgt für die Junga,
Weil's die Schöpfung will hab'n,
Spart ön Biss'n von Mäul,
Thuat das feindli' vajag'n.

Da Vogl thuat's gant'n,
Das Raubthier laßt's saug'n,
Solang thoan si's führ'n,
Bis eahr 's Fuatta selb'n klaub'n.

U niads Hasal find't 's Grasal,
Kemman no' soviel an,
U niads find't sein Dut'n,
Wo's trinka kann dran.

All's muaß sorg'n fürs Junge,
Weil's die Natur so will,
Daß Altan geb'n 's Fuatta,
Mit'n Leib geb'n die Hüll'.

Ohne Plag und Sorg gibt's nix,
Unsa Leb'n is so g'richt,
Für sei' Jung's a zu sorg'n,
Für a niad's is sei' Pflicht.

Die Pflicht hab'n die Altan,
D' Kinda z' leit'n, zu erziag'n,
Thoan's dös untalaff'n,
Zum schlecht'n wurd's führ'n.

Is da Kampf a für'n Mag'n,
Für all's andarö groß,
Deine Altan hab'ns g'habt so,
Trag a das gleich Los.

Wann'st a va dein Kindan
Dalebst nöt viel Dank,
Denk si' leb'n ön Taumel,
Mach dir da koan Bang.

Kriag'ns selba erst Kinda,
Für dö's zu sorg'n hab'n,
Aft wer'ns das einkenna,
Eahn Dank dir nachtrag'n.

Sie wer'n für di' bet'n,
Das Herz wird eahr sag'n,
Geht's hin zu die Altan,
Dort lingan's begrab'n.

Die Jug'nd, sie roat nöt,
Für si' kimmt a d' Zeit,
Wo's z'ruckdenkt, was thoa,
Und das Üblö bereut.

# Daliabtö Sachan.

Bleib'n d' Eh'leut a Liabspaar,
Fort durch eahr ganz Leb'n,
Di' thoan's erst empfind'n,
Was da Herrgott guat's geb'n.

Sie empfind'n die Wärm erst,
Die so a Liab da ausstrahlt,
Wia's gibt Freud und Frisch'n,
Is ma' a schon stoanalt.

Da kennt ma' was d' Liab,
Was Vatrau'n für an Wert,
Wann zwoa so alt Leut,
Wia jung si' no' ehrt.

Hat da Herrgott die Gnad
In die Eh' oan mitgeb'n,
Für di', was dös seg'n,
Bringt's a Glück und Seg'n.

———

Je stärka die Angst is,
Die ma hat für die Sein',
Um so größa is d' Liab,
Um so wahrer und rein.

A Magnet, der beständö,
Der sei' Kraft nöt valiert,
Ön Wei' stöckt er drin,
Hast's g'wiß schon probiert.

Die Liab is an Of'n,
's Hoaz'n geht da aus nia,
So bofföt's oft außa,
Daß oan wird frei schia.

Kannst du's a so mocha,
Daß kimmt zu koan Dell,
Daß die rechte Wärm gibt,
Hast ön Kopf und 's Herz hell.

That's do' rauka und glos'n,
Guat wurd's di' nöt führ'n,
Du warst nöt ganz richti',
Da failt's dir ön Hirn.

Hast du die guat Resch'n,
Dazua die recht Wärm,
Thuat's ön den anhalt'n,
So wia si's thuat g'her'n.

Aft g'spürst, was d' Liab is,
Seg'n hast in dein Haus,
Bis ins höchst' Alta,
D' Wärm geht dir nöt aus.

Die erst Zeit in da Liab,
Is a geistiga Kampf,
Kopf und Herz hab'n da
Moast beständö an Krampf.

Kimmt 's g'fetzte Alta,
Thuat da Taumel vageh'n,
Aft lernt ma erst kenna,
Was die wahr' Liab thuat fei'.

Do' die fchenfte Zeit bleibt
Die erft Liab, wo ma' dicht',
Da lebt ma ön Himmel,
Solang dau't die G'fchicht.

Kannft nöt bei der erft'n,
Bei da zweit'n Liab bleib'n,
Aft mach's hald fo weita,
Solang du's kannft treib'n.

Bald kimmt do' die Zeit,
Wo fi' das wird ergeb'n,
Daß d' fiagft, was du bift,
Das vafailt is dei' Leb'n.

Je mehr als du anhöbft,
Um fo fchlechta bift dran,
Das is a fchlecht's G'fchäft,
Bift a Wei' oda Mann.

Die Liab foll beftändi',
Soll heili' dir fei',
Aft lernft du's a kenna,
Wia edl ihr Schei'.

———

Das Lach'n is a Glück,
A fchena Aug'nblick,
Strafbar kunt's nur fei',
G'fchach's ön finftan drei'.

———

Einfältö oda dumm
San do' solche Leut,
Di' a Heirat thoan mocha,
Weil si's g'rad' g'freut.

Di' san grad wia Kinda,
Di' a Hanswurstl g'freut,
Sie roat'n nöt weita,
Was eahr dös bringt Leid.

Dei' Körpamodö und 's G'sicht,
Acht' das nöt goa z' hoch,
Leicht kunt's dir passier'n,
Daß dei Thoa kriagt a Loch.

Af'n Geist und af's Herz
Thua den mehran Wert leg'n,
Wia d' Natur di' g'schaff'n,
So dauat's 's ganz Leb'n.

Das Herz is do' g'spoaßö,
Wia's uns thuat regier'n,
Oft macht's oan so narrisch,
Daß z'rinnt oan frei 's Hirn.

Für d' Liab gibt's koa Weit'n,
Sie find't Weg und Stög,
Kann's andast nöt helf'n,
So dicht's a von flöck.

Den Weiban eahr Schlauheit,
Dös kennan's goa bald,
Wo da Mann die schwach Seit'n,
Wo's find'n eahrn Halt.

7*

A so feinö G'scheib'n,
Dem Mann thuat sie fail'n,
Die Sach' kimmt oft so,
Daß er möcht frei heul'n.

Da Scharfsinn van Wei',
Oan Blick und sie hat's,
Wia's di' muaß packa,
Daß du wirst ihr Schatz.

———

D' Liab thuat nöt berechna,
Denn wann's so fangt an,
Das kannst mia a glaub'n,
Da rennt's schon davan.

Einbildung, Eig'ndünkl,
Hat dö packt an Mann,
An Wei' thuat's da glück'n,
Guat zahlt wird ihr Gang.

Denn dumm is der Kerl,
Der leid't an der Schwäch',
Den kriagt's in ihr G'walt,
Allweil zahlt er d' Zech'.

———

Das G'fühl da erst'n Liab,
O, freund, bist a alt,
Denk z'ruck af die Zeit,
Affrischt di' ihr G'walt.

Das kannst nia vagöß'n,
Solang du wirst Leb'n,
Denk oft af das z'ruck,
Es wird di' erheb'n.

———

Die Liab is a G'fühl;
Kannst's nöt kummadier'n,
Is d' Vanunft no' so mächti',
D' Liab thuat's leicht irrführ'n.

— — —

's Weibaherz zu ergründ'n,
Das bringst du nöt z'samm,
Weil da menschligs Geist,
Nöt kann üba den Damm.

Für unsan Geist, unsa Denk'n,
A Grenz thuat's da hab'n,
Uba di' kann neamd umi,
Wollt' er si' a plag'n.

Die Schöpfung hat's g'macht so,
Ös derf ön Reiz nöt valier'n,
Weil's so 's Mensch'ng'müath
                                    braucht,
Weil's zum Guat'n thuat führ'n.

Koa Bam wachst in Himmel,
Durch d' Erd machst koa Loch,
Laß den Weiban eahr G'scheid'n,
Halt eahrn Sinn und Herz hoch.

Wurd do' a Zeit kemma,
Daß 's Ergründ'n kam z'weit,
Da gang als af franz'n,
Drum treib's nöt so weit.

— — —

Die hoffnungslose Liab
Thuat oft die wahrste sei',
Sie beglückt und vanicht',
Sie schafft Freud und Pei'.

Wer schon Herzweh empfund'n,
Dem schon broch'n wor'n Schwür',
Der vasteht's, der begreift's,
Daß 's Herz bricht und wird irr'.

___

G'schwind seg'n und affass'n,
Is den Weiban mehr geb'n,
Der Mann hat mehr Kraft,
Richti' g'mischt, is guat leb'n.

___

Das kann neamd ergründ'n,
Nöt aßklär'n und uns sag'n,
Daß d' Liab oft gach kimmt,
Wia si' das thuat zuatrag'n.

Wia's kimmt, daß zwoa Leut,
Di' si' 's erstemal seg'n,
Si' herzli' thoan liab'n,
Und dös dau'rt 's ganz Leb'n.

___

Bescheid'nheit und Sanftmuath,
Wo das is Ausdruck da Seel',
Is für d' Braut a hoch's Guat,
A Schmuck klar und hell.

Wo das si' thuat find'n,
Mit da Liab und Vatrau'n,
Da thua di' vabind'n,
Guate Grundfest thuast bau'n.

Da Geck und da Wüstling
Halt si' da nöt auf,
Die ziag'n da vabei,
In eahrn tollwüstling Lauf.

___

Die größt' Freud, das größt' Load,
Von den Weiban kimmt's her,
Achst af das a richti',
Nutz'n bringt dir die Lehr.

---

Die Welt ohne Liab,
Elend war so a Leb'n,
Wild rennad ma' um,
Fürs Mitg'fühl gab's Gröb'n.

---

Die Liab braucht koa Sprach,
Mit an Handdruck, an Blick,
Valiabte vasteh'n si',
Theil'n so mit ihr Glück.

Für alle Ständ' gilt das,
San's arm oda reich,
Das warm G'fühl und Glück,
Is bei alle hübsch gleich.

Ma thuat oft bemerka,
Daß die Arma hab'n mehr,
Daß si's richtiga fass'n,
Was Liab is und Ehr'.

Ön Palast thuast oft merka,
Daß si' d' Liab dort nöt halt,
Schaust dageg'n in a Hütt'n,
Siagst wia's schen dort walt'.

Das Best' von da Liab,
Die wahr' Seligkeit,
Weng find'st bei die Reich'n,
Mehr bei arme Leut.

Kannst schau' in a Hütt'n,
Wo haust a Liabspaar,
Da lernst du das kenna,
Wia d' Liab is, die wahr'.

Soll a dauande Liab
Dei' Wei' hab'n zu dir,
Ast sei koa Simandl,
Auslacht's di' sunst schia.

Thuat's üba di' lacha,
Mit da Liab is vabei,
D' Achtung geht a fort,
Vielleicht a die Treu.

Übaleg'n sei dein Wei',
Grob brauchst do nöt z'sei',
Ast acht's di' als Mann,
Sie bleibt a die Dei'.

Je mehr Ehen a Land hat,
Je mehr die hab'n g'rath'n,
Um so g'fünda is dort,
Um so stärka kann's trag'n.

A Stamm, der so roat,
Und af d' Eh' legt a G'wicht,
Ziagt häusli' dö Diandl,
So g'hert si' die G'schicht.

Denn wurd's ön den fail'n,
Ast kam's bald zum heul'n,
Weng gab's häuslich'n Sinn,
All's wurd' da bald hin.

# 's Gebirgö.

Woaſt nia ön Gebirgö,
Waßt nöt wia's dort drob'n,
Haſt dös amal g'ſeg'n,
Aſt wirſt die Welt lob'n.

Die Natur und ihr Pracht,
Schauſt di' amal oa,
Da lernſt das erſt faſſ'n,
Was da Herrgott als koa.

Dei Kopf wird dir off'n,
Dei' G'müath wird dir weit,
Da glaubſt du an Schöpfa,
Zum Leb'n haſt a Freud.

Haſt du a g'ſund's Bäuſchl,
San föſt deine Füaß,
Da ſteig' in d' Höh' afö,
G'niaß dort ob'n das Süaß.

Je höha da Berg is,
Um ſo weita kannſt ſchau',
Je länga du bleibſt dort,
Um ſo böſſa biſt dran.

War dei' Bäuſchl nöt machti',
Deine Füaß nöt goa föſt,
Hatſch langſam aft afi,
Es taugt dir af's böſt'.

Dei' Mag'n wird dir röbi',
G'nua magſt eahm nöt geb'n,
Deine Glieda wer'n köbi',
G'freu' thuat di' dei' Leb'n.

Dei' Bluat kriagt a frisch'n,
Off'n wird dir dei' Kopf,
Haſt Geld g'nua und Zeit,
Pack' die G'lög'nheit beim Schopf.

Do' mach' koa Bravurö,
In dei' Steig'n leg' an Sinn,
Gib dein fuaß sichan Bod'n,
Sunſt rutſchſt aus und biſt hin.

Stehſt du da aloanö,
Machſt aft andern koan Schad'n,
Haſt do' für wem z'ſorg'n,
Eahr Glück thaſt begrab'n.

# Af'n Schafberg ob'n.

Die Erd' muaß ſi' draht hab'n,
Wia kunnt's denn ſunſt ſei',
Daß z'höchſt ob'n af'n Schafberg,
Meermuſch'ln fandſt drei'.

Ön Kalkfölſ'n drin abdruckt,
find'ſt dort davon g'nua,
Wia kemman's dort aſi?
So fragt mi' a Bua.

Sei nöt ſo neugierö,
Du talkada Ding,
Sag i, roat dir's aus,
All's hat do' ſein Sinn.

Dort ob'n fiagft fo Sachan,
Magft's frei nöt vafteh'n,
Es übawältigt das G'müath,
Z' großarti' thoan's fein.

Mag die Erd'n fi' draht hab'n,
Oda da Erdbod'n fi' g'hob'n,
Da haft glei' den Grund,
Daß die Mufch'ln hiazt ob'n.

Schau' dir a den Berg an
Bei Tag und bei Nacht,
Da fiagft allahand,
Af was d' nu nöt g'acht'.

Thuat a Nacht mondhell fei',
Schau'ft 's Gebirgö, ön d' See',
Was d' fiagft all's dort drei',
Moaft a Reich is da fee.

Glaubaft du af Geifta,
Da wurd' dir ganz fchia,
Moaft frei, daß di' packan
Und afahr'n mit dir.

Bei Tag und bei Nacht,
Siagft dort ob'n a Pracht,
Dort ob'n lernft an Glaub'n,
Der fürs Leb'n dir wird taug'n.

Betrachft das Schöpfungswerk,
Siagft, was mit deina Stärk'
Und wia z'nichtö und kloa
Dem Menfch'n is fei' Thoa.

Bist a Jud, oda Christ,
Kimmst van Palast oda Mist,
Dort ob'n, da vagißt,
Daß du a no' wer bist.

# Hochwasser
# im Juli—August 1897.

Goa schen is die Doana,
Die Enns und die Trau',
Bleib'ns drin ön eahrn Bett.
Liabli' san's da zu schau'.

Regn'ts da a sechs Tag,
Bald dick und bald dünn,
Ast lernst die drei kenna,
Was hab'n für an Sinn.

Da wern's allweil größa,
Seg'n kannst da, wia's steig'n,
Was all's thoan mitreiß'n,
Was s' all's daher treib'n.

Schau', wia's aft thoan tob'n,
Thoan si' an nix kehr'n,
Schaff'n Jammer und Noth,
Weil's all's thoan vaheer'n.

Da gibt's koa Entrinna,
All's reißt mit eahr Lauf,
Da gibt's koa Erboama,
's geht Hab' und Guat drauf.

So friedli' und nützli'
Sunst eahr Wassa thuat sei',
Wird 's Bett dazua z'kloa,
Moast da Teufl stöckt drei'.

Die golda Mitt'lstraß'n,
Nöt z'weng und nöt z'viel,
Gült für all's, was b'steht,
Das is das best' Ziel.

Ziag a Lehr aus der Sach',
Stehst du ob'n oda unt',
Nutz'n schaff' in den Fach,
Und treib's nöt so bunt.

Mach's nöt so, wia die drei.
Sunst trifft di' die Reu',
Wollt'st du all's vaheer'n,
That'st di' selba verderb'n.

# Deutsche Muatta und Frau.

Um was i di' thua bitt'n,
Gib hiazt af dös acht,
Du sollst a mithelf'n,
Daß uns Deutsch'n bleibt Kraft.

Wo a Volksstamm hat Stärk'n,
Zwoa Kräft' leg'n den Grund,
Da Vata und d' Muatta,
Wann is einig eahr Bund.

Von Vatan kimmt d' Kraft,
Von sein Geist und da Hand;
Die Muatta pflegt d' Liab,
Zu sein Hoam, zu sein Land.

Thoan d' G'schlechta so werk'n,
Bei jung und bei alt,
So a Volk hat a Stärk'n,
G'acht' wird a sei' G'walt.

Das lehrt uns d' Erfahrung,
Drum merk auf mei' Bitt',
Für'n deutsch'n G'moasinn hilf
                kämpf'n,
Dei' Liab is da Kitt.

An Kampf gibt's beständi',
Da Naturlauf thuat's sei',
G'schiacht's do' mit'n Wiss'n,
Schlecht's is da nöt drei'.

A Nation, die ihr Recht
Geg'n das Unrecht thuat wehr'n,
G'recht is so a Kampf,
Dö 's thoan, wird ma' ehr'n.

Da Volksstamm der Deutsch'n
Kämpft hiazt für sei' Recht,
Für sei' Sprach, für sei' Hoam,
That er's nöt, war er schlecht.

Alle slavisch'n Völka
Rüst'n si' hiazt zum Streit,
Der geg'n 's Deutschthum is g'richt',
Wehr'n wir uns nöt, failt's weit.

Von da deutsch'n Cultur,
Von unsan Wiss'n und Macht,
Hab'n die Slav'n eahr Wiss'n,
Eahr Cultur und eahr Kraft.

Unsa Deutschthum zu brech'n,
Unsa Kraft, unsa Wehr',
San d' Slav'n hiazt einig,
Deutschö, ziagt's draus a Lehr'.

Da Ruthenen, Slowak'n,
Da Krowat'n, erst gar
Da Polak'n und Czech'n,
Da droht uns hiazt G'fahr.

Packa wöll'ns hiazt die Deutsch'n,
Nöt mit'n Wiss'n sei' Macht,
Mit da Faust woll'ns bezwinga,
Da uns Deutsch'n die Kraft.

In Prag hab'ns den Deutsch'n
Dös zoagt und eahr g'lehrt,
Was die Slav'n all's kinnan,
Wia eahr Faust all's vaheert.

Sie hab'n dort zoagt 's Plündern,
Das Stehl'n und das Raub'n,
Wia's wöll'n 's Deutsch' vanicht'n,
Rohe G'walt thuat eahr taug'n.

Dö G'waltthat'n z'dämpf'n,
Wurd' dort 's Standrecht vahängt,
Damit 's Stehl'n und 's Anzünd'n,
Und das Raub'n nimmt an End.

So is die Nation,
Die üba uns herrsch'n will,
Leicht kann ma's ausroat'n,
Was di' hab'n für Ziel.

So a G'waltthat ohne Wiss'n,
Was s' macht, is all's schlecht,
Mit da Faust wöll'n dö herrsch'n,
Und zatrümmern das Recht.

Rohe G'walt thuat zastör'n
Den Völkafried'n, d' Cultur;
Wiss'nsmacht nur soll kämpf'n,
Da Deutsche stimmt da zua.

Die Cultur und das Wiss'n,
Kopf und Herz muaß di' trag'n,
Rohe G'walt thuat vanicht'n,
Das best' Recht untagrab'n.

Deutsche Muatta, deutsche Frau,
Hilf uns mit dös awehr'n,
Mit uns thua fest kämpf'n,
Dei' Volk wird di' ehr'n.

Hilf mitkämpf'n mit'n Wiss'n,
Mit Muath, deutsch'n Sinn,
Mit dein treu-deutsch'n Herz'n,
Wo nur Edl's is drin.

Deutsche Muatta, deutsche Frau,
Hilf mitwerka dein Mann,
Hoch halt' deutsche Treu,
Hilf mitmacha an Damm.

An Damm, der den Deutsch'n
Gibt Schutz und gibt Schirm,
Hilf den deutsch'n Sinn pfleg'n,
Hilf deutsche Einigkeit schür'n.

Bei dein Walt'n, dein Schaff'n,
In dein Hoam, bei die Dein',
Lehr' dein Kind deutsch'n Sinn,
Halt' sei' Herz guat und rein.

Das Herz rein, sein Kopf off'n,
Für dein Volksstamm sei' Kraft,
Das lehr' stets dein Kindan,
Stärk'n hilfst deutsche Macht.

Das muaßt dein Kind lehr'n,
In sei' Herz leg' den Schatz,
Deutsch'n Sinn, deutsche Treu,
Daß nur Edl's find't Platz!

Was du in dein Herz'n
Für dein Volksstamm hast drin,
Deina Muatta ihr Sam' is,
Die dir pflegt deutsch'n Sinn.

Den gib a dein Kindan
Mit für eahr ganz Leb'n,
Da pflegst deutsche Treu,
Wia's dei' Muatta dir geb'n.

Was heili', das Beste,
Was für'n Volksstamm thuat geb'n,
Die Liab zu sein Stamm is,
Für sei' Famili zu leb'n.

Das is unfa Schutzgeist,
Gar hell leicht' der Stern,
Zu den schau'n mia Deutsche,
Hoch thoan mia'n vaehr'n.

Daß die Knofp'n schen blüaht,
Daß die Frucht guat gedeih',
Bei dein Kind leg' den Grund,
Daß hoch halt' deutsche Treu.

Was d' Muatta den Kindan
In eahr Herz'l thuat leg'n,
Drin bleibt das und heili',
Das b'halt'ns fürs Leb'n.

In dir liegt die Pflanzschul',
Wo der Baum wird groß zog'n,
Dein Kind leg' ins Herz,
Wia das Deutschthum wird g'hob'n.

Pfleg' den Grund für die Wurzl,
Pfleg' guat a den Stamm,
Gedeih'n wird und stark
Deutsche Macht, deutscha Nam'.

Unf're Kinda zu schütz'n,
Für eahr Zukunft all's wag'n,
Dös is für uns Pflicht,
Sunft wurd'n sie uns anklag'n.

# Der deutsche Michl.*)

Da deutsche Michl, der Kunt,
G'wendli' geht's bei eahm zach,
Do' wird eahm was z'bunt,
Packa kann er's a gach.

Und was er aft angreift,
Er laßt's nimma aus,
Wird er amal suchti',
Dor nix hat er Graus.

Da werkt dir der Kampl,
Magst eahm nöt daglöcka,
All's packt er da z'samm,
Mentisch muaßt daschröcka.

Drum sollst'n nöt ratz'n,
Guat wurd's dir nöt geh',
That der di' angreif'n,
Höbst glei' an zan schrei'.

Die Czech'n und Polak'n,
Ratz'n than's 'n schon lang,
Dös is eahm do' z'dumm wor'n,
Hiatzt hör'ns a sein G'sang.

Er thuat eahr was singa,
Thuat eahr was blas'n,
Z'viel habt's ma wegg'fress'n
Sagt er, laßt's mi' gras'n.

*) Das deutsche Volk.

8*

Er wird eahr di' hinjag'n,
Die eahrn Volksstamm varrath'n,
Die geg'ns Deutschthum hab'n
　　　　　　　g'stimmt,
Aft kinnan's eahrs brat'n.

Soll'n si's brat'n oda rest'n,
Oda eimagarier'n,
Oda ön Spiritus afhöb'n,
Mit eahn Schandmal am Hirn.

Volksvarrath is ja schändli',
Goar erbärmli', spottschlecht,
Thuat's a werdawöll mocha,
Is a Herr oda Knecht.

So oan spuckt ma ös G'sicht,
Mehr is der nöt wert,
Er is a räudiga Hund,
Der das Guatö vaheert.

# Allahand G'stanzl.
## VIII.

Hast Ehr und Pflichtg'fühl
für dei' Thoa und dei' Schaff'n,
Da erreichst das recht Ziel,
Guate Grundfest thuast mach'n.

Lift is ſtärka als Muath,
Da Stärkſt kann ihr nöt gleich'n,
Sei va dera af da Huat,
Dei' Kraft thuat nöt reich'n.

Die Liſt is a falſche Schlanga,
Da freie Muath thuat ihr erleg'n,
Dei' Blöß'n recht ausz'nutz'n,
Das is ihr'n Weſ'n geb'n.

Thoan ſi' Widaſacha ſtreit'n,
Die Liſt ſiegt ön der Sach'n,
Thuat ſi' Muath und Recht ſchia
                              z'reiß'n,
D' Liſt thuat ſi's z' Nutz'n mach'n.

Du kriagſt's nach dein Handl,
Wiaſt lebſt, ſo wirſt ſterb'n,
Was g'ſchaff'n dei' Wandl,
Is ganz, oda Scherb'n.

Das Ganzö is recht,
Scherb'n dö ſan ſchlecht,
Haſt g'werkt du mit Liſt,
Ganz kehrſt af'n Miſt.

Schlechte Menſch'n, ſchlechte Zeit'n,
Den Wildbach vabau'ſt umſunſt,
Das Recht thuat vaſchwind'n,
Wo die rohe G'walt di' hunzt.

Das Ärgſte, was geb'n thuat,
Ön koan Raubthier is drin,
Da Menſch is geg'n a Menſch'n,
Thuat entart'n ſei' Sinn.

Er kann heil'n tiafe Wund'n,
Is voll Widasprüch' ön Schaff'n,
Is ön Ed'ln grad so groß,
Wia ön Vanicht'n und ön Hass'n.

Mensch'nherz und Mensch'ngeist,
Das tiaf Wes'n zu ergründ'n,
Umsunst is da die Müah',
Neu's thuast stets drin find'n.

Stolz und Trutz is koa Tug'nd,
Do' ertrag'n und entsag'n,
Lern' das in da Jug'nd,
Alt wirst du nöt klag'n.

Willst für di' alloa schaff'n,
Koan Dank wirst erwerb'n,
Es führt di' zum Hasch'n,
Dein Beginna is Sterb'n.

Um all'n zu Nutz'n,
Dazua richt' dei' Streb'n,
Recht is aft dei' Thoa,
Dein Beginna is Leb'n.

Einkehr' in di' selba,
Dein Schmerz wirst heilbar find'n,
Einsamkeit is Seel'nspeis,
Groll und Haß wird schwind'n.

Um Weisheitslehr'n zu her'n,
Das Alta sollst drum frag'n,
Thua da Jug'nd das nöt wehr'n,
Thuat's Valanga drum hab'n.

Das Moos zafrißt b' Maua,
Die Noth kennt koa Gebot,
Nix hat beständö Daua,
Triafft das Glück oba Noth.

Ön Herrgott sei' Mühl,
Langsam is ihr Gang,
Sei' mahlt's a und still,
Do' sicha, wann a lang.

A End thuat all's nehma,
Magst a hundat Jahr leb'n,
So wird's dir zuakemma,
Wiast du's Andan hast geb'n.

G'richt' wirst nach dein Hand'ln,
Du muaßt Rech'nschaft geb'n,
Wiast g'lebt hast, so stiabst,
Triafft di' Schimpf oba Seg'n.

Die nackt Wahrheit glei' z'sag'n,
Triafft's a Coad, an Unglück,
Laß di' nöt dahin reiß'n,
Denk, wann di' traf das G'schick.

Thuast a üba's G'schick ment'n,
Wurd'st das no' so anklag'n,
Das geht fort sein Weg,
Kost'ts glei' a dein Krag'n.

A guate Schul' fürs Leb'n,
Das Unglück thuat's sei',
Da fangst an zum roat'n,
Was wahr is, was Schein.

Da lernst die Leut kenna,
Wer dir Freund und wer d' Feind,
Nutz'n thuat den das bringa,
Der zum Richtig'n si' wend't.

Dein' Beruaf richti' ausfüll'n,
Si' a so nix vageb'n,
Thuast das richti' mocha,
Ast vastehst a zu leb'n.

A g'fallsüchtig'n Muatta
Is a Kind oft a Last,
Du bist da koa Muatta,
Wann'st koa Herz dazua hast.

Die G'fallsucht regiert di',
Sie thuat di' vawirr'n,
Thua davon ablass'n,
Zum Kind wird's di' führ'n.

Da wirst oft empfind'n,
Was ön Muattaherz drin,
Daß a Kind is das Höchste,
Für das 's Leb'n gabst hin.

A zügellos' Leb'n z' führ'n,
Es stört den innan Fried'n,
Es raubt dir G'sund und Freund,
Da rechte Leut wirst g'mied'n.

Is da Schöpfa a nachsichti',
Laßt dir 's Schicksal a Zeit,
Sö hoff'n, daß d' umkehrst,
Dran hätt'ns a Freud.

Is d' Zeit um, thuat's krach'n,
Aft kriagst du dein Loahn,
War schlecht dei' Werka,
Bist du nöt guat dran.

Is a Tag no' so schen,
Thuast a viel Guat's daleb'n,
An End muaß er nehma,
D' Nacht thuat'n wegheb'n.

Eig'nschaft'n und viel Mängl,
On's Leb'n kriagt's a niada Bengl,
Die Erziehung soll's so mocha,
Daß an Schliff kriagt di' Sacha.

Suachst G'fall'n an so G'schicht'n,
Dö üba Vabrecha schreib'n,
Dein G'müath raubst ön Fried'n,
's g'sunde Denk'n wird leid'n,

Wia a Mag'n, der ganz runiert,
Der geg'ns g'sunde Ess'n thuat si'
                                    spreizen,
So kimmt mia a solcha Lesa vür,
Den nur 's stärkste G'würz kann reiz'n.

An Andan gern helf'n,
Das is Mensch'npflicht,
Vagiaß af das nia,
Aft paßt a die G'schicht.

Van Stadtleb'n ön Schad'n,
Af'n Land kannst den heil'n,
Betrachst dort 's Naturleb'n,
Ön G'sund thuast zuaeil'n.

Gold ohne Zuasatz gibt's nöt oft,
Soll da Mensch ohne Faila sein?
Das übatraf d' Natur und ihr Werk,
Wo all's g'mischt is, weng rein.

Übagang hat d' Natur g'schaff'n,
All's g'mischt, so wia's is recht,
Dei' Thoa thua danach richt'n,
Aft werkst a nöt schlecht.

Erziehung und Vastand
Vaedeln unsa Wes'n,
Wia viel davon du hast,
In dein Thoa kann ma's les'n.

Is viel Geist in an Kopf,
Im Herz aft a G'müath,
Sö pass'n guat z'samm',
Weil oans 's andrö führt.

Geht a niads do' sein Weg,
So a Thoa schaut aft aus,
Wia a Wies'n ohne Wassa,
A schlecht's Dach af an Haus.

Wia a Z'lumpta, der nobl,
Wia a Nobla ohne Geld,
Wia a Mensch, der nöt richti',
Den da Hausvastand fehlt.

Geist und G'müath müass'n werka
Mitanand guat, nöt schlecht,
Mit dem kann ma' aft schaff'n,
Was nutzt und is recht

A G'müath, was austrickat,
Was koan Frohsinn vatrag'n,
Thua nöt drüba lacha,
Und thua's nöt anklag'n.

Weg'n was so is kemma,
Wurd'st du wiss'n oft das,
Hätt'st Mitload mit an solch'n,
Die Aug'n wurd'n dir naß.

Da Erfolg erzoagt Neid,
Is der groß oda kloa,
Schau', daß nöt kimmt dazua,
Daß dir nawerf'n Stoa.

Da Schein thuat oft täusch'n,
Thua da richti' draf her'n,
Da Diab zoagt si' ehrli',
Da Dumm' will belehr'n.

Da G'fühllos' zoagt Theilnahm',
Da feig' heuchlt Muath,
Bist du kluag wirst das sag'n,
Schau'st eahr hintan Huat.

's Geld g'winga is nöt 's Schwastö,
's Z'sammhalt'n muaßt vasteh'n,
Is dir 's letzte nöt geb'n,
Thuat's dir wieda wöggeh'n.

Kluagheit will oft hab'n,
Mehr zuaher'n, wia red'n,
Das bringt dir oft Nutz'n,
Acht'st draf du ön Leb'n.

Üba d' Narr'n thua nöt lacha,
Acht' recht af eahr Red'n,
Was di' oft thoan mocha,
Kannst braucha ön Leb'n.

Das moast' is wohl Plunda,
Ohne Ziel, ohne Sinn.
Do' herst ja a Mengö,
Wo Weisheit liegt drin.

's kranke Hirn rumort um,
Viel thuat's phantasier'n,
Ös hat oft a Eicht'n,
Wo's an G'schelt'n kann führ'n.

Da grad Weg is da best',
Do' kimmt ma' oft erst dran,
Wann ma' si' hat oft ang'rennt,
Und viel Faila hat thoa.

Daß das Altathumstudi'
Uns nutzt und is schen,
Neamd wird das bestreit'n,
Und das wichtö thuat sei.

Wird's do' oaseiti' trieb'n,
Acht'ts die Geg'nwart z'weng,
Ast bringst das so weit,
Daß dei' Wiss'n wird eng.

Die alt und die neu Zeit,
Thuast di' z'samm' studier'n,
Vastehst die recht z'misch'n,
Guat kannst du da führ'n.

Haſt zua Arbat weng Luſt,
Triafft das Hand oba Kopf,
Bald bringſt da's ſo weit,
Daß d' für'n Rock haſt koan Knopf.

Biſt du kloa oba groß,
Haſt du viel oba weng,
Halt'ſt koa Ordnung ön Haus,
Bald kimmſt du ön d' Eng.

———

D' Hoffnung is die T:iebkraft,
Sie hilft uns an Ausweg find'n,
So lang du dö no' haſt,
Gern thuaſt di' plag'n und ſchind'n.

Da Menſch ohne Hoffnung,
A ſo wurd' er da ſei',
Wia a Ofn'n ohne Wärm',
Wia a Liacht ohne Schei'.

———

Andrö mit Witz blend'n,
Und zum Lach'n z'bringa,
Das macht oft daß d' Freundſchaft
Ganz geht in Trümma.

Haſt du Witz und Humor,
Der natürli' und guat,
Aft laß 'n ſo Sprudln,
Daß er ſchad'n neamd thuat.

———

Trau ja nia den Schein,
Der vahüllt ja goa viel,
Es is a Vorhang, der deckt,
Hebſt 'n af, ſiagſt ſei' Ziel.

———

Wia da Schnabl is g'wachf'n,
A so muaßt du a red'n,
Thuaft üba wem fchreib'n,
Vaüab do' koa Gröb'n.

———

Koa B'fitz is fo groß,
Der kunnt widafteh'n,
Js 's Vawalt'n vadraht,
Z'grund muaß er geh'n.

———

Denkft du weit fürö,
Viel böffa bift dran,
Wia a folcha, dem 's failt,
Und nöt roat'n mehr kann.

's Planmocha für d' Zukunft,
Js goa fo was füaß,
Fallt's a oft fo aus,
Daß eahm fail'n die Füaß.

Das Planmocha und d' Hoffnung
Js unfa moaft's Glück,
Geht's a oft nöt aus,
Weil's hab'n will fo 's G'fchick.

Laß do' nia das Hoff'n,
Und 's Planmocha aus,
Und denk a weit fürö,
Js alt a dei' Haus.

———

A Landfchaft, von weit'n
Schaut's viel fchena her,
Bift drin, thuaft da denk'n,
Hätt' ma erwart' mehr.

———

's Valanga thuat würz'n,
Hast's, thuat's nöt lang g'freu',
U so geht's mit'n Hab'n,
So lang's nöt is dei'.

Da Zorn und die Bosheit
Thoan 's G'sicht häßli' mocha,
Das Geg'ntheil thuat's sei',
Thuat ma' dabei lacha.

Die Leut magst nöt ändan,
Drum nimm's so wia's san,
Die Mili, das woaßt ja,
Af da Heh' hat's ön Rahm.

Willst mit wem di' streit'n,
Thua mit eahm politisier'n,
Nöt lang wird's da dauan,
Thuat's zan rauf'n enk führ'n.

Die Bosheit, die Hoamtück,
Neid, Spottsucht schlagt für,
U Eigennutz und d' Falschheit,
Hab'n die Mensch'n oft schia.

Wollt'st du dem ausweicha,
Sperr' di' ein, geh' nöt fort,
Denn wo'st a wirst hingeh'n
Find'st dös, glaub's af's Wort.

Nimmst die Leut so wia's san,
Und die Welt so wia's is,
Siagst a deine Faila,
Du vatragst die aft g'wiß.

Das Geld macht da d' Thür af,
Is dei' Kopf no' so hohl,
Was du da kannst mocha,
Wer'n kunnt ma' frei toll.

So barbarisch als is,
Es thuat do' so sein,
Die Weiba die g'schlag'n wer'n,
Thoan nöt amal schrei'.

Daß geduldi' eahr Los trag'n,
Eahr'n Mann hab'n no' gern,
Mann, thuast du das lös'n,
Dei' Schand thua draus her'n.

Muast Schuld'n du mocha,
So denk a af's Zahl'n,
Sei' Sach' braucht a niada,
Thua di' danach halt'n.

Übasteh' thuat oan all's,
Thuat d' Sach gleich fortdau'rn,
An Ausnahm macht d' Hoffnung,
Die Liab und da Glaub'n.

Was dir sagt das G'wiss'n,
An das thua di' kehr'n,
Denn das irrt si' nia,
Nutz'n bringan die Lehr'n.

Thuat sei' Müah wer rühma,
Von dem halt nöt z'viel,
Er prahlt aus Eig'nnutz,
Hat a unlautas Ziel.

# Da letzte Gruaß an unsa liabe Landesmuatta.

Wia's Dahängnis oft thuat walt'n,
Frei is das nöt zum glaub'n,
Daß das unschuldigste Opfa,
Daß Beste, thuat oft raub'n.

Da zehnt' Septemba, der Schreckens-
tag,
Groß Unheil hat der uns g'macht,
Ön Genf hat die guat Landesmuatta
A Anarchist umbracht.

Niedaträchtö hat und meuchlings,
Feig und volla Hintalist,
Der vaworfenste der Mensch'n,
Das hochedle Leb'n vanicht'.

Was oa Mensch kann Unheil bringa
Üba a Reich, was groß und stark,
Österreich hat das hiazt empfund'n,
Da Valust hat troff'n 's Mark.

9

Die ganze Welt, wo's gibt Mensch'n
Die Mitload hab'n und Empfind'n,
Alle thoan mit uns das schmerzli'
                              fühl'n,
Si' mit unsan Weh' vabind'n.


Das unschuldigste der Wes'n,
Was viel Körpaweh' zu trag'n,
Ihr'n liab'n Soh'n hat Sie valor'n,
Trag'n das Herzload ohne z'klag'n.


Was Ihr Muattaherz empfund'n,
Den größt'n Schmerz, denn's kann
                              geb'n,
Voll Ergebung und voll Adl,
Voll Geduld hat's 'n trag'n im Leb'n.


Nua Guat's geb'n und nur helf'n,
Mildan 's Unglück und wo Schmerz,
Wohlthoa und nur Gnaden spend'n,
War Dei' Streb'n, o Muattaherz.


Warm empfind'n, lindan Pein,
Wo war Vazag'n, aufzuricht'n,
Als Gattin und als Landesmuatta
G'walt' hast Du, so in Pflicht'n.


On Seel'nadl, o Muattaherz,
Ön Entsag'n und Load ertrag'n,

Groß warst Du da, edle Frau,
Dei' hart's Los thoan mia beklag'n.


Deine Völka wiss'ns alle,
Was für Dein Reich Du g'wes'n,
Ön Herz hast Dir a Denkmal g'setzt,
Spät're Völka wern's no' les'n.


Wort' gibt's koa, bitt' thua's glaub'n,
Zu sag'n, was wir thoan empfind'n,
Das Fühl'n liegt ja ön Herz'n drin,
Was so warm uns thuat vabind'n.


In da grausam' Prüafungsstund
Deine Völka hab'n da empfund'n,
Wia Liab und Treu zum Kaisahaus
Eng und woam uns vabund'n.


Die Wärm' is, die 's Empfind'n gibt,
Alle hat uns das Unglück troff'n,
O liabe Landesmuatta, bitt',
Daß Trost uns bleibt und 's Hoff'n.


Zu hoff'n, daß uns bleibt erhalt'n,
Der unsagbar leid't im Herz'n,
Daß Seina treua Völkaliab
Lindan helf'n Seine Schmerz'n.

9*

Aufrichti' und tiaf empfund'n,
Thränan, warm, die beste Gab',
O edle Frau, so hart geprüaft,
Reich fließ'ns auf Dein Grab.

Den Scheidegruaß, o nimm den oa,
Uns'rö Thränan auf Dei' Bahr,
Vom Herz'n kimmt, va jung und alt,
's Schmerzempfind'n tiaf und wahr.

# An unfan liab'n Landesvatan.

Was 's Schicksal an Mensch'n
Oft auflößt zum trag'n,
So viel thuat's oft sei',
Daß is zum vazag'n.

Do' das unschuldö Leid'n
Thuat lindan den Schmerz,
Triafft 's G'schick a so hart,
Daß brecha kunnt 's Herz.

Liaba Land'svata, Dir
hat's schon viel Liab's g'numma,
Thua uns das valaub'n,
Mit Dir z'trag'n ön Kumma.

Die schwarz That hat Dir wieda
Vanicht 's Liabst, was ön Leb'n
für den Gatt'n, für d' Kinda,
für d' Famili' thuat geb'n.

Ön unfan schen Landl,
Wo'st thuast so gern weil'n,
Mia alle, i sag' Dir's,
Fühl'n tiaf mit Dei' Leid'n.

Die warm Liab is zu Dir,
Ön unfra Sprach thua is sag'n,
Alle steh'n mia zu Dir,
In da Liab und ön Klag'n.

Mia und alle Völka
Ön Dein groß'n Reich,
Alle fühl'n mit Dir 's Weh',
Dei' Herzload a gleich.

Mia fühl'n tiaf mit Dir
Das Unglück, Dein Schmerz,
Das ganz Reich hat mittroff'n,
Der Dolchstich ins Herz.

Mia steh'n alle z'samm',
Helf'n 's Herzweh mittrag'n
Mit unsan liab'n Kaisa,
Bitt' Di', thua nöt vazag'n.

Vazag' nöt, thua denk'n,
Dei' ganz Reich fühlt mit Dir,
Das groß' Weh' triafft uns alle,
Groß' Herzload hab'n mia.

# Allahand G'stanzl.

## IX.

Hochg'lehrt sei' is guat,
Do' soll's a das hab'n,
Daß von Kopf nöt alloa,
Von G'müath a wird trag'n.

Die recht Wärm' geht aft außa
Von Kopf und von G'müath,
Aft is a so b'schaff'n,
Daß zum Nutz'n a führt.

War's trocka und kalt,
Aft find'ts nöt den Wert,
So a Wiss'n vadörrt
Das Guat, was ma' hert.

Müßiggang und G'nußsucht,
Aft a ausschweifats Leb'n,
Da kimmst bald so weit,
Daß d' ön Text dir thuast geb'n.

Da valierst d' Lust zua Arbat,
Is mit'n Kopf, mit da Hand,
Dei' Thoa geht ön Trümma,
Und du selb'n ausanand.

A niada Mensch is erschaff'n,
Daß er werkt und guat schafft,
Sunst kehrt er zum Auswurf,
Umsunst is sei' Kraft.

Die Kraft, die eahm geb'n is,
Vom Schöpfa ins Leb'n,
Die muaß er so braucha,
Daß all'n bringt Seg'n.

Thuast draf richti' acht'n,
Bist jung oda alt,
Aft bleibt für dein Werk'n
Da richtige Halt.

———

Schen is die hell' Wintanacht,
Voll Glanz san die Stern,
Do' is eisstarr und kalt,
Von da Sunn failt die Wärm'.

A so is beim Mensch'n,
Failt sein Herz'n die Pfleg',
Beim Kind thua draf acht'n,
D' Sunn braucht's af sein Weg.

———

Bei Sturm tobt das Meer,
Seine Well'n hab'n a G'walt,
In da Tiaf'n herrscht Ruah,
Da Bod'n gibt den Halt.

Tobt all's um di' uma,
Valier' nia dein Halt,
Laß di' vom Recht leit'n,
Bist jung oda alt.

———

Je mehr du lernst kenna
Die Natur und ihr Walt'n,
Um so bessa kannst du
Für di' und and're schalt'n.

———

Setz' an Mensch'n ön d' Wildnis,
Laßt'n dort ganz alloa,
Bald wirst du aft seg'n,
Wia vawildat sei' Thoa.

Machst do' umg'kehrt die Sach',
Thuast lehr'n eahm und pfleg'n,
Von vawildat'n Thoa
Thuast sein Geist wieda heb'n.

Da Mensch is so b'schaff'n,
Is leicht z'leit'n und z'führ'n,
Failt eahm die fest Stütz',
Leicht thuat er vairr'n.

Halt'st du g'sund dein Glaub'n,
Das Hoff'n, den Rechtsinn,
D' Liab zum Hoam, zu die Dein',
Die Stütz' find'st da drin.

———

Die guat'n Jahr kennst erst,
San's schon lang davan,
Wann die bessan da san,
An die guat'n denkst dran.

———

Unsa Wiss'n hat Grenz'n,
Die Dummheit hat koa,
Es wird so sei' müass'n
Ön Mensch'n sein Thoa.

Wurd' umg'kehrt die Sach',
Bald kam's zu an Krach,
Körpaplag' wollt' neamd hab'n,
's Dahungan wurd's trag'n.

———

Täuſchung is viel ön Leb'n,
Den Guat'n täuſcht da Schlechtö,
Da Täuſchung kimmt neamd aus,
Is er hilflos oba mächtö.

———

A niada kann valier'n, vaſchenk'n,
Merk, Ärmſta, dir die Lehr',
Vaſchenk'n kannſt die Neigung,
Valier'n kannſt du dei' Ehr'.

———

Biſt arm, failt dir viel,
Böſſa biſt du do' nu dran,
Als wia oana der geizö,
Der nöt gnua kriag'n kann.

Die Nachſicht is a Tug'nd,
A edle Seel is', dö's thuat,
Es wirkt z'ruck af'n Geba,
Gibt zum nachahma Muath.

———

Die Will'nskraft mehr ſtärk'n,
Wiaſt nöt, geht all's leicht,
Da ſchwächſt du dei' Werk'n,
Wann'ſt den Übl'n ausweichſt.

Wo Stärk' is ön Will'n,
Wirkt die Widaſtandskraft,
Da lernſt du erſt kenna,
Was zum ſchaff'n gibt Macht.

Je härta da Kampf is,
Danach zach du a biſt,
Ma lernt di' da kenna,
Wo du guat, oba Miſt.

———

Das Feia gibt den Rauf,
Das Wassa den Dunst,
Willst ess'n, thua werk'n,
Aft lebst nöt umsunst.

Nix thoa und guat leb'n,
Is wia Wassa und Fei',
Z'samm' vatragt si' das nia,
Mit so oan is vabei.

Die Katz' laßt nöt 's Maus'n,
Valiabtö bleib'n Narr'n,
Hast va was an Graus'n,
So laß steh'n den Schmarr'n.

Wia d' Haut dir zuag'möss'n,
A so muaßt du's a trag'n,
That's a wo nöt pass'n,
Muaßt di' do' damit plag'n.

Packst wasdawöll oa,
Lern' das gründli' kenna,
Aft bringt's dir an Nutz'n,
Kriagst koane Trema.

Machst du do' nix ferti',
A so kimmt ma das vüa,
Wia a Bes'n ohne Stiel,
Wia a Stub'n ohne Thür.

Hast z'viel romantisch Wes'n,
Aft magst d' Wahrheit nöt les'n,
Ön Phantasier'n lebst dahin,
Trüab'n thuat's dir ön Sinn.

Is ma arm oda reich,
Oda groß oda kloa,
A Stell hat a niada,
Sei' Pflicht muaß er thoa.

Thuat ma' nöt sei' Pflicht,
Is a z'widanõ G'schicht,
Is so unnutz das Thoa,
Taugt zum Bau nöt da Stoa.

---

Was du nöt hab'n kannst,
Draf hast du an Blanga,
Wird dir do' das geb'n,
Is er moast vaganga.

---

Thuat di' a Bei' höcka,
Mit Ohr'nschmalz schmier's ei',
Bald hast die G'schwulst wöga,
Da Schmerz thuat vageh'n.

---

Die Natur kennt koan Tod,
Sie kennt nur das Gebot:
Was heut thuat vageh'n,
Morg'n wird's neu entsteh'n.

Aufwärts strebt da Geist,
Is das irdisch' Band zarriss'n,
Stoffzafall legt ön Grund,
Neuch's Leb'n thuat draus sprieß'n.

---

Große Prahla, schlechte Zahla,
Ön an Windbeutl is nix dran,
Das wahr' Vadienst is bescheid'n,
Den vasag' nöt sein Loahn.

---

Laßt dein Kindan eahr'n Will'n,
Wachs'ns dir üban Kopf,
Es kimmt aft die Zeit,
Wo's di' packan beim Schopf.

Die Schuld haft du felba,
's Kind muaßt du erziag'n,
Eahr'n Kopf und eahr Herz
Muaßt pfleg'n und recht führ'n.

————

Das unbeständi' Wef'n,
Liegt ön da Mensch'nnatur,
Da Neid a nöt minda,
Der raubt aba d' Ruah.

————

Die Eh' bei die Reich'n,
Oft is dös a G'schäft,
Dö thoan si' z'sammkauf'n,
D' Liab find't koa Recht.

So is und so bleibt's a,
So is früha a g'wö'n,
Ums Geld draht si' all's,
A das menschliche Leb'n.

Die Liab thuat da trauan,
Wann so Handl wer'n g'macht,
Viel bröchan da Herz'n,
Wo d' Liab so weng g'acht'.

————

Neuch's kimmt, Alt's vageht,
B'ständö wechs'lt da Stoff,
Das Werd'n und Vageh'n,
All's kimmt aus oan Loch.

Die Natur is das Loch,
Stillstand thuat's nöt geb'n,
I'fallt wo a Körpa,
Wachst draus a neu's Leb'n.

Bei rechtschaff'nö Leut'
Find'st nöt Hoffart und Stolz,
Bei Betrüaga is Geg'ntheil,
Sie san nöt va den Holz.

Thuat an Unglück di' triaff'n,
Denk nach mit Geduld,
Mitunta wirst find'n,
Selb'n bist a weng schuld.

Hast nöt du selba
A bißl beitrag'n,
Denk', alle hab'n Leid'n,
Alle hab'n z'trag'n.

Arm bist zu betracht'n,
Find'st Freud an nix mehr,
Selb'n thuast di' nöt acht'n,
Dei' ganz Wes'n is leer.

Mit Zeit, Geduld und Geld,
Besiegst den Widastand da Welt,
Hast du nua Geduld alloa,
Woach mocha kannst a Stoa.

Aus Zorn schöpfst oft Muath,
Er reizt die Lebenskraft,
Da Ärga und Ungeduld,
Geb'n dem Schaff'n oft Macht.

Unbeständi', G'nuaßsüchti',
G'fallsucht und Sinnlichkeit,
A hoaß Bluat, do' weng Geist,
Siagst so was, weg renn weit.

Schreib' ös fremd'nbuach her,
Spötan gibt das a Lehr,
Was drin is ön dir,
Is das schen oda schia.

Kann sei' schneidö und witzö,
Do' nöt schlecht und spitzö,
A muaß sei' zum glaub'n,
Und zum lach'n soll's taug'n.

Schreibast Jagalatein,
So mach's a so fein,
Daß d' selba lachst föst,
Dei' Lug' is af's böst'.

Das lateinische Red'n
Is ön Jagan guat geb'n,
Pfuscht a andra eahr ei',
Es failt da recht Schei'.

Bringst das nöt recht z'samm',
Schreib' nöt her dein Nam',
Wann'st koa Jaga nöt bist,
Kehrt dei' Thoa af'n Mist.

Geh' zu dö z'erst ön b' Schul',
Dei' Latein bleibt sunst Null,
Thuast eahr dort'n zuaher'n,
A Lateina wirst wer'n.

Aba mach's aft a so,
Daß da Bauch kriagt koa Ko',
Denn wurd' der dös hab'n,
Da kostat's ön Krag'n.

Uns Leb'n derf's nöt geh'n,
Drum muaß a so sei',
Derfst schoa lacha und rer'n,
Do' ön Bauch koa Loch wer'n.

— — —

A Koch ohne G'schmah,
A Musika ohne G'fühl,
A Sänga ohne G'hör,
Dasaikt hab'ns eahr Ziel.

— — —

Die Thränan erleichtan,
Viel leichta kannst trag'n,
Is Load no' so groß,
Thuast di' no' hab'n.

— — —

A niada Stand hat zwoa Seit'n,
Die oa guat, die oa schlecht,
An schlecht'n Kerl schen wasch'n,
Ön Advocat'n is sei' Recht.

Den ärgsten Vabrecha,
Die schlechtastö That,
Er muaß das beschönig'n,
Wann er no' so Scheu hat.

A Mensch, der a Bestie,
Den er selb'n tiaf vaacht',
Schuldlos soll er'n mocha,
Der das Schlechtaste g'macht.

A guata Mag'n kehrt dazua,
Muaß er so geg'ns Recht sei',
Für an Lump'n, an schlecht'n,
Geg'n 's Rechtsg'fühl oft schrei'.

Willst Langweil' dir schaff'n,
Zu dö Noblig'n geh' hin,
Dort find'st Zeit zum schlaf'n,
Krank wird g'sunda Sinn.

Is wasdawöll für Kunst,
An den halt' di' dran,
Je bessa das Natürli',
Um so bessa hast thoan.

Willst 's Natürli' künst'ln,
Da machst du an Pflanz,
Da treibst vakehrt's Wes'n,
Lang g'fallt nöt der Tanz.

# Heiratsreg'ln.*)

## II.

Willst, Jüngling, 's Heirat'n du
wag'n,
Sollst nacha a nöt klag'n,
Aft los guat zua und her,
Was i dir da hiazt lehr:

*) Siehe I. Band, Seite 129.

Was Treu is, muaßt empfind'n,
Und wia d' Liab thuat vabind'n,
Treue ohne Liab is kalt,
Das Glück find't da koan Halt.

Liab und Treu b'steht nöt ön Scherz'n,
Fühl'n muaßt du sie ön Herz'n,
Das macht die Eh' erst warm,
Ohne di', da war sie arm.

's Zärtli'fei' und 's Mitgefühl
Muaßt du hab'n, do' halt da Ziel,
Aft woaßt mehr, als was d' Liab ist,
Weil du da richtö Mann a bist.

Bevor du di' thuast vabind'n,
Wahr's Vatrau'n muaßt z'erst
                              gründ'n,
Laß da Braut dei' Seel ganz schau'n,
Von ihr valang das gleich' Vatrau'n.

Laß f' in deina Seel du les'n,
Das Gleich' thua a in ihr'n Wes'n,
Denk Mensch'n seid's und koanö Engl,
Allö zwoa habt's ja a Mängl.

Hast du g'wählt dir das Wei',
O halt' ihr rein Liab und Treu,
Hoch wird's di' acht'n und vaehr'n,
Und das häusli' Glück dir mehr'n.

Denn Frauen liab'n ja ohne Schrank'n
Den Mann, der's beglückt ohne
                              Wank'n,
Der Treu ihr wahrt und das Vatrau'n,
Af felf'ngrund is da ihr Glaub'n.

Gib dein Weib ja nia a Blöß'n,
Merk da draf, thua's nia vageſſ'n,
Mit dem Weſ'n, wo du vabund'n,
Thua ihr nia ihr Herz vawund'n.

Denn das Weib, es fühlt ja zart,
In deinem Hand'ln ſei nia hart,
Das beſte Weib, es is ja ſchwach,
Zua recht'n Zeit, da gib ihr nach.

Denk, du haſt a deine Schwäch'n,
Thua af das ja nia vageſſ'n,
Das Eheglück, das wirſt du gründ'n,
Durch's Zärtli'ſei' und Z'ſamma=
                              find'n.

Sie wird dafür Dank dir find'n,
Deine Schwäch'n wird's übawind'n,
Denn da Mann, das ſtarke G'ſchlecht,
Hand'lt a oft bitta ſchlecht.

Suach zu lenk'n ihr'n Will'n,
Für zart'n Sinn dankt ihr Fühl'n,
In all'n deinen Werk'n
Das Vatrau'n ſuach zu ſtärk'n.

Die Stütz' ſei für ſie als Mann,
Ihr Schutz, 's Weib tragt dein Nam',
Fürs Haus ſoll Mann und Weib
Schaff'n wia oa Seel, oa Leib.

Üabt a Mann ſo ſeine Pflicht'n,
O Weib, thua a guat's Hoam eahm
                              richt'n,
Denn, wann er das thuat find'n,
Feſt mit dir thuaſt'n vabind'n.

Vastehst guat in da Kuchl z'walt'n,
Kannst 's Hauswes'n du guat
z'sammhalt'n,
Für di' liegt d' Poesie da drin,
Da pflegst guat den häuslig'n Sinn.

Denn wo sparsam's Walt'n z'find'n,
Ans Hoam thuat den Mann das
bind'n,
Den Sparsinn thuast du da pfleg'n,
Den Wohlstand und Hausfried'n heb'n.

All's zu vagelt'n ihr'n Mann,
Rein zu erhalt'n ihr'n Nam',
Die Ehr' des Hauses reinzuhalt'n,
Soll sei' dem Weib ihr treu's Walt'n.

Denn leicht wia Glas bricht Frauen-
ehr',
O Frau und Muatta beacht' die
Lehr',
Dei' Herz halt warm in Liab und
Treu,
Für dein Haus is das die Weih'.

Ob arm, ob reich, das is die Reg'l,
Zum häuslig'n Glück da rechte Heb'l,
Mann und Weib, was danach si' richt',
Allö zwoa thoan guat eahr Pflicht.

Wo Seel'nadl die Eh' thuat gründ'n,
Da herrscht beständö warm's
Empfind'n,
Da häusli' fried'n, häuslig's Glück,
Walt'n da als guat's Geschick.

# Af'n Pöstlingberg ob'n.

Die lang Zeil' von Gebirgö,
Thuat koa hoaruck nöt fein,
Von Watzmann bis Schneeberg,
Siagst prächtö und schen.

Da da zum Gebirgö,
Was da all's liegt drin,
Thuast du das betracht'n,
Off'n wird dir da Sinn.

Dein Schöpfa wirst preif'n,
Schaust an hügl und Thal,
Die Wief'n und Wälba,
Van Waffa fein Fall.

Was d' siagst is so liablö,
So großartö die Pracht,
Magst's frei nöt valaff'n,
Weil's so herrlö is g'macht.

Haft das oamal g'schaut,
Afö kimmst wieda gern,
Das Valanga, die Sehnsucht,
Es thuat si' dös mehr'n.

Haft Zeit und a 's Geld,
Aft'n kimm oft daher,
Betracht das Naturbild,
Ziag draus Nutz'n und Lehr.

Die Allmacht hat g'schaff'n
Die Welt, und was drin,
Dem Mensch'n zum Nutzen,
Zu vaed'ln fein Sinn.

Er soll werk'n, soll schaff'n,
Soll erforsch'n und lehr'n,
Soll d' Naturkräft' ausnutz'n,
Soll sein Schöpfa so ehr'n.

Die Bahn af den Berg,
Da siagst so a Werk,
Was den Mensch'n sei' Geist
Uns zu Nutz'n all's leist'.

Denk drüba recht nach,
Bist a nöt vom Fach,
Draus kannst du do' lehr'n,
'n Mensch'nnutz'n zu mehr'n.

# Ehr' Vata und Muatta.

Für Vata und Muatta,
On dein Herz is a Platz,
Wo nur dö hinkehr'n,
für di' da größt' Schatz.

Der Platz kehrt dein Ältan,
That'st den andan geb'n,
Dei' Thoa war vafailt,
Vafailt war dei' Leb'n.

Das heiligst' für d' Kinda
Is, d' Ältan zu ehr'n,
Das thuat ja da Glaub'n,
Das G'wiss'n uns lehr'n.

Dei' Herz hat vier Kamman,
Die san a so g'richt',
Daß all's find't sein Platz,
Wia's fordert die Pflicht.

Vaschiab nöt den Platz,
's G'wiff'n sagt dir wia's recht,
Acht' guat af die Stimm,
Guat hand'lst, nia schlecht.

Den Ältan bist schuldi',
Sie liab'n, alt zu pfleg'n,
Das schafft dir an Himmel,
On irdisch'n Leb'n.

Das bringt dir an Seg'n,
Es bringt dir das Glück,
Kannst Aeltan vagelt'n,
Dank Gott für das G'schick.

# Ehrlos.

Ehrlos und niedaträchti',
A Schuft und spottschlecht
Is, wer varrath sei' Hoam,
Sei' Nation und sei' Recht.

Den meid wia die Pest,
Er is elend und z'nicht,
Is an Auswurf da Menschheit,
G'wiß kimmt für den 's G'richt.

Wer sein Volksstamm varrath,
A schwarze Seel' thuat der hab'n,
Er varrath da sei' Best's,
Vaworf'n is sei' Betrag'n.

Denn failt d' Liab zum Hoam,
Zur Famili', zum Land,
Da ganz Mensch is nix nutz,
Sei' ganz Leb'n is a Schand.

J wia da springgiftö,
Thua i den Varrath her'n,
Thuat a Mensch so tiaf sink'n,
Sei' ganz Thoa is Vaheer'n.

## Deutscha Sinn.

Deutsche Art und deutscha Sinn,
Die Liab zum deutsch'n Hoam,
Willst du dö guat find'n drin,
Ziag d' Kinda nöt va Coahm.

Dort den sichan Grund thua leg'n,
Da festö Bod'n kann trag'n,
Da wirst den die Stärk'n geb'n,
Dei' Stamm wird da nöt klag'n.

Willst, daß deutsche Art soll b'steh'n,
Den Sinn thua lehr'n und mehr'n,
Leg' den ins Kindaherz hinein,
Den Stand wer'n sie a ehr'n.

Die deutsche Sprach is unsa Höchst's,
Die beste Wehr für unsan Stamm,
Da beste Schutz geg'n Slav'ng'walt,
Für unsa Volkskraft, unsan Nam'.

Die deutsche Sprach, o schütz' sie treu,
Sei stets ihr Schutz, ihr Schirm,
On Stammbewußtsein liegt die
                                Weih',
In deutscha Treu das Führ'n.

# Allahand G'stanzl.

## X.

Mit viel Wort weng sag'n,
Muaßt beim Les'n di' plag'n,
Is beim Röd'n die Zung schwar,
Dei' Kopf is aft hübsch lar.

A Geldesel no' so dumm,
Sei' Geld, is' a stumm,
Überall kann der hin,
Es ersetzt ja sein Sinn.

Schlecht wird do' die G'schicht,
Wann's Geldgeb'n oabricht,
Sei' Krax'n fallt z'samm,
's vaschwind't glei' sei' Nam'.

Af's Vabeſſan, Vaed'ln,
Is dei' Thoa af das g'richt',
Hilfſt die Menſch'n africht'n,
Guat machſt ſo die G'ſchicht.

Vabeſſan kann ma' d' Leut',
Do' bringt ma's nöt ſo weit,
Daß nua 's Edle wöll'n hab'n,
Und das Schlechte vajag'n.

's Naturg'ſetz thuat ſo walt'n,
All's bleibt ſo hübſch beim alt'n,
Andan thuat ſi' nua die Zeit,
Guat und ſchlecht bleib'n die Leut'.

———

Mit da G'fahr wachſt die Kraft,
Du kennſt was d' für Macht,
Danach's kloa oda groß,
Danach is a dei' Los.

Biſt du do' recht zach,
Nöt z' langſam, nöt z' gach,
All'n wirſt da leicht Herr,
Merk' dir die Lehr'.

———

Da Stolz und die Dummheit,
Gern thoan ſi' di' paar'n,
Packan dö zwoa die Leut',
Wern's ſchlechta wia Narr'n.

Da Stolz und die Dummheit,
Vanand ſan di' nia weit,
Thuaſt va dö Zwoa oans hab'n,
Hat di' 's zweit' a beim Krag'n.

———

Da Mensch ohne Neugier,
Failt eahm dö, is nöt guat,
Da kannst sicha roat'n,
Eahm failt's untan Huat.

Specalierst af die Dummheit,
Viel sind'st solchö Leut',
Af das Dummste thoan's fall'n,
Eahr Dummheit dir zahl'n.

Öns Caspaltheata,
Bist alt, geh dorthin,
Wannst die Jug'nd thuast seg'n,
Froh wird dort dei' Sinn.

Müaßigang is da Casta Anfang,
Greifst ins Pöch, bleibst picka,
Hast koa Freud zu da Arbat,
Is koa Schad'n, thuast dasticka.

Wassatrieb ön an Baum,
Caßt du eahm dö dran,
Dö zehr'n da ön Saft,
Und die Frucht a davon.

Da Fäul' is nöt bessa,
Is a Frißumasunst,
Er schad't da ganz'n Sach',
Weil sei' Leb'n is vahunzt.

So dumm kann nix sei',
Find't Anhänga die Sach',
Es gibt solche Leut,
Denan's paßt in eahr Fach.

Is ma' no' soviel g'scheit,
Uns liegt das ön Bluat,
All's gern nachz'macha,
Wia's a da Aff' thuat.

Ön Darwin sei' Lehr',
Die thuat uns das sag'n,
Daß mia san va Aff'n,
Und va dö nu was hab'n.

———

Koa Macht und koa Kraft
hat so an Bestand,
Daß dö nöt das G'schick
Leicht bracht ausanand.

Drum thua nöt draf roat'n,
Daß d' steh'n thuast so fest,
G'schwind kann di' 's G'schick pack'n,
Mit dir is aft Rest.

„Elend", du kloans Wörtl,
Was birgst als in dir,
Wer di' hat empfund'n,
Frei am Glaub'n macht's an irr.

———

Mein Volksstamm zu ehr'n,
Das Schlecht' va eahm wehr'n,
Drum thua i das schreib'n,
So guat is kann treib'n.

Thuat a niada das Sei',
Da werkt er ganz schen,
Er hilft da sein Stamm,
Daß er aushaut die Kram.

Die Kram, was varrath,
Unglück öns Volk tragt,
Die thuat Unfried'n mehr'n,
Und will 's Volksglück vaheer'n.

Die wahr', eble Freundschaft
Kann hab'n nur an B'stand,
Wo Vatrau'n und Achtung
Geg'nseiti' beinand.

————

Vielg'stalti' is 's Naturleb'n,
Wann zarreißt wo a Fad'n,
Es spinnt glei' an andan,
Es braucht eahm's neamd z'sag'n.

Wo a Blüah is wegg'riss'n,
Kimmt a Knosp'n ganz frisch,
Das Leb'n is nur Wechs'l
Af da Natur ihr'n Tisch.

All's is Anfang, Beginn,
A End kann's nia geb'n,
Was todt wird, schafft Stoff,
Draus kimmt a neu's Leb'n.

So walt' die Natur fort,
All's strebt fort und gebiert
Ön Herrscha van Weltall,
Sei' Geist is, der's führt.

San die Fäd'n oft vaworr'n,
Da Schöpfa thuat's entwirr'n,
Er sorgt für all's G'schaff'ne,
Es gibt da koa Irr'n.

Den ewig neuch'n Sam'
Strat d' Natur ön ihr'n Lauf,
Was ön Reich da Wes'n b'stand'n,
Nia hört das mehr auf.

Denk', Mensch, af das Walt'n
In da Natur, schau af ob'n,
Es macht dei' G'müath off'n,
Dein Schöpfa wirst lob'n.

___

Volksstimm' is Gott'sstimm',
Die thuat si' nia irr'n,
Geht all's in die Brüch',
Da der laß di' führ'n.

___

Wann da Goisvogl schreit,
Und da Fink pfeift grül, grül,
A d' Sunndistl geht zua,
Nimm da mit 's Parapluie.

___

Willst a Kritik du mocha
Uba an andan sei' Sach',
Da lern' dö z'erst kenna,
Wia's valanga thuat 's Fach.

___

Thuast schreib'n gern do' spitzö,
Willst du ratz'n und stier'n,
Bald kimmst ön die Eng',
Is föst nöt dei' Hirn.

___

Bist bissö und g'stanzö,
Is föst a dei' Hirn,
Bleibt kalt do' dei' G'müath,
·Oft wirst di' da irr'n.

___

Solang du thuaſt hoff'n
Biſt no' all'weil guat dran,
Am ärmſt'n is der,
Der nöt hoff'n mehr kann.

———

's G'müath warm, ön Kopf off'n,
Zum Schaff'n a Schneid,
Haſt das, da kannſt hoff'n,
Daß taugſt unta d' Leut'.

———

Den beſt'n Seg'n mit in d' Fremd,
Den Kindan thuat man geb'n,
Schutz und Schirm thuat er bleib'n
Für ſie eahr ganz Leb'n.

———

Schau mehr af unt' wia af ob'n,
Wo'ſt das Elend wirſt ſeg'n,
Das is für di' böſſa,
Und fürs praktiſche Leb'n.

Da curierſt mehr dei' Habſucht,
Ön G'müath kriagſt an Fried'n,
Denk' das Geld bringt nöt 's Glück,
Wiaſt va Habſucht du trieb'n.

———

So wia mia da Schnabl g'wachſ'n,
Ohne daß i mach' da Far'n,
Ziag i mit da Zung von Löda,
Mach' da mei' natürlig's Wöda.

———

In da ganz'n Natur,
Da geht's a ſo zua,
Beim Menſch'n und Thier
Is da Kampf oft frei ſchia.

Der Kampf muaß so b'steh'n,
A Naturwerk siagst drein,
Gang all's nach dein G'sicht,
Aus'n Leim gang die G'schicht'.

Da Weltg'schicht' ihr Lauf
Wia a Mühlrad thuat's sei',
Was g'west is, kehrt wiada,
Is a andast da Schei'.

Hast viel z'schlepp'n ön Geldsack,
Is dei' Kopf dabei lar,
I tausch nöt mit dir,
Die G'schicht war ma z'schwar.

Schaff'n kannst du und nutz'n,
Uabst dei' Wiss'n guat aus,
A Dummkopf mit sein Geld
Schad't oft, daß a Graus.

Da Hunga und die Liab,
Wurd'n dö Zwoa nöt sei'
Koa Lust gab's zum Schaff'n,
Die Menschheit gang ei'.

Aber 's Herz und da Mag'n,
Di' sorg'n guat dafür,
Machan Schind'n und Plag'n,
Daß oan oft wird schia.

D' Muattaliab is so b'schaff'n,
Daß Oans is mit ihr'n Kind,
Sie thuat's leit'n und führ'n,
Daß den recht'n Weg find't.

Es geht koa Kind valor'n
für das 's Muattaherz bitt',
Weil da Herrgott selb'n g'schaff'n
Dazua hat den Kitt.

Den Kitt, der nia auslaßt,
D' Muattaliab is a Brunn',
Der kann nia austrickan,
Is so warm, wia die Sunn'.

Und moaßt oft, umsunst is,
Das Kind hat vagrath'n,
Die Zeit kimmt, wo'st siagst,
Daß du's nöt hast darrath'n.

D' Muattaliab hert nia af,
In ihr'n Herz is a Platz,
Der g'hert ja ihr'n Kindan,
Das is ihr großa Schatz.

D' Muattaliab thuast stets hoff'n,
Das end't mit ihr'n Leb'n,
Is ihr Herz a wund troff'n,
All's thuat's gern vageb'n.

# Antwort af a Kritik.

Ja mei' liaba Mann,
Was hast für Kritik than,
D' Liab failt dir zu dein Hoam,
Z'weng föst is no' dei' Loahm.

A follst dein Nam' herſötz'n,
Wannſt willſt dein Schnabl wötz'n,
A muaßt z'erſt recht vaſteh'n,
Wia g'miſchta Dialect thuat ſein.

Ziagſt mit deina Zung von Cöda,
Aſt mach' a das richtö Wöda,
Do' an Dialect muaßt nehma,
Daß ma' deine Kunſt lernt kenna.

G'ſcheid'n haſt z'viel ön Kopf,
Di' rauckt dir aus beim Schopf,
Drum kannſt a nöt vaſteh'n,
Wo a G'müath drin thuat ſein.

Thua ma das nöt übl nehma,
Daß i dir da gib an Renna,
Do' vaſtehſt du nöt das Schreib'n,
Aſt laß 's Anrempeln bleib'n.

Ös thoat's mi' anrempeln,
Enkan Nam' thoat's vaſchweig'n,
Das thuat ma' ſo ſtempeln,
Sagt: Feig ſan, di's treib'n.

Nennt's enkan Nam' her,
Aſt greift's an mei' Dicht'n,
's Frotz'ln is ja koa Lehr,
Ön Reima zoagt d' Cicht'n.

Habt's ös a Goraſchö,
Seit's a koa Bagaſchö,
Aſt ſagt's enkan Nam',
Daß ma' kennt a di' Kram.

habt's dazua nöt den Muath,
Aft greift's untan huat,
habt's echt' haar af'n Kopf,
Beut'lt's felb'n enk ön Schopf.

⚜

# Unsa Recht wöll'n ma hab'n.*)

Dö Wocha fangt guat an,
hat a Vabrecha afg'schrien,
Den's ön Montag zum köpf'n,
Af'n Richtplatz thoan führ'n.

für Deutsche is nöt beffa,
A niadö Wocha bringt Klag'n,
Koft's a nöt den Kopf,
Unfan Recht koft'ts ön Krag'n.

Mia Deutsche wer'n g'knebelt,
Bei Slav'n schür'ns Muath,
Die ob'n thoan so werka,
Geg'n unfa deutsch' Guat.

---

*) Dieses Gedicht wurde von der k. k. Staatsanwaltschaft in Linz nach § 63 mit Beschlag belegt und vom k. k. Landes- als Preßgericht nach § 300 bestätigt. Ueber Einspruch des Verfassers hob das k. k. Landesgericht Linz die Confiscation auf, wogegen der k. k. Staatsanwalt an das k. k. Ober- landesgericht in Wien recurierte. Das k. k. Oberlandesgericht wies diesen Recurs als unbegründet ab mit der gleichen Be- gründung wie das Landesgericht in Linz, und bringen wir nachstehend dessen Begründung zur Kenntnis unserer Leser.

Gründe. Das Gedicht „Unsa Recht wöll'n ma hab'n" stellt sich die Aufgabe, die Beschwerden und Wünsche der deutschnationalen Partei in Bezug auf die gegenwärtig bestehenden Sprachenverhältnisse in Form von vier- zeiligen Strophen im oberösterreichischen Dialecte zum Ausdrucke zu bringen.

11*

J' Wean drunt hat da Landtag
B'schloss'n, daß die deutsch' Sprach'
Für die Volksschul' soll gelt'n,
Weil's so will die deutsch' Sach'.

Alle hab'n dafür g'stimmt,
Weil's kennt hab'n die G'fahr,
Die für Deutsche hiazt kimmt,
Wann nöt z'sammhalt' die Schar.

Niadaöstarreich is deutsch,
Das valangt a sei' Recht,
Es steht ei' für sei' Sprach',
So was is do' nöt schlecht.

So a Landg'setz hab'n d' Behm'
Und die Polak'n hab'ns a,
Drum hab'n mia a 's Recht,
Daß beim Deutsch'n so war.

Do' bei uns hat's an Hak'n,
Da wird's nöt sanctioniert,
Das wer'ns wög'n den thoa,
Weil's die deutsche Sprach' irrt.

Vorangestellt wird, daß die Sanction der lex Kollalo mangels eines darauf abgezielten Antrages der Regierung unterblieben ist. In dieser Beziehung enthält die Druckschrift nichts, als was die Blätter der deutschnationalen Partei wiederholt und unbeanständet in die Oeffentlichkeit gebracht haben. Nämlich, daß die Deutschen unter der Macht der Majorität und der sich auf dieselbe stützenden Regierung zu leiden haben (Strophe 3), daß denselben ihr Recht in sprachlicher Beziehung karger ausgemessen wird, als den Nicht-deutschen (Strophe 7), daß den Deutschen im Verhältnisse zu ihrer Steuer-leistung zu wenig Einfluß auf die Regierung eingeräumt werde (Strophe 9, 10), daß der Friede unter dieser Behandlung der sprachlichen Verhältnisse leide (Strophe 12), und daß die Grundlage des Reiches durch diese Richtung der Regierung erschüttert werde (Strophe 17).

Zwischen diesen Strophen ist noch in Strophe 13, 14, 15 ein Aufruf an die Deutschen zur Einigkeit eingeschaltet, welcher damit endet, daß derjenige dumm sein muß, welcher nicht einsieht, wie hart die Deutschen von diesem System getroffen werden. Allerdings erscheinen in der Form des Dialectes alle diese Aeußerungen derber als in der Sprache der deutschen

Zum Steuerzahl'n taug'n ma,
Allweil hergeb'n, nix kriag'n,
Unf'rö Rechte mehr nehma,
Wohin soll denn das führ'n?

Ös Machthaba thoat's recht,
Mößt's so unglei' nöt aus,
Den Rechtsinn vaderbt's sunst,
So a Thoa is a Graus.

Find'ts für Czech'n und Polak'n
An Schutz für eahr Sprach',
Laßt's dem Deutsch'n die sei',
Sunst kimmt's zu an Krach.

So thoat's Unfried'n schür'n,
Macht's do' dös nöt so fort,
Thoat's a 's deutsche Recht acht'n,
Raubt's uns nöt Schutz und Hort.

Für uns Deutsche als Reg'l,
Muaß fort gelt'n die Lehr,
Uns zu einig'n, zu stärk'n,
Geg'n die Slav'n zur Wehr.

Tagespreise, Schmähungen aber, insbesondere der Regierung, konnten in diesen Aeußerungen nicht erblickt werden.

Was die dem Verfasser zur Last gelegte Entstellung von Thatsachen anbelangt, so könnte dieselbe nur in Strophe 7 gefunden werden, allein dieselbe spricht nur von für die Böhmen und Polaken, das ist für die Nichtdeutschen bestehenden Landgesetzen, worunter auch die bestehenden Sprachenverordnungen gemeint sein können, und es ist daher darin eine wissentliche oder absichtlich unrichtige Darstellung nicht gelegen. Es konnte auch nicht die Absicht, zum Hasse, zur Verachtung oder zu grundlosen Beschwerdeführungen gegen Staats- oder Gemeindebehörden oder gegen einzelne Organe der Regierung in Beziehung auf ihre Amtsführung aufzureizen, als vorliegend erachtet werden, nachdem die letzte Strophe in einen die Erhaltung des Reiches bezweckenden Aufruf der Machthaber ausklingt.

Es war daher dem Einspruche in obiger Richtung stattzugeben und das Erkenntnis des Landesgerichtes Linz vom 9. August 1898, Pr. IX, 17.98 3, aufzuheben. Linz, am 19. September 1898.

Als Wehr und als Schutz,
Für unsa Sprach', unsa Land,
Geg'n die slavische G'walt,
Einig'n deutsch'n Vaband.

Wer's hiazt no' nöt seg'n kann,
Wia's mia Deutsche hab'n schlecht,
Den failt's ön sein Hirn,
Der kennt nöt was recht.

J schreib nöt zum Afhötz'n,
J steh ei' für deutsch's Recht,
Thua ön Schnabl mia wötz'n,
Uba das, was spottschlecht.

Unsa Reichsher'nköss'l
Schaumt, brodelt, macht Dampf,
Machthaba halt's ein,
A Reich kost der Kampf.

⚜

# Obaöstarreichischö Volkssag'n.

### Ottensheim-Mittaau.

Den Haus Numma 107,
B'sundas hat si' dort zuatrag'n,
An Afschrift und a Bild dort,
Di' thuat uns davon sag'n:

„Anno 1-2-0-8- Jahr,
da Ottensheimb noch nit genannt
        war,

ist Keyser Otto auserkhor'n,
alhier in diesem Hauß gebor'n.
Anietzo da gezellet war,
1 - 6 - 8 - 2 - Jahr
ist dises Hauß Neu Renovirt,
da Keyser Leopold regirt.

Leopoldus schön wie klare Son,
Elenora wie der Mon,
dises Jahr ein Stern auserkor'n,
den andern Firsten hab'n gebor'n,
Gott geb dem Hauß von Österreich,
so bitten alle Stend zugleich,
Glickh in regiren langes Leb'n,
Leopoldn und auch seine Erb'n."

Bei da Affchrift af'n Haus,
A Wiag'n mit'n Kind is z'seg'n,
A Baldachin is drübag'spannt,
Wia's ursprüngli' is geb'n.

Oan Stock mit drei Fensta
Thuat das uraltö Haus hab'n,
Dö Wiag'n und an Adla
Thuat's bei dö Fensta trag'n.

Ön Hausgang bei da Stiag'n
Thuat a zweite Inschrift sei',
Af a stoanan Tafl
Da thuat's a so steh'n:

„Kheyser Otto Auserkorn,
In diesem Haus geborn
am 1208 - Jahr
Da Ottensheimb nit genannt war
renovirt 1665 D - R - M - "

Die Sag' vazählt, va Reg'nsburg her
Viel Schiff san abag'schwumma,
Bei Mittaau ön Wettasturm
Bei Nacht, san's einökumma.

Ön Schiff, wo a Prinzessin draf,
's Stei'rruada hat's da z'rriff'n,
Zum Land ön d' Mittaau
Hat si's zuawig'schmiss'n.

Prinzessin hab'ns ön das Haus,
Von Otto is dort g'nes'n,
Sag', Affschrift und das Bild
Geb'n oan das zum les'n.

Den Nam', den das Kind dort
Aft kriagt hat und a trag'n,
Thuat Mittaau, das Fischadorf,
Ön Nam' Ottoheim her hab'n.

Mittaau, da Nam' thuat's sag'n,
Daß d' Doana hat umrunga,
A Doanaarm is hintahalb,
Damals abagrunna.

Die Sag' thuat so die Sach' vazöhl'n,
Die G'schicht' stimmt do' nöt zua,
I laß mi' ön koan Streit nöt ei',
Halt's Mäul und gib a Ruah.*)

✦✦

*) Geschichte: Kaisa Otto II. is mit viel Schiff va
Reg'nsburg gea'n Linz mit Kriagsvolk zu an Kriag geg'n
die Böhm' g'fahr'n; seine Gemahlin Theophania, Tochta
vom griechisch'n Kaisa Romanus, die guata Hoffnung war, is
mitg'wöst. — Sage: Bei da Fahrt, oba Mittaau, am Abend
spat, kimmt a Wöttasturm; bei da Kaisarin ihr'n Schiff
bricht's Stei'rruada, müaff'n ön Mittaau g'fahrvoll land'n,
wo die Kaisarin öns Fischahaus Nr. 107 bracht wor'n is
und dort Otto III. nachts geboren hat.

# З' Wax'nberg is Wei' ön da Haut.

Hast g'wiß schon was g'hert
Da an Wei' ön da Haut,
Der hätt' dir an Wert,
An Geist hätt' er laut.

Die Sag' thuat vazöhl'n,
Viel Wei' thuat's dort hab'n,
Seit ötla Jahrhundat
Liegt er schon vagrab'n.

Guat is fünf Jahrhundert,
Daß die hörzi Ruin
Is baut wor'n als G'schloß,
Große Kella a drin.

Viel Wei' hat's dort geb'n,
Vastand'n hab'n d' Ritta z' leb'n,
Trunka hab'n dö so lang,
Bis san untan Tisch g'leg'n.

So a Kella voll Wei'
Is amal gach's vafall'n,
Neamd hat'n mehr außa,
Der thuat si' dort hal'n.

Wann nach mehr Jahrhundert
A Faß Wei' z'fäult und bricht,
Daweil hat da Wei' schon
A Haut um si' g'richt'.

Die wird aft ganz föst,
Ganz zach und recht dick,

Da Wei' bleibt drin guat,
Föst halt's 'n wia Kitt.

Willst an solchan du hab'n,
Aft geh' af War'nberg,
Dort liegt a vagrab'n,
Der dir gab a Stärk'.

Ön da dickmächtig'n Haut,
On Hausberg is er drin,
Wo drafsteht das G'schloß
War'nberg, die Ruin.

Willst den hab'n, aft geh' hin,
Hast Geduld, grab'st dir'n aus,
Do' viel G'spensta san drin,
Geista a, daß a Graus.

Das san holt die Ritta,
Die nöt den Wei' ausgrab'n
Wia da Kella vafall'n is,
Hiazt thuan's heul'n drum und klag'n.

Wannst hast gnua Goraschö,
Scheuchst nöt dö Bagaschö,
Wird dir d' Arbat nöt z'viel,
Aft darreichst a dei' Ziel.

Hast du g'fund'n ön Wei',
Thua erkennli' aft sei',
Schick a hautvoll mia zua,
Da mia hast aft Ruah.

# Wo da Hund begrab'n liegt.

Wia si' oft was thuat schicka,
Daß weg'n den kriagt an Nam',
So triafft's zua a z' St. Veit,
Wo's an Hund begrab'n, z'samm'.

Z' St. Veit ön Mühlviertl,
Da liegt a Hund begrab'n,
Ön alt'n G'schlößl af an Stoa,
Thuat dö Inschrift uns sag'n:

„Mein Herrn hab ich mit Tray
                                    bewacht,
Drumb is mir dieser Stein gemacht,
Delfin ward ich von ihm genannt,
Allhier liz ich verschart im Sandt,
Die Zeit, so ich im Leben war,
Seynd gewesen 17 Jar."

Siegmund Hager, Freiherr,
Da St. Veit und Allensteig,
Tausndfünfhundatachtasibz'g,
Zog geg'n Niedaland ön Streit.

Dort, nach an Recognoscier'n,
Volla Müad'n is er eing'schlaf'n,
Da Delphin war an seina Seit'n,
Er thuat sein Herrn bewach'n.

Da siagt da Hund, daß thoan kemma
Feindli' Soldat'n, fangt an zum
                                    fall'n,
Da Haga wird do' nöt munta,
Gach's thoan's 'n schon übafall'n.

Da beißt da Hund sein Herrn ös Ohr,
Da Haga wird munta, ßagt die
G'fahr,
Steigt af's Roß, reit' mit'n Hund
davon,
Zu di' Sein', wo er sicha war.


Zum Dank für die kluage That,
Wia Haga in sei' Hoam is g'kehrt,
Hat da Delphin kriagt 's Gnad'nbrot
Und wurd' mit der Inschrift g'ehrt.


Geg'n die Türk'n, geg'n deutsche
Feind,
Hat Haga g'kämpft und g'stritt'n,
Fürs Hoam war warm sei' Herz,
Hat hochg'halt'n deutsche Sitt'n.


Was da g'sagt is, is historisch,
Da Haga is g'wöst a tapf'ra Mann,
On In= und Ausland hat er g'stritt'n,
Valosch'n is schon längst sei' Stamm.


Daß St. Veit, ös is mei' liab's
Hoam,
Mei' Wiag'n hat der Bod'n dort
trag'n,
Die froh' Kindheit i dort valebt,
Mei' liab's Muattal is dort begrab'n.


Nehmt's mia a dös nöt übl,
Daß i dazua das thua schreib'n,
D' Hoamat faßt ja Liab's soviel,
Valaubt's drum mia a die Freud'n.

Die Freud' und die Erinnerung
An mei' liab's Hoam, das traut',
Mei' Herz fangt an zu jub'ln,
Tiaf's Hoamweh' wird drin laut.

Es is so a liab's Flöckal Erd'n,
Mit Kindaaug'n schau' is ja an,
Die schönste Zeit war's für mei'
Leb'n,
I liab's so warm wia i nur kann.

O Hoamat mei', i liab di' treu,
O Kindazeit, o Seligkeit,
Das frohe Sein, es schwind't dahin,
Da kennt ma' no' koa Sorg' und
Leid.

# D' Sachsburg ön Neubau bei Hörsching.

Dichtung gibt, was G'schicht
vaweigat,
Sie befriedigt Sinn und Denk'n,
Viel Schatt'nbilda san dabei,
Zum Wahr'n will's uns lenk'n.

An alte Sag' besteht dort,
Wo d' Kirch'n z' Hörsching thuat sein,
Daß vor uralte Zeit'n,
A Heid'ntempl that steh'n.

hiazt vor zwoaadreiß'g Jahr,
D' Kircha war eahr schon z' kloa,
hab'ns beim Zuabau ön Grund
                              grab'n,
G'fund'n dort fünf Römastoa.

Ön da Kirchamaur ang'macht,
Kannst dö Stoabilda dort seg'n,
An Hercules, Apollo, Patricia,
Amor und Kriaga thoan's vorstell'n.

Mit dem laßt si' begründ'n,
Vom Heid'ntempl die Sag',
Do' wia lang er dort g'stand'n,
Off'n bleibt do' die Frag'.

Seit den acht'n Jahrhundat
Steht die Kircha hiazt dort,
Af Broatbrunn hätt's soll'n kemma,
B'stimmt war schon da Ort.

Da landesherrliche Forstmoasta
Von da damalig'n Zeit,
Hat dageg'n Einspruch than,
Weil sei' Wildstand z'viel leid't.

Va da Sachs'nburg ön Neubau
Soll da Einspruch kemma sein,
Do' vom fufzehnt'n Jahrhundert
Thuat dö erst dort b'steh'n.

Die Sachs'nburg ön Neubau,
Zu sein Forsthaus ließ bau'n,

Kaisa Maxmilian da Erste,
Nach da G'schicht is zum Glaub'n.


Nach da Sag' fand die Baustoa,
Was zum Forsthaus vawendt,
Her vom Burgring ön Kürnberg,
Der schon z'fall'n g'wöst dort drent.


Die deutsch'n Sachs'n hab'n baut,
Zu eahrn Schirm und eahrn Schutz
Den Burgring af'n Kürnberg,
Geg'n die Hunnen zum Trutz.


Vom viert'n Jahrhundat,
Da da Völkawand'rung her,
Soll der Burgring stamma,
Geg'n fremde Hord'n zur Wehr.


Die frohnpflichtig'n Bauan
Hab'n dort herg'führt die Stoa,
Da Granit und dö Ziagl
San va dort drent alloa.


Wia ön Kürnberg da Burgring
Hat müass'n dort vageh'n,
So thuat's von den Forsthaus,
Da da Sachs'nburg sein.


Hiazt steh'n no' vom Forsthaus
Zwoa G'wölb und a Mau',
Aft da Kella, den schau an,
Viel lehrt dir der Bau.

Ön Kella is an Affchrift
Ön an Marmorftoa drin,
An an uralt'n Schrift,
Da liegt dunkla Sinn:

SAXNBVRG - BIN - ICH -
GENANT - VOR - TAVSNT -
JARN - AM - KVRNBERG -
WOL - PEKANT -

Wann ön viert'n Jahrhundat
Baut wor'n is da Burgring,
Ön fufzehnt'n Jahrhundat 's forft-
        haus*),
Hat die Affchrift an Sinn.

Die Bauftoa vom Burgring,
Daß vom Kürnberg fan her,
Mit der Schrift wöll'ns uns fag'n,
Wia alt da Sachf'n eahr Wehr'.

Haft an Sinn für die Sag'n,
Schau dorthin, haft nöt weit,
Und betracht dir a Werk
Längft vagangena Zeit.

*) Nach Pilwein wurde 1804 das forfthaus abgetragen.
Der Sage nach wurde der Grund mit den jetzt beftehenden
Reften (Keller und Jagdhäufel) anfangs diefes Jahrhunderts
verfteigert. In der Topographie von Math. Difcher 1674 ift
Seite 114 eine Abbildung von diefem forfthaufe zu fehen,
die Grundfläche ift groß, die Bauart fchloßartig; felbes war
von einer Ringmauer umgeben.